Heiner Geißler

# Gefährlicher Sieg

HEINER GEISSLER

# GEFÄHRLICHER SIEG

Die Bundestagswahl 1994 und ihre Folgen

Kiepenheuer & Witsch

Erste Auflage 1995


Umschlaggestaltung: Rudolf Linn, Köln
Gesetzt aus der Berthold Garamont Amsterdam
bei Kalle Giese Grafik, Overath
Druck und Bindearbeiten: Mohndruck, Gütersloh
ISBN 3-462-02416-7

# Inhalt

# Der Start

*Heitmanns Kandidatur – vor dem Wahlmarathon – die demoskopische Ausgangslage – eine lähmende, düstere Stimmung – Kanzlermalus – Union im Keller – Rechtsruck oder Mitte? – keine Strategie für den Wahlkampf*

*8. September 1993, 20 Uhr:*
Die Buchhandlung Bouvier in Bonn ist bis auf den letzten Platz besetzt. Hans Küng stellt mein neuestes Buch vor. Es ist ein Band mit Interviews, die Gunter Hofmann und Werner A. Perger von der »Zeit« mit mir geführt haben. Gegen 22 Uhr geht die Diskussion zu Ende. Ich sitze am Schluß der Veranstaltung etwas auf heißen Kohlen, denn gleichzeitig findet im Kanzlerbungalow eine Sitzung des CDU-Präsidiums statt. Sie hat schon um 20 Uhr begonnen, und ich will unbedingt wenigstens noch an ihrer zweiten Hälfte teilnehmen.

Ich komme gegen 22.15 Uhr an. Das Präsidium, zu dessen Sitzungen auch die Ministerpräsidenten der CDU-Landesregierungen eingeladen werden, verabschiedet an diesem Abend ohne formelle Abstimmung eine Erklärung, in der die Kandidatur des sächsischen Justizministers Steffen Heitmann für das Amt des Bundespräsidenten begrüßt wird.

Das Präsidium will nicht acht Tage vor dem Bundesparteitag der CDU in Berlin auseinandergehen, ohne zu diesem Thema etwas zu sagen.

Ich kritisiere an diesem Abend und auch in der Folgezeit,

daß wir zum ersten Mal einen Bundespräsidentenkandidaten aufgestellt hätten, bei dem unklar sei, ob er eine Mehrheit habe, und weise auf das Risiko eines solchen Unternehmens hin. Ich erinnere an die Kandidatur von Karl Carstens im Jahr 1979. Damals hatte die Union in der Bundesversammlung die absolute Mehrheit und fünf Jahre später mit Richard von Weizsäcker ebenso. Bei der Bundespräsidentenwahl fünf Jahre später, bei der Richard von Weizsäcker ein zweites Mal kandidierte, hatte die Union zwar nicht mehr die absolute Mehrheit, aber der amtierende Bundespräsident hatte die Zustimmung auch der übrigen Fraktionen, zumindest des überwiegenden Teils der Sozialdemokratischen Partei und natürlich der Liberalen.
Diesmal aber ist die Situation eine völlig andere. Die Freien Demokraten spielen mit dem Gedanken, Hans-Dietrich Genscher vorzuschlagen. Klaus Kinkel bringt Genschers Nominierung immer wieder in die Diskussion.
Das heißt: Die CDU hat nicht die Zustimmung der FDP und nominiert einen Kandidaten ins Blaue hinein. Richtig ist, daß sich die CDU im Zugzwang befindet, weil die Sozialdemokraten auf ihrem Parteitag im Juni, auf dem Scharping zum Parteivorsitzenden gewählt worden ist, ohne Absprache mit der Union den nordrhein-westfälischen Ministerpräsidenten Johannes Rau für das Amt nominiert haben. Rau hatte zwar lange Zeit behauptet, er habe vor längerem eine Zusage für seine Kandidatur bekommen von Helmut Kohl, was dieser immer, so auch an diesem Abend, nachdrücklich bestritten hat. Ein anderer Kandidat, wie zum Beispiel der frühere Vorsitzende der SPD-Fraktion in der DDR-Volkskammer, Richard Schröder, war innerhalb der SPD nicht durchsetzbar gewesen, und Rau wollte unbedingt Bundespräsident werden. Die CDU konnte sich je-

doch den Kandidaten nicht einfach von der SPD diktieren lassen.

Wie war es überhaupt zu Heitmanns Kandidatur gekommen? Der Kanzler hatte mit seiner Forderung, einen Kandidaten aus dem Osten vorzuschlagen, den Rahmen aufgestellt, aber einen ohne Bild, wie Sachsens Ministerpräsident Kurt Biedenkopf einmal gesagt hat. Und dann fing die Parteiführung an, das Bild zu suchen. Biedenkopf hatte Kohl zu Beginn des Jahres 1993 auf Heitmann aufmerksam gemacht.

Bald hatte sich die Diskussion in Bonn verselbständigt, und auf die Frage von Journalisten: »Habt ihr denn überhaupt irgendeinen Kandidaten?« wurde dann immer wieder einmal Heitmann genannt, obwohl sich noch niemand auf ihn festgelegt hatte. So wurde seine Kandidatur plötzlich zu einem Selbstläufer, und die Christlich Demokratische Union lief hinterher, ohne daß sie zunächst eine Alternative hatte.

*13. September 1993:*
Vor elf Monaten bin ich mit dem Gleitschirm abgestürzt und habe mir die Wirbelsäule schwer verletzt. In drei Tagen muß mich Professor Harms in Langensteinbach noch einmal operieren. Trotz starker Schmerzen nehme ich am CDU-Parteitag in Berlin teil. Nicht nur wegen meiner körperlichen Verfassung, sondern auch wegen der Art und Weise, in der Steffen Heitmann offiziell vorgestellt wird, ist mir dieser Parteitag in schlechter Erinnerung. Man hätte ihn nicht auf dem »Berliner Abend« unter Absingen von Volksliedern präsentieren sollen. Die Vorstellungsrede am anderen Tag war da schon besser.

*16. September 1993:*
Ich werde in Langensteinbach operiert. Ich habe jetzt statt zwei Knochenwirbeln zwei Wirbel aus Titan im Kreuz und kann wieder Sport machen wie früher. Die auf die Nominierung von Steffen Heitmann folgenden Diskussionen kann ich zunächst nur vom Krankenbett aus verfolgen.

Steffen Heitmann hätte aufgrund seiner Biographie durchaus Voraussetzungen für das Amt des Bundespräsidenten gehabt. Er war in der Zeit der SED-Diktatur ein Mann der Kirche, der sich nicht in das Regime verstrickte. Er stieß im Oktober 1989 zur »Gruppe der 20«, einer Dresdener Bürgerrechtsbewegung, und war Mitglied der Basisdemokratischen Fraktion der Stadtverordnetenversammlung Dresdens. Er ist einer der Väter der neuen sächsischen Verfassung und gehörte als sächsischer Justizminister zu den sachkundigsten Mitgliedern der Gemeinsamen Verfassungskommission von Bund und Ländern.

Er war und ist aber heftig umstritten wegen einer Reihe von Äußerungen zur Gleichberechtigung der Frau, zu Auschwitz und dem Mord an den Juden, zu den Ausländern und zu Europa. So nennt er die Idee eines »europäischen Bürgers« eine »intellektuelle Spinnerei«. Er plädiert für den deutschen Nationalstaat und lehnt einen europäischen Bundesstaat ab. Er will in der Frauenpolitik angeblich bestehende Tabus brechen und glaubt, »daß unsere seit Jahrtausenden männlich bestimmten Strukturen nicht einfach von Frauen ausgefüllt werden können«. Als er 1990 die baden-württembergische Hauptstadt Stuttgart besuchte, äußerte er angesichts der vielen Ausländer Zweifel, ob er »überhaupt noch zu Hause« sei. Er redet von einer »unkontrollier-

ten Asylantenschwemme« und macht das Wort von der »Überfremdung« salonfähig.
Er fordert, die Nazizeit dürfe keine »Dauerhypothek« sein. Zwar nennt er Auschwitz »einmalig«, aber er sagt auch: »Es gibt viele einmalige historische Vorgänge, Wiederholungen gibt es in der Geschichte ohnehin nicht.« Damit relativiert er die Singularität von Auschwitz.
Manche dieser Aussagen Heitmanns sind mißverständlich, und viele stehen im Gegensatz zu Grundsatzbeschlüssen der Christlich Demokratischen Union. Es wird immer klarer, daß die deutsche Öffentlichkeit Heitmanns Nominierung als Präsidentschaftskandidat als Rückwärtsorientierung und Rechtsruck der CDU/CSU auffaßt. Heitmann selbst spricht von einer Richtungsentscheidung, die mit seiner Person verbunden sei. Immer deutlicher zeichnet sich ab, daß es für Heitmann auf der Bundesversammlung keine Mehrheit geben würde. Da er kaum bereit ist, seine Äußerungen zu korrigieren, stößt er auf zunehmenden Widerstand in der CDU. Die Vorbehalte aus der FDP werden lauter und stärker. Am 15. Oktober nominieren die Liberalen mit Hildegard Hamm-Brücher eine eigene Kandidatin.

7. *Oktober 1993:*
Friedbert Pflüger veröffentlicht in der »Zeit« unter der Überschrift »Der falsche Mann, das falsche Signal« einen Artikel, in dem er die Bedenken gegen Steffen Heitmanns Nominierung begründet. Einen Tag später gebe ich der »Neuen Presse Hannover« ein Interview und unterstütze Friedbert Pflüger in seiner Kritik. Wieder einen Tag später, am Samstag, den 9. Oktober, findet in München der Landesparteitag der CSU statt: Helmut Kohl bezeichnet die Kritik

an Steffen Heitmann aus den eigenen Reihen als bösartig, armselig und schäbig. Theo Waigel spricht von »Arroganz, Überheblichkeit«.
Ich denke mir, daß beide wenigstens innerlich einmal Abbitte werden leisten müssen, denn mir ist klar, daß wir bei der kommenden Bundestagswahl nicht gewinnen werden, wenn wir die Wahl des Bundespräsidenten verlieren.

*19. Oktober 1993:*
Bei der Sitzung der Bundestagsfraktion kommt es nach Heitmanns Vorstellung zu unschönen Szenen. Friedbert Pflüger kann fast keinen Satz zu Ende reden, und Rita Süssmuth wird ausgebuht, als sie Vorbehalte äußert und von Heitmann zum Beispiel wissen will, wie er dazu stehe, daß die Republikaner ihn unterstützten. Ich habe später gefragt, ob die Partei eigentlich von Sinnen sei, die Bundestagspräsidentin, die nach Richard von Weizsäcker in allen Umfragen die höchste Zustimmung bekommt, in diesem Stil zu behandeln.

Das Institut für Demoskopie Allensbach ermittelt für Oktober bei der Sonntagsfrage einen Stimmenanteil der Union von 30,9 Prozent.

*25. November 1993:*
Steffen Heitmann tritt zurück und schlägt als gemeinsamen Kandidaten aller Parteien Richard Schröder vor. Die Ehrenhaftigkeit seiner Entscheidung wird allgemein anerkannt. Seine Erklärung, daß er sich nicht selbst zur Kandidatur gedrängt habe, ist richtig.
Aber er wäre in der Bundesversammlung nicht mehrheitsfähig gewesen. Das hätte man von Anfang an erkennen

können. Ihn dennoch zu nominieren und ihn zwei Monate lang einer begründeten öffentlichen Kritik auszusetzen war menschlich nicht in Ordnung und politisch ein schwerer Fehler.

Mit seinem Rücktritt macht Heitmann den Weg frei für Roman Herzog, den die Bundesversammlung am 23. Mai 1994 im dritten Wahlgang mit der absoluten Mehrheit der Stimmen von CDU/CSU und FDP zum Bundespräsidenten gewählt hat. Roman Herzogs Wahl sollte in den Tagen danach in vielen Zeitungskommentaren, Fernsehberichten und Rundfunksendungen gewertet werden als Beleg für den Zusammenhalt der Bonner Regierungskoalition, als Erfolg für den Bundeskanzler und als eine zwingende Voraussetzung für ein positives Abschneiden der Unionsparteien bei den bevorstehenden Europawahlen und der Bundestagswahl, und das zu Recht. Dieses Ergebnis ist allerdings nur zustande gekommen, weil einige in der Union trotz schlimmer Verdächtigungen und Beschimpfungen die Courage hatten, den Richtungskampf in der eigenen Partei aufzunehmen, der mit Heitmanns Nominierung verbunden war.

*1. Januar 1994:*
Ich fahre früh morgens nach Gstaad in der Schweiz. Ich will nach der Operation wieder anfangen, Skibergsteigen zu trainieren. Es sollte ganz gut gehen. Erst 400 Meter, dann 800, dann 1.200 Meter Höhenunterschied mit Fellen unter den Brettern am Rand der Pisten hoch und dann mit der Gondel wieder hinunter: Ski alpin verkehrt, eine gute Trainingsmethode.

1994 finden innerhalb von zehn Monaten neunzehn Wahlen statt. Das hat es noch nie gegeben. Im März Landtagswahl in Niedersachsen und Kommunalwahl in Schleswig-Holstein, im Juni Landtagswahl in Sachsen-Anhalt und Kommunalwahlen in Rheinland-Pfalz, Sachsen-Anhalt, Sachsen, Thüringen, Mecklenburg-Vorpommern, Saarland und Baden-Württemberg, im September Landtagswahlen in Sachsen, Brandenburg und Bayern, im Oktober Landtagswahlen in Thüringen, Mecklenburg-Vorpommern sowie im Saarland und Kommunalwahl in Nordrhein-Westfalen. Im Juni findet die Europawahl statt und im Oktober die Bundestagswahl.

Während meines Aufenthalts in Gstaad arbeite ich an einer Analyse über die Wahlchancen der Union. Als ich abreise, umfaßt das Papier 62 Seiten.

Während ich die Daten zusammenstelle, wird mir immer klarer, wie dramatisch die Ausgangsposition der Union zum Jahresbeginn ist. Die Wählerinnen und Wähler sehen sich einem enormen Problemstau gegenüber: unvollendete deutsche Einheit, gestiegene Arbeitslosigkeit, Osteuropa im Umbruch, Strukturkrise der Wirtschaft, Zunahme des Rechtsradikalismus, weltweite Herausforderungen wie Armut, Öko-Katastrophen, islamischer Fundamentalismus, Bevölkerungsexplosion, ethnische Konflikte. Antworten, die den Menschen Orientierung geben könnten, sind nicht erkennbar.

Besonders schwer wiegt die Wirtschaftskrise des Jahres 1993. Sie hat mehrere Ursachen: eine weltweit schwache Konjunktur, eine Produktivitätslücke, mangelnde Effizienz, Kostendruck, Rückstand bei Produkten der dritten industriellen Revolution. Anzeichen einer Konjunkturerholung sind nicht in Sicht, die Wirtschaft beurteilt ihre Zukunftsperspektive skeptisch.

Es scheint, als ob die Distanz des Volks zu den Parteien immer größer wird. Seit 1990 hat sich eine Serie von Skandalen und schweren Fehlern ereignet: Engholm-Falschaussage, Jansen-Nilius-Pfeiffer-Schublade, Streibl-Amigo, Steinkühler-Aktien, Pfarr-Umzugskosten, Eichel-Dienstvilla, Münch-Gehälter, Möllemann-Briefbogen. In den letzten drei Jahren sind sechs Ministerpräsidenten zurückgetreten, von denen fünf der CDU/CSU angehören: Streibl, Gomolka, Gies, Duchac, Münch. Der sechste war Engholm. »Politikverdrossenheit« avancierte zum »Wort des Jahres« 1992.

Gleichzeitig vollzieht sich in der Gesellschaft seit Jahren ein tiefgreifender Wertewandel: Infolge steigender Mobilität, zunehmender Individualisierung, wirtschaftlicher Flexibilisierung und sozialer Entsolidarisierung lösen sich traditionelle Bindungen auf. Kirchen und Gewerkschaften verlieren Zehntausende Mitglieder, die Familie büßt mehr und mehr ihren früheren gesellschaftlichen Stellenwert ein. Die Bindungen an die großen Volksparteien schwinden. Es gibt immer mehr Wechselwähler.

Die Frage, ob die Parteien diesen Herausforderungen gerecht werden, beantwortet die Bevölkerung negativ, und das trifft vor allem die Union. Einer Umfrage der Forschungsgruppe Wahlen in der zweiten Jahreshälfte 1993 zufolge glauben nur 25 Prozent der Westdeutschen und 16 Prozent der Ostdeutschen, daß die Spitzenpositionen in unserer Gesellschaft mit den richtigen Personen besetzt sind.

Mit der Arbeit der Bundesregierung sind dem Emnid-Institut zufolge über das gesamte Jahr 1993 hinweg rund drei Viertel der Bevölkerung nicht zufrieden. Die überwiegende Mehrheit zweifelt daran, daß die Politiker für das Gemeinwohl arbeiten, ist aber davon überzeugt, daß die meisten von ihnen in die eigene Tasche wirtschaften.

Der wichtigste Politiker, Bundeskanzler Kohl, wird von einer klaren Mehrheit abgelehnt. Sein Herausforderer Scharping genießt wesentlich mehr Zustimmung. Wenn die Bevölkerung den Bundeskanzler direkt wählen könnte, würden sich im Dezember 1993 laut Infas bundesweit 37 Prozent für Helmut Kohl und 53 Prozent für Rudolf Scharping entscheiden. Diese negative Bewertung von Helmut Kohl ist indes nichts Neues. Es hat seit dem Regierungsantritt 1982 keinen Kanzlerbonus für die CDU gegeben.

Neu an der jetzigen Situation ist, daß nicht nur die Zustimmung zum Kanzler schwächer wird, sondern auch die Unterstützung der Union. Zum Jahreswechsel liegt sie bei der Sonntagsfrage bei 34 Prozent, die SPD bei 37 Prozent, FDP und Grüne erreichen je 11 Prozent. Im Monatsbericht von Allensbach heißt es: »Die Deutschen wollen einen Kurswechsel. Doch die Richtung ist umstritten. Am Ende des Jahres 1993 ist die Stimmung in Deutschland lähmend düster.«

Die Bevölkerung nennt als wichtigste politische Themen die Verminderung der Arbeitslosigkeit, die Wirtschaftskrise, die soziale Gerechtigkeit, die Bekämpfung der Ausländerfeindlichkeit und der Kriminalität.

Unabhängig davon, daß die einzelnen demoskopischen Institute in der Reihenfolge der wichtigen Aufgaben unterschiedliche Schwerpunkte ermitteln, stellt sich heraus, daß die CDU/CSU in den Augen der Wähler an Kompetenz verliert. Die Union hat Ende 1993, Anfang 1994 auf keinem Gebiet mehr einen Vorsprung vor der SPD. Noch nie ist die Union von einer derart schwierigen Ausgangslage aus in die letzten neun Monate vor einer Bundestagswahl gegangen. An der Parteibasis sind die Verunsicherung und Mutlosigkeit fast mit Händen zu greifen. Die Führung der Union hätte angesichts dieser Lage beginnen müssen, umfassend und intensiv über die Wahlkampfstrategie zu debattieren. Davon ist zu Beginn des Jahres 1994 nichts zu merken.

*10. Januar 1994:*
Der Eichborn Verlag teilt mir mit, daß von meinem Buch »Heiner Geißler im Gespräch mit Gunter Hofmann und Werner A. Perger« inzwischen über 20.000 Exemplare verkauft sind. In diesem Buch weise ich darauf hin, daß alle bisherigen Bundestagswahlen Richtungsentscheidungen gewesen sind. Sie waren nicht immer »Schicksalswahlen«, aber sie gaben der Politik die Basis, zwischen den jeweiligen politischen Alternativen zu entscheiden: 1990 - rasche deutsche Einheit oder Hinauszögern des Einigungsprozesses; 1983 - NATO oder Pazifismus; 1976 - Freiheit oder Sozialismus; 1972 - Ost-Verträge oder Hallsteindoktrin*; 1957 - Soziale Marktwirtschaft und Westbindung oder Planwirtschaft und Neutralismus.
Eine solche Alternative fehlt zu Beginn des Jahres 1994. Innerhalb der Union besteht die Gefahr, im Wahlkampf das Heil in einem Mitte-rechts-Kurs zu suchen, wie ihn die CSU und Teile der CDU fordern.

* Der 1955 nach dem damaligen Staatssekretär im Auswärtigen Amt, Walter Hallstein, benannte Grundsatz, daß die Bundesrepublik mit keinem Staat diplomatische Beziehungen unterhält, der seinerseits diplomatische Beziehungen mit der DDR pflegt.

Dagegen zeigen alle Analysen der letzten fünfzehn Jahre, daß sich das Gros der Wähler der politischen Mitte zuwendet. Demnach muß es für die Union als Volkspartei darauf ankommen, eine neue, breite Wählerkoalition herzustellen. In Programm, Personen und Zielen muß die CDU ihre strukturelle Mehrheitsfähigkeit in der politischen Mitte ausbauen und die Chance nutzen, Wähler von der SPD zu gewinnen und Wechselwähler an sich zu binden. Dazu gehören der neue Mittelstand, qualifizierte Arbeiter, die mit modernen Technologien umgehen, junge Wähler, die Frauen und nicht zuletzt Menschen im ländlichen Raum. Eine solche Konzeption bedeutet natürlich keine »Öffnung nach links«, sondern ist eine Option darauf, mehr Wechselwähler zu gewinnen. Die Stammwähler der Union freuen sich sicher, wenn sie nicht mehr so einsam sind.

In Teilen der CDU, wie zum Beispiel von dem baden-württembergischen Finanzminister Gerhard Mayer-Vorfelder, und in der CSU wird behauptet, die CDU werde »sozialdemokratisiert«. Damit sollen die sozialen Themen – die Frauenpolitik, überhaupt die Soziale Marktwirtschaft, für die die Namen Norbert Blüm, Rita Süssmuth und Heiner Geißler stehen, abqualifiziert werden.

In Wirklichkeit erleben wir seit Jahresbeginn 1994 unter der Führung von Rudolf Scharping den Versuch einer Christdemokratisierung der SPD. Wie in »Spiegel Spezial« vom Februar/März 1994 zu lesen ist, hat sich der SPD-Chef von den Demoskopen ausrechnen lassen, daß es im Lager der Union an die vierzehn Prozent wechselbereite Wähler gibt, bei den Grünen aber höchstens vier Prozent. Scharping verfolgt daher keinen rot-grünen Kurs, sondern versucht, die SPD in die Mitte zu rücken. Die Christdemokratisierung der SPD hat in wichtigen Punkten bereits stattgefunden. Sie hat politische Ziele übernommen, die sie früher mehr oder weniger bekämpft hat: Europäische Union, Soziale Marktwirtschaft, Westbindung, Asylrechtsänderung, die Familienpolitik einschließlich Erziehungsgeld, Erziehungsurlaub und Anerkennung von Erziehungsjahren, den Begriff »neue Arbeit«, die Vereinigungspolitik. Dagegen ist die CDU nur im Fall der Ostpolitik auf eine SPD-Position eingeschwenkt.

*14. Januar 1994:*
CDU-Präsidiumssitzung in Windhagen im Siebengebirge zur Vorbereitung der Klausurtagung des Bundesvorstandes. Ich mache intern auf die Gefahr aufmerksam, daß wir die Wahl verlieren werden, wenn Mitte-rechts-Themen akzentuiert würden. Was gehört dazu? Verschärfung des Paragraphen 218, Vernachlässigung der Frauen-, Sozial- und Familienpolitik, Verschiebung des Rechts auf einen Kindergartenplatz bis zum Sankt-Nimmerleins-Tag, Nationalstaatsfixierung, Festhalten am wilhelminischen Einbürgerungsrecht, restriktive Anwendung des Ausländerrechts, Anti-Lichterketten-Kampagne, Neutralität im Historikerstreit – »Auschwitz gleich Gulag« –, undifferenzierte Thematisierung des Sozialmißbrauchs, Verschweigen der Steuerhinterziehung und Subventionserschleichung, reine Wettbewerbs- und Marktpolitik, Priorität des Ökonomischen vor dem Ökologischen, Privatisierung von Grundrisiken, Bezeichnung der Pflegeversicherung als »Kriegserklärung« durch den BDI und den Vorsitzenden der CDU-Mittelstandsvereinigung – mit solchen Themen und Positionen läßt sich vielleicht Profil, aber keine Mehrheit gewinnen. Die meisten Leute würden die Union dann als reaktionäre, antimoderne, nationalistische und frauenfeindliche Partei wahrnehmen.

Wie sich zeigen wird, hat die Diskussion im Präsidium einen Sinn, da auf der Klausurtagung des Bundesvorstandes über die Lage der Union eine kritische Aussprache stattfindet. Vor allem wird ein Rechtsruck vermieden, als das neue Grundsatzprogramm als Leitantrag für den Hamburger Parteitag im Februar beraten und verabschiedet wird.
Ich bin davon überzeugt, daß die Union wieder mehrheitsfähig wird, wenn sie ihre Politik nach der Mitte ausrichtet. Und diese Politik der Mitte darf nicht weiter vom rechten Rand aus in Mißkredit gebracht werden.
Auf der Klausurtagung der CSU Mitte Januar in Wildbad Kreuth wird noch einmal der Mitte-rechts-Kurs proklamiert und vor allem damit begründet, daß man den Rechtsradikalen das Wasser abgraben müsse. Der Vorschlag, das Thema »Angst vor Überfremdung« zum Gegenstand des Wahlkampfes zu machen, wird gescheiterweise bald darauf wieder fallengelassen. Wenn das Ausländerthema in den Wahlkampf geriete, wäre dies Wasser auf die Mühlen der Rechtsradikalen.
Die Geschichte zeigt, daß diejenigen Parteien die Wahlen gewonnen haben, die in ihrer inhaltlichen Konzeption die jeweils vorhandenen politischen Grundströmungen aufgefangen und politisch artikuliert haben. In den fünfziger Jahren waren die Grundströmungen mit der CDU identisch: Soziale Marktwirtschaft gegen Planwirtschaft, Westintegration gegen nationalen Neutralismus.
In den sechziger Jahren waren die Grundströmungen auf der Seite der SPD: Innere Reformen und die neue Ostpolitik von Willy Brandt wurden populär. Diese politischen Inhalte brachten den Sozialdemokraten 1972 den bisher größten Wahlerfolg ihrer Geschichte, und wegen ihnen hatten sie 1969, wenn auch knapp, zusammen mit den Libe-

ralen die Mehrheit gewonnen. Die Grundströmung der Entspannungs- und Friedenspolitik verschaffte der SPD Pluspunkte, aber ab 1976 holte die Union auf, weil mehr Wähler den Sozialismus ablehnten und der Staat immer tiefer in Schulden verstrickt wurde. In den achtziger Jahren hatte die CDU die Grundströmungen wieder auf ihrer Seite: wirtschaftlicher Aufschwung, solide Finanzen und gute Beziehungen zu den Vereinigten Staaten von Amerika und den westeuropäischen Ländern. Anfang der neunziger Jahre, als die deutsche Einheit verwirklicht wurde, war auch das Glück auf der Seite der CDU. Die Grundströmung war damals die nationale Einheit gegen die Entsolidarisierungskampagne der Sozialdemokraten.

Was ist die Grundströmung für 1994? Diese Frage läßt sich nur schwer beantworten. 1994 ähnelt 1949. Es ist eine Umbruchszeit, und klare Tendenzen sind noch nicht erkennbar. 1949 bekam die CDU 31 Prozent, und die SPD erreichte 28 Prozent. Die Bundestagswahl hatte ein ganz knappes Ergebnis. Damals zeigte sich politische Führung in der Gestalt von Konrad Adenauer und Ludwig Erhard und inhaltlich in der Sozialen Marktwirtschaft und der Westbindung als Antwort auf den verlorenen Krieg, den wirtschaftlichen Zusammenbruch und die Bedrohung durch den Kommunismus. Soziale Marktwirtschaft, Westbindung und europäische Einigung schufen Hoffnung, ebenso die NATO.

1994 sind wir ebenfalls Zeitzeugen einer historischen Zäsur. Der Kommunismus ist zusammengebrochen, die Sowjetunion und die DDR sind verschwunden, Orientierungslosigkeit macht sich breit, die Strukturkrise der deutschen Wirtschaft produziert Arbeitslosigkeit, die Migration und die Öko-Katastrophen verbreiten Unsicherheit.

Wichtig wären langfristige Konzeptionen als Antworten auf diese Situation: eine außenpolitische Doktrin zum Beispiel, die die Menschenrechte einschließt; ein europäischer Bundesstaat; gerechte Preise für die Nutzung natürlicher Ressourcen; die multikulturelle Gesellschaft im Rahmen der verfassungsmäßigen Ordnung; eine aktive Gerechtigkeit, die die Leistungsfähigen in die Pflicht nimmt; Solidarität gegenüber den Schwachen; europäischer Dialog mit der islamischen Welt; Partnerschaft statt Nationalitätenkampf; Föderalismus als globales Ordnungsprinzip; sanktionenbewehrte Ächtung der Folter; neue Energieträger und ethisch verantwortete Gentechnik; Kodifizierung eines Weltethos und Organisation einer Weltpolizei im Rahmen der UNO. Das könnten Richtwerte und Ziele sein, für die es sich zu kämpfen lohnt und die die CDU auch im Wahlkampf in die Offensive bringen würden.

Helmut Kohl hat recht, wenn er sagt, daß die Diskussion um den Standort Bundesrepublik Deutschland nicht ausschließlich eine wirtschaftspolitische Debatte sein darf. Es geht auch um den gesellschaftspolitischen, kulturpolitischen und ökologischen Standort Deutschland. Der Wirtschaftswissenschaftler Walter Eucken sagte über die Soziale Marktwirtschaft: »Eine Wirtschaftsordnung muß nicht nur effizient, sie muß auch menschenwürdig sein.« Die Diskussion um die Standortfrage darf von der Union nicht herzlos geführt werden.
Die Union hat vor allem bei den unter 45jährigen keine Mehrheit mehr. Für diese Menschen, die einen großen Teil ihres Lebens noch vor sich haben, sind Friede, Abrüstung, Gleichberechtigung, Natur- und Umweltschutz Standortthemen, nämlich Fragen nach der Qualität ihres Lebens.

Das sind keine Fragen von links oder rechts, sondern Fragen von morgen oder vorgestern.
Genauso wichtig für das Wählerverhalten ist die integrierende Kraft politischer Persönlichkeiten. Traditionelle Bindungen und weltanschauliche Überzeugungen, die Attraktivität politischer Inhalte, die Verankerung der Parteien in den Gemeinden wie in Vereinen und Organisationen und das Erkennen der Virulenz aktueller politischer Themen - dies sind die Bedingungen, unter denen die Christlich-Demokratische Union Volkspartei und damit mehrheitsfähig bleiben kann.
Wichtig wäre deshalb, daß die CDU die Persönlichkeiten herausstellt, die vom Programm und vom Profil her neben dem Bundeskanzler die Attraktivität der Partei erhöhen können. Das heißt, daß im Wahlkampf eine Mannschaft aufgestellt wird, die die gesamte Bandbreite der CDU repräsentiert und aus Persönlichkeiten wie Wolfgang Schäuble, Rita Süssmuth, Norbert Blüm, Klaus Töpfer, Kurt Biedenkopf, Volker Rühe, Erwin Teufel, Angela Merkel, Matthias Wissmann und anderen bestehen könnte.
Erfolgversprechend wäre auch ein spektakulärer Wechsel in der Regierung, eine Kabinettsumbildung, die Hand und Fuß hätte. Lothar Späth zum Beispiel könnte dazugehören, entweder als Aufbauminister für die neuen Länder oder als Wirtschaftsminister.

Das alles sind Spekulationen, sind Anregungen, die in der CDU erörtert werden, doch sie werden nicht zu einem Gesamtkonzept zusammengefaßt.

In eine Wahlkampfstrategie müßte natürlich auch die politische Situation in Ostdeutschland einbezogen werden. Sie wird im Wahlkampf eine entscheidende Rolle spielen. Alle Analysen des Jahres 1993 ergeben: In Ostdeutschland verliert die Demokratie dramatisch an Zustimmung. Von ursprünglich 3,2 Millionen Arbeitsplätzen in der Industrie sind 2,4 Millionen verlorengegangen, also drei Viertel. Viele Ostdeutsche verbinden Anfang 1994 die Wiederherstellung der deutschen Einheit mit Begriffen wie »Okkupation« und »Plattmachen«. Sie finden sich in einer Wirtschaftslage wieder, auf die sie seelisch nicht vorbereitet und der sie noch nicht gewachsen sind. Statt endlich Lebensträume verwirklichen zu können, werden sie mit einer an der Produktivität orientierten Wirtschafts- und Arbeitsmarktpolitik konfrontiert. Die Älteren, deren Bezugsrahmen weggebrochen ist, können den Jüngeren nicht mehr Erfahrungen, Orientierungen und Lebensstrategien vermitteln, wie die Jugend- und Sozialforscher Christian Palentien, Käte Pollmer und Klaus Hurrelmann feststellen. Friedrich Schorlemmer schreibt in einem Zeitungsartikel, alle früheren DDR-Bewohner, nicht nur Jugendliche, hätten mit Minderwertigkeitsanwandlungen zu kämpfen. Was für wert gehalten erklärt wurde, gelte plötzlich nicht mehr. Die Folge seien umfassende Orientierungsverluste.

Der Streit um Versöhnung (Lothar de Maizière) oder Entstasifizierung (Arnold Vaatz, Heitmann) ist nicht entschieden. Das Emnid-Institut fragt: »Die Mauer ist weg, aber die Mauer in den Köpfen wächst.« Dieser Meinung stimmten im Januar 1993 74 Prozent der Ostdeutschen zu. Jeder zehnte Ostdeutsche zwischen 18 und 30 Jahren will in nächster Zeit in den Westen übersiedeln. Das sind 280.000 Menschen. Weitere 70.000 zwischen 30 und 45 Jahren planen das gleiche. Schon von Mitte 1990 bis 1992 sind eine Million

Menschen vom Osten in den Westen gegangen. Für die meisten Ostdeutschen, die keine Arbeit haben, wird es keine Rückkehr in die Berufswelt geben. Dieses Heer der Hoffnungslosen droht sich weiter zu vergrößern. 33 Prozent der Ostdeutschen, die noch einen Arbeitsplatz haben, befürchten, diesen zu verlieren. Mißtrauen verbreitet sich.

Auf die Frage, warum so viele Betriebe in der ehemaligen DDR am Ende seien, nennen 63 Prozent der Ostdeutschen: Westdeutsche lassen die Konkurrenz kaputtgehen. 49 Prozent sagen, die Bonner Regierung habe zuwenig Arbeitsplätze gerettet. 47 Prozent sagen, die Treuhand mache Fehler. Erst dann folgt weit abgeschlagen mit 37 Prozent die Auffassung, die jahrzehntelange Mißwirtschaft der SED trage die Schuld an der Misere.

Angesichts dieser schwierigen Ausgangslage zu Beginn des Wahljahres wäre es notwendig gewesen, die Bedingungen für den Wahlkampf zu optimieren. Dazu hätte ein klarer Kurs der Mitte gehört und eine Absage an eine Mitterechts-Strategie; das Festhalten am christlichen Menschenbild als Grundlage unserer Politik; eine Politik mit Herz und einfühlsamer Sprache; die Aufstellung einer Mannschaft; der Versuch, mit politischen Entscheidungen einen Wirtschaftsaufschwung wenn nicht herbeizuführen, so doch zu unterstützen; eine sozialpolitische Offensive für den Osten, um der PDS das Wasser abzugraben. Wichtige Voraussetzungen für einen Wahlsieg sind auf jeden Fall die erfolgreiche Wahl eines Bundespräsidenten, ein Sieg bei den Europawahlen und das Vermeiden von spektakulären Niederlagen in Landtags- und Kommunalwahlen.

Eine Stimmungsveränderung zugunsten der Union könnte möglicherweise auch dann eintreten, wenn der bisherige Trend durch ein spektakuläres, nicht vorhersehbares Ereignis gestoppt oder umgedreht würde. Etwas Vergleichbares hatte es 1989/90 mit der Revolution in Ostdeutschland und der deutschen Einheit gegeben, zum Glück für die CDU, denn ohne diese historischen Ereignisse wäre die Bundestagswahl 1990 für die Union mit an Sicherheit grenzender Wahrscheinlichkeit verlorengegangen. Es gibt weitere Beispiele in der jüngsten deutschen Geschichte, so die Geiselbefreiung in Mogadischu, die zugunsten von Helmut Schmidt gewirkt hat, oder der Mauerbau im August 1961, der Konrad Adenauer und die Union die absolute Mehrheit kostete. Manche rechnen zu Beginn des Wahljahres 1994 mit einer außenpolitischen Zuspitzung etwa in der ehemaligen Sowjetunion. Aber darauf Hoffnungen zu bauen wäre politisch fast kriminell und wahlpolitisches Roulette. Eine Wende kann auch eintreten, wenn die Sozialdemokraten durch schwere eigene Fehler ihren Auftrieb stoppen und im Kontrast dazu die Union in der Gunst der Wähler wieder nach vorne kommt.

Es wird sich im Lauf des Wahljahres herausstellen, daß manche Wahlkampfbedingungen verbessert wurden und manche nicht, ein unvorhergesehenes Ereignis trat ein, und die SPD sollte schwere Fehler machen.

# Die Aufholjagd

*Der Hamburger Parteitag der CDU – das neue Grundsatzprogramm – Irritationen in Bayern – die Wirtschaft erholt sich – Mannschafts- oder Kanzlerwahlkampf? – Stimmungen in Ostdeutschland – FDP auf der schiefen Bahn – die Bundespräsidentenwahl – die Europawahlen*

*21. Februar 1994:*
In Hamburg findet der Parteitag der CDU statt. Er ist das wichtigste Ereignis am Anfang des Wahljahres für die Union. Auf diesem Parteitag muß sich entscheiden, ob die Partei, so wie einige es wollen, nach rechts rückt oder ob sie in der Mitte bleibt. Entscheidend ist die Rede des Bundeskanzlers. Er bezieht Stellung gegen Nationalismus, Rassismus und Chauvinismus und bekennt sich zu Europa. Er bezeichnet die Ökologie als notwendige Ergänzung der Sozialen Marktwirtschaft.
Daß er gleichzeitig, wie früher und in unnachahmlicher Weise, versucht, die Partei zu disziplinieren, kann man verstehen, darf aber nicht unwidersprochen bleiben.
Er sagt: »Wir müssen fähig sein, Argumente zu hören und zu wägen. Aber wir dürfen auch den Wahlkalender nicht gänzlich außer acht lassen. Wenn in drei Wochen in einem Bundesland Wahlen sind, hat jeder in der Union in Deutschland die Pflicht, an die Wahlkämpfer zu denken, die jetzt bei Schnee und Eis abends über das Land ziehen und für diese Partei den Kopf hinhalten.« Und ein paar Sekunden später: »Wer sich in diesen Zeiten zu Lasten des

Ganzen profiliert, schließt sich selbst aus der Gemeinschaft aus. Deshalb, liebe Freunde, sage ich ganz knapp, wer eine andere Politik will, der hat zwischen jetzt und Mittwoch spätnachmittag die Chance, das von dieser Stelle aus zu vertreten. Aber wenn wir am Mittwoch nach Hause gehen, ist mit solchen Debatten Schluß. Dann kämpfen wir gemeinsam. Wer das nicht will, steht im Abseits.«
Diese Passage bezieht sich, wie aus dem Zusammenhang hervorgeht, auf die Diskussion um eine große Koalition. Aber auf dem Parteitag entsteht ein anderer Eindruck, nämlich daß es mit der Diskussion um die Wahlkampfstrategie ein Ende haben müsse. Ich halte deswegen am anderen Tag über die Grundsätze der Partei eine Rede*. Mir geht es darum, darzulegen, wie es der CDU gelingen kann, auch in Zukunft Wahlen zu gewinnen: nämlich durch eine richtige Analyse der eigenen Situation, durch den Mut zum argumentativen Streit, durch das Festhalten am christlichen Menschenbild und durch die glaubwürdige Präsentation als moderne und offene Volkspartei. Meine Rede ist ein Beleg dafür, daß kritische Selbstbetrachtung auch vor über zwanzig laufenden Fernsehkameras und vielen hundert Journalisten auf große positive Resonanz in der Partei stoßen kann. In jeder Partei gibt es den Wunsch nach Einigkeit, aber viel stärker ist der Wunsch, das Richtige zu tun, es richtig zu begründen und auch richtig darzustellen.
Die Partei will in der Mitte bleiben. Auch der starke Beifall für die Reden von Norbert Blüm und Rita Süssmuth über die Verantwortung der CDU für Pflegebedürftige und Familien bestätigen diesen Eindruck.

* Der Wortlaut der Rede ist im Anhang des Buches abgedruckt.

*23. Februar 1994:*
Am letzten Tag des Hamburger Parteitags wird das neue Grundsatzprogramm verabschiedet. Versuche im Vorfeld, in dieses Programm den Begriff »Deutschland als moderner Nationalstaat« einzubauen, finden keine Zustimmung. Der Vorschlag des Bundesvorstands, den Begriff »bundesstaatliche Ordnung« im Zusammenhang mit der Europäischen Union nicht mehr zu verwenden, wird abgelehnt. Der Parteitag beschließt als politisches Ziel eine Europäische Union mit bundesstaatlichem Charakter. Gleichzeitig erweitert der Parteitag das Grundsatzprogramm durch den Begriff der »Sozialen und Ökologischen Marktwirtschaft«. Das ist eine wichtige Ergänzung des Begriffs »Soziale Marktwirtschaft«, wie überhaupt Umwelt und Ökologie eine große programmatische Bedeutung bekommen haben. Das christliche Menschenbild als Fundament unserer Politik wird präzisiert und unterstrichen. So heißt es in der Ziffer 6: »Das christliche Verständnis vom Menschen ist unser geistiges Fundament und der historische Ausgangspunkt unserer Partei.« Zur Ausländerpolitik sagt das Programm unter anderem: »Integration heißt für uns, daß Menschen anderer Herkunft die Erfordernisse des Zusammenlebens, -wohnens und -arbeitens in unserer Gesellschaft erfüllen und daß der Wunsch, die eigene Identität in Kultur, Sprache und Lebensform zu bewahren, als ein menschliches Grundanliegen geachtet wird. Alle müssen zur Integration und Toleranz bereit sein.«
Was ist die multikulturelle Gesellschaft anderes als die Verwirklichung dieses politischen Wunsches?
Nicht nur die Reden, sondern das ganze neue Grundsatzprogramm unterstreicht den Kurs der Mitte.

*26. Februar 1994:*
In Mainz findet die Landesvertreterversammlung der CDU statt, die die Landesliste von Rheinland-Pfalz für die Bundestagswahl aufstellt. Einige kommen zu mir und sagen, die Kandidatur von Roman Herzog und die Aussagen und Beschlüsse des Bundesparteitags hätten ihnen wieder Mut gemacht und die Hoffnung gegeben, aus dem Tief herauszukommen, in dem sich die Union befindet. Einer sagt: »Ich glaube, wir gewinnen die Bundestagswahl.« Einen solchen Satz habe ich seit drei Jahren nicht mehr gehört.
Es sollte aber leider nicht so weitergehen, sondern in den kommenden Monaten ein Auf und Ab geben mit einem, wie wir inzwischen wissen, knappen und gefährlichen Ergebnis.

*3. März 1994:*
Heute habe ich Geburtstag, und es gibt ein schönes Frühstück im Büro. Bei dieser Gelegenheit rede ich mit meinen Mitarbeiterinnen und Mitarbeitern über die kommenden Tage und Wochen, die auch für sie strapaziös werden. Nach dem Frühstück Büroarbeit. Gestern war ich zum Wahlkampf in Osnabrück und Diepholz gewesen. Am 4. März in Bonn Gespräch mit Gerhard Leuschner, dem stellvertretenden Vorsitzenden der Industriegewerkschaft Bau-Steine-Erden, wegen Schlechtwettergeld und danach Essen bei der Bundestagspräsidentin zu Ehren von Hans Katzer, dem früheren Sozialminister und langjährigen Vorsitzenden der Sozialausschüsse. Am 5. März halte ich in Lahr in der Sulzberghalle eine Rede vor den Sozialausschüssen Baden-Württembergs. Ich treffe eine ganze Reihe von alten Freunden. Einen Tag später bin ich in Hamburg und spreche mit dem jüdischen Schriftsteller Rafael Seligmann über die »Zu-

kunft der Juden« und bin noch am Abend desselben Tages bei der Geburtstagsfeier des ehemaligen SPD-Bundesgeschäftsführers Peter Glotz, an der nicht nur Oskar Lafontaine, sondern auch Graf Lambsdorff teilnimmt. Ich spreche in diesen Tagen auch mit dem Vertreter der Deserteure während der Nazizeit, Baumann, der erreichen will, daß die von der NS-Justiz verurteilten Fahnenflüchtigen rehabilitiert werden. Am 13. März diskutiere ich abends, nach der Landtagswahl in Niedersachsen und der Kommunalwahl in Schleswig-Holstein, in »Talk im Turm« bei »SAT1« in Berlin, und am Tag darauf halte ich in der bayerischen Landeshauptstadt die Rede zur Verleihung der »Löwenpfote« an Münchner Bürgerinnen und Bürger, die sich für das Zusammenleben mit Ausländern verdient gemacht haben.
Ein paar Wochen später werde ich in der Seilbahnkabine auf dem Corvatch im Engadin von mehreren Münchnern auf diese Rede angesprochen. Die Veranstalter müssen sie nachdrucken lassen, was mich freut, weil sie mit den Rechtsradikalen aller Schattierungen abrechnet.

7. *März 1994:*
Die Union kommt nicht zur Ruhe. In der Sitzung des Präsidiums sagt Christoph Bergner, der neue Ministerpräsident von Sachsen-Anhalt, den ich sehr schätze und der vor allem in den Grundsatzfragen gerade für die ostdeutsche CDU eine unverzichtbare Rolle spielt, daß doch überlegt werden solle, ob nicht ein Ostdeutscher zum Bundestagspräsidenten gewählt werden könne, da in Zukunft weder das Amt des Bundeskanzlers noch des Bundespräsidenten von einem Ostdeutschen wahrgenommen werden würde. So wäre Ostdeutschland in einem der drei obersten Staatsämter vertreten. Helmut Kohl lehnt diese Diskussion ab und

erklärt, daß er Rita Süssmuth wieder für das Präsidentenamt vorschlagen werde, falls die Union erneut stärkste Fraktion werden würde. Dies löst in der CSU Irritationen aus, da sie mit Grund glauben konnte, daß Helmut Kohl Rita Süssmuth nicht mehr unterstützen würde. Als das Gegenteil eintritt und außerdem der Deutsche Bundestag auch noch mit Stimmen von Unionsabgeordneten beschließt, daß der bulgarische Künstler Christo den Reichstag verhüllen darf, erinnern sich einige in der CSU wieder an Heitmanns Rückzug und interpretieren dies alles – so kann man es wenigstens in der Zeitung lesen – als Zugeständnisse an den Reformflügel der CDU.

Dabei hätte die CSU-Führung eigentlich Anlaß, über ihre Einstellung gegenüber der CDU nachzudenken. Noch kurz vor dem Parteitag in Hamburg war die Union mit der Affäre um Peter Gauweiler konfrontiert worden, der – mehr oder weniger von Edmund Stoiber gezwungen – gerade vier Tage vor dem Hamburger CDU-Parteitag seinen Rücktritt erklärt hatte. Auf einer tumultartig verlaufenden Aschermittwochskundgebung der Münchner CSU hatte er im Rundumschlag mit Edmund Stoiber und Theo Waigel abgerechnet.

Gauweiler war vorgeworfen worden, nach seinem Ausscheiden aus seiner Rechtsanwaltskanzlei seine Klientenkartei für monatlich 10.000 Mark an Kollegen einer anderen Kanzlei verpachtet zu haben. Die Affäre belastet die gesamte Union. Waigel hat recht, als er Gauweilers Rücktritt einen »befreienden Schritt« nennt.

Während der Gauweiler-Affäre hat die CDU auf kritische oder gar hämische Kommentare verzichtet, wie sie früher seitens der CSU gegenüber der CDU üblich waren, wenn diese in vergleichbaren Schwierigkeiten steckte.

Die CDU äußert in der Öffentlichkeit auch keine Kritik angesichts des sich anbahnenden Skandals um den steuerflüchtigen »Bäderkönig« Eduard Zwick, der in den nächsten Wochen eskalieren und das Ansehen der gesamten Union beschädigen wird.
Am 17. März tritt der stellvertretende CSU-Vorsitzende Gerold Tandler wegen seiner Geschäftsbeziehungen zu Zwick zurück. Stoiber beschwert sich indessen, daß vor lauter Affären kaum jemand seine »Sacharbeit« zur Kenntnis nehme.

Gauweilers erzwungener und Tandlers freiwilliger Rücktritt sind erste Schritte, mit denen Edmund Stoiber und Theo Waigel die moralische Wiederaufrüstung der CSU beginnen können. Ihre konsequente Haltung hilft der CSU, die Zwick-Affäre zu überwinden. Dennoch tragen diese »Ereignisse« natürlich nicht dazu bei, die Voraussetzungen für den Wahlkampf zu verbessern.

*10. März 1994:*
Koalition und SPD einigen sich nach monatelangem Hin und Her über die Pflegeversicherung. Endlich kommen die Pflegebedürftigen zu ihrem Recht, wofür Norbert Blüm und ich uns jahrelang eingesetzt haben. Der Union hätte ein positives soziales Thema im Wahlkampf gefehlt, wenn die Pflegeversicherung gescheitert wäre.

*26. März 1994:*
Ich bin mit Gerhard Schröder in der NDR-Talkshow bei Lea Rosh. Wir sitzen anschließend noch zusammen. Schröder räumt ein, daß sich die Stimmung etwas verändert, und zwar zugunsten der Union, aber noch nicht unbedingt zu

Lasten der SPD. Aus seiner Sicht hat der Parteitag der CDU den Christlichen Demokraten Auftrieb gegeben. Auch das Abschneiden der CDU in seinem Land, in Niedersachsen, war nicht schlecht, und Schröders SPD hat nur knapp die absolute Mehrheit der Sitze bekommen, weil die Liberalen aus dem Landtag ausgeschieden sind. Aber die CDU fühlt sich im Aufwind. Sicher ist die Stimmung im Land besser als die Beurteilung der Partei durch die Bevölkerung. Allerdings gilt das, was ich auf dem Hamburger Parteitag zu Helmut Kohl gesagt habe, nicht weniger für die Partei insgesamt, daß nämlich nur derjenige, der sich selbst imponiert, auch anderen imponiert.

Die verbesserte Stimmung im März wird gestützt durch die ersten positiven Prognosen für die wirtschaftliche Entwicklung. Das unvorhergesehene Ereignis, auf das manche in der CDU gehofft hatten, scheint sich anzubahnen. Plötzlich ist das Wort »Aufschwung« in aller Munde. Die Zeitungen schreiben darüber, und die wirtschaftswissenschaftlichen Institute prognostizieren für das Jahr 1994 zwar nur eine Zuwachsrate von zwei Prozent, aber sie sagen für das Jahr 1995 eine weitere deutliche Steigerung voraus. Vor allem die Exportaufträge nehmen zu. Eine wichtige Voraussetzung für eine positive Entwicklung des Wahlkampfes, für einen Stimmungsumschwung zugunsten der CDU scheint heranzuwachsen. Aber so ganz glatt werden die Zeitläufe nicht sein.

*6. April 1994:*

Der englische Fußballverband sagt das Länderspiel zwischen England und Deutschland am 20. April, an Hitlers Geburtstag, ab. Rechtsextreme Gruppen hatten angekündigt, Randale zu machen. Ausgelöst hatte das Trauerspiel der Hamburger SPD-Innensenator Werner Hackmann. Er untersagte, das Fußballspiel in der Hansestadt auszutragen. Daraufhin bot Eberhard Diepgen, der Regierende Bürgermeister von Berlin, an, das Länderspiel ins Berliner Olympiastadion zu verlegen. Das ging nun den Engländern zu weit, und sie sagten am 6. April das Länderspiel endgültig ab. Michel Friedman vom Zentralrat der Juden in Deutschland spricht von einem Erfolg für rechtsradikale Gruppen und einem Versagen von Selbstsicherheit und Selbstbewußtsein der Demokratie. »Bild« schlägt zu mit der Schlagzeile: »Schande! Warum kuscht Ihr vor den Nazis?«

*11. April 1994:*
Das Parteipräsidium diskutiert Vorschläge, die Republikaner zu verbieten. Bundesinnenminister Manfred Kanther lehnt ein Verbot ab. Die Bundesregierung könnte es gar nicht erlassen, sondern müßte es beim Bundesverfassungsgericht beantragen – mit wenig Aussicht auf Erfolg. Würde das BVG einen Verbotsantrag zurückweisen, dann könnten die »Republikaner« im zwar nicht logischen, aber doch plausiblen Umkehrschluß triumphierend sagen, das Bundesverfassungsgericht habe sie als grundgesetzkonforme Partei bestätigt. Ein Verbotsantrag würde außerdem die rechte Szene mobilisieren und es ihr ermöglichen, als Märtyrer auf Stimmenfang zu gehen.

*13. April 1994:*
Das Institut für Demoskopie Allensbach berichtet zum ersten Mal, daß sich die Stimmung im Land verändert hat. Hinsichtlich der Wirtschaftslage trete bei den Bundesbürgern ein vorsichtiger Optimismus an die Stelle des lähmenden Pessimismus. Deshalb wachse die Unterstützung für

Helmut Kohls Politik. Ein Stimmungsumschwung wird auch in den neuen Bundesländern registriert. Die CDU/CSU liegt jetzt bundesweit bei 34,9 Prozent, die SPD bei 40,6, die FDP bei 8,2, Bündnis 90/Die Grünen bei 9,7, die PDS bei 3,2 und die Republikaner bei 3 Prozent.

*14. April 1994*:
Die Bundesbank erweist sich einmal mehr als unabhängige, aber dennoch im Ergebnis regierungsfreundliche Institution. Sie senkt neben dem Lombardsatz überraschend auch den Diskontsatz, das heißt die Leitzinsen, um 0,25 Prozent. In der Presse wird diese Entscheidung als eine Politik der Trippelschritte charakterisiert, mit der die Bundesbank auf einem schmalen Grat wandere, wo links die Inflation lauere und rechts die Konjunktur ihren Tribut fordere. Jedenfalls paßt die Senkung der Leitzinsen der Regierung und der Wirtschaft ins Geschäft.

*23. April 1994*:
Bei der Wahl zum Landesvorsitzenden der nordrhein-westfälischen FDP entgeht Jürgen Möllemann nur knapp einem Fiasko. Ohne Gegenkandidat erhält er nur 59 Prozent der abgegebenen Stimmen. Am Rand des Parteitags wird schon über den Staatssekretär im Bundesbildungsministerium Fritz Schaumann als mögliche Alternative zu Möllemann gesprochen. Schaumann wird ein halbes Jahr später eine entscheidende Rolle beim endgültigen Sturz Möllemanns spielen. Möllemann hätte schon damals merken müssen, wie es um ihn steht. Die »FAZ« schreibt: »Die Lektion, die Kinkel vor versammelten Delegierten dem Chef des größten Landesverbandes erteilte, dürfte ohne Vorbild in der Geschichte der deutschen Traditionsparteien sein.« Und

die »Rheinische Post« berichtet von »schallenden Ohrfeigen«, die Möllemann bekommen habe. Ob die Wahlchancen der FDP dadurch schlechter geworden sind, bleibt abzuwarten. Jedenfalls wird dies in der Presse in diese Richtung erörtert. Wie sich herausstellen wird, völlig zu Recht.

*26. April 1994:*
Heute findet eine Präsidiumssitzung statt, auf der ursprünglich über die Frage eines Mannschaftswahlkampfes diskutiert werden sollte. Aber das ist an diesem Abend schon kein Thema mehr. Die Stimmung hat sich nach allgemeiner Auffassung so verbessert, daß es nicht mehr nötig scheint, darüber weiter zu debattieren. Damit wird eine Chance vertan, unsere Wahlkampfvoraussetzungen zu verbessern. Ein Mannschaftswahlkampf hätte die Vorrangstellung von Helmut Kohl nicht beeinträchtigt. Auch Konrad Adenauer war 1957 und 1961 mit einer Mannschaft angetreten. Der Wahlslogan der CDU hieß 1961: »Adenauer und die Mannschaft«. Auch der Wahlkampf 1957 stach durch eine moderne Wahlkampfführung hervor, vor allem durch eine auffällige, bunte Plakatierung. Da wurde nicht nur Konrad Adenauer gezeigt, sondern auch die Mitglieder einer eindrucksvollen Mannschaft, zu der unter anderem Ludwig Erhard, Franz Josef Strauß, Kurt-Georg Kiesinger, Anton Storch, Fritz Schäffer und Eugen Gerstenmaier gehörten – alles herausragende Leute, die dem Wahlkampf der CDU damals ja nicht schadeten, sondern nutzten. Warum will man es diesmal nicht genauso machen? Genügend gute Leute wären da.

*30. April 1994:*
Ich bin im Wahlkampf mit Angela Merkel in Neubrandenburg, bei der Jungen Union in Hamburg und beim CDU-

Kreisparteitag in Güstrow. Im Anschluß an die Kundgebung in Neubrandenburg kommen mehrere ehemalige Offiziere der Nationalen Volksarmee der DDR (NVA) zu mir. Sie beschweren sich darüber, daß sie als Offiziere nicht anerkannt würden. Zum Beispiel dürften sie auf Visitenkarten, Briefbögen oder sonstigen Papieren nicht ihre Dienstbezeichnung mit der Abkürzung »a. D.« führen. Es werde ihnen verwehrt, die Berufsbezeichnung »Hauptmann a. D.« oder »Major a. D.« zu benutzen. Mein Hinweis, dies sei eine Regelung des Einigungsvertrags, nützt nicht viel. Sie erwarten von der CDU als Regierungspartei, daß sie diesen »Unfug« beseitigt. Diese als schikanös und herabsetzend empfundene Behandlung der ehemaligen NVA-Offiziere erinnert mich an den Fall der Glasbläser in Thüringen, die seit vier Jahren offiziell als Handwerker anerkannt werden wollen und mit diesem Wunsch bisher am Bonner Wirtschaftsministerium gescheitert sind.

Ich vermute, daß durch solche Dinge nicht die Wahlchancen der Koalitionsparteien, wohl aber die der PDS verbessert werden.

Dann sind da noch die Mauerschützen, die zu zwei bis drei Jahren Gefängnis auf Bewährung verurteilt werden, während die meisten jener, die die Befehle zum Schießen gegeben haben, nämlich Erich Honecker, Margot Honecker, viele Mitglieder des Politbüros und Bezirksparteisekretäre, frei herumlaufen und eine gar nicht so schlechte Pension erhalten. Viele in den neuen Ländern stellen Vergleiche an. 1945 habe man die »Großen« buchstäblich gehängt, nämlich als Ergebnis des Nürnberger Prozesses, die »Kleinen« aber laufenlassen. Jetzt sei es umgekehrt. Man lasse die »Großen« wie Alexander Schalck-Golodkowski oder Erich Honecker laufen, die »Kleinen« aber würden gehängt.

Am folgenden Tag fliege ich im Hubschrauber nach Halberstadt zu einer 1.-Mai-Kundgebung der CDU, die in der offenen Halle einer Bierbrauerei stattfindet. Trotz der für die Jahreszeit empfindlichen Kälte sind rund 400 Leute zusammengekommen. Sie sind freundlich, wirken aber am Anfang meiner Rede resigniert. Sie sind völlig überrascht von dem, was ich ihnen über die Sozialpolitik der CDU berichte, zum Beispiel, daß alle großen Sozialgesetze in Deutschland, von der Montanmitbestimmung, der dynamischen Rente über Erziehungsgeld und Erziehungsurlaub bis zur Pflegeversicherung, von Christlichen Demokraten durchgesetzt worden sind. Für die CDU vor Ort und Monika Brudlewsky, die Bundestagsabgeordnete von Halberstadt, ist es ein besonderer Triumph, daß zu ihrer Kundgebung zehnmal mehr Leute gekommen sind als zur Parallelveranstaltung von DGB und SPD.

Ich bin jetzt fast jeden Tag irgendwo anders und finde, daß etwas dran ist an Oscar Wildes Satz: »Die Demokratie ist eine feine Sache, aber sie verdirbt einem die ganzen Abende.«

Das für die Verkehrspolitik zuständige Mitglied der SPD-Programmkommission, der nordrhein-westfälische Verkehrsminister Christoph Zöpel, tritt aus der sozialdemokratischen Programmkommission aus. Die Ursache ist die unklare Haltung Scharpings zum Tempolimit. Kündigt sich damit eine erste Verunsicherung der SPD an? Diese Vermutung sollte sich später als richtig erweisen.

2. *Mai 1994*:
Der Bundesvorstand der FDP bekräftigt die Koalitionsaussage zugunsten der Union. Später wird der Eindruck entstehen, als ob die Koalition mit der CDU/CSU unter Bundeskanzler Helmut Kohl die einzige Ursache für das Überleben der FDP gewesen sei.
Die Nachrichten melden, daß Nelson Mandelas African National Congress (ANC) bei den ersten freien allgemeinen Wahlen in Südafrika über sechzig Prozent der Stimmen bekommen hat. Wie wird es dort weitergehen? Werden diejenigen recht behalten, die gesagt haben, daß die Apartheid abgeschafft werden müsse, bevor Südafrika demokratisiert werden könne? Oder wird es zum Blutbad gegen die Weißen kommen?

4. *Mai 1994*:
Israels Ministerpräsident Yitzhak Rabin und PLO-Chef Yassir Arafat unterzeichnen den Autonomievertrag. Gleichzeitig hat in Südafrika eine neue Ära begonnen. Ich frage mich, wieso das, was zwischen Israel und der PLO, zwischen dem ANC und den Buren möglich ist, in Deutschland zwischen Deutschen und Türken unmöglich sein soll.

Ich erinnere mich an die Angriffe aus den eigenen Reihen, denen Norbert Blüm und ich 1987 ausgesetzt waren, weil wir uns öffentlich für Nelson Mandela in Südafrika und gegen den Diktator Pinochet in Chile eingesetzt hatten. Vor allem junge Menschen begreifen, daß die Menschenrechte unteilbar sind, daß Demokraten, die sich in einer Diktatur oder in einem autoritären Regime in der Opposition oder im Untergrund befinden, die internationale Solidarität benötigen, um überleben zu können. Dies galt für Andrej Sacharow in der Sowjetunion genauso wie für Patricio Aylwin, den späteren Staatspräsidenten von Chile und damaligen Gegenspieler von Pinochet in dessen letzten Präsidentschaftsjahren. Glaubwürdig kann man für die Menschenrechte nur eintreten, wenn man deren Verletzungen nicht geopolitisch einordnet und sie weder im Iran noch in Südafrika, noch in Jugoslawien, noch in Deutschland unter den Teppich kehrt. Die Kniefälle der deutschen und europäischen Außenpolitik vor den serbischen Kriegsverbrechern Milosevic, Karadzic und Mladic, die wirtschaftlich begründeten Verbeugungen vor den fundamentalistischen Machthabern im Iran und den Kommunisten in China sind moralisch nicht besser, als es das hündische Kriechen mancher Kreise im Westen vor der totalitären Drohkulisse des Kommunismus gewesen ist. Dieser Verlust an moralischer Kompetenz gehört zu den Gründen, warum sich gerade politisch interessierte und religiös gebundene und vor allem junge Menschen von den Koalitionsparteien nicht vertreten fühlen, und hat die Bedingungen für einen Wahlsieg bei diesen Wählergruppen verschlechtert.

*8. Mai 1994*:
Der Präsident des Deutschen Industrie- und Handelstags (DIHT), Hans Peter Stihl, erklärt: »Ein SPD-Kanzler würde der Wirtschaft schaden.« Die deutsche Wirtschaft geht damit aus ihrer Reserve heraus. Der Wirtschaftsaufschwung bewirkt, daß die Unternehmer die Bundesregierung offen unterstützen. Damit ist eine der wichtigsten Grundlagen für die Trendwende zugunsten der Union und gegen die SPD gelegt.

*16. Mai 1994:*
Die FDP hat im Entwurf ihres Wahlprogramms erklärt, sie sei die »Partei der Besserverdienenden«. So kann man sich selbst erledigen. Die Liberalen ändern das Programm nach massiven Protesten. Es heißt jetzt: »Wir ergreifen Partei für die, die zu besonderer Leistung und Verantwortungsübernahme bereit sind und es nicht verdient haben, Opfer einer Neidkampagne zu werden und mit dem Klassenkampfbegriff ›Besserverdienende‹ belegt zu werden.« Jetzt sind all die beleidigt, die auch etwas leisten, aber nicht soviel verdienen.

*18. Mai 1994:*
Nach den Allensbacher Monatsberichten in der »FAZ« verlieren die Sozialdemokraten ihren Vorsprung. Anfang April wollten 40,6 Prozent der Wählerinnen und Wähler ihre Zweitstimme den Sozialdemokraten geben, Anfang Mai nur noch 36,3 Prozent. Vor allem die Diskussion über ihre Steuerpläne habe der Partei geschadet, heißt es in der »FAZ«. Die Sozialdemokraten verbauen sich selbst die Chance, die Steuer- und Finanzpolitik zum Angriffsthema gegen die Union zu machen. Die Verluste der SPD kommen in Westdeutschland den Grünen, im Osten der Union und der FDP zugute. Die Erwartung schwindet, daß die SPD zusammen mit den Grünen die Bundestagswahl gewinnen wird. Nur noch jeder fünfte Westdeutsche zweifelt an der Führungskraft der Regierung. Im Januar tat dies noch fast jeder dritte. Der Optimismus im Hinblick auf die Wirtschaftsentwicklung wächst weiter.

*23. Mai 1994:*
Heute tritt die Bundesversammlung in Berlin zusammen, um den Bundespräsidenten zu wählen. Ich komme am Vorabend, also am Sonntag, an und treffe mich mit den übrigen Mitgliedern der Fraktion von CDU und CSU zu einem Zählappell im ehemaligen Reichstagsgebäude. Spannung liegt in der Luft. Sie wird genährt, weil im sozialdemokratischen Lager wiederholt behauptet wird, der Kandidat der SPD, Johannes Rau, würde Stimmen von der Union bekommen. Angeblich wollen CDU-Abgeordnete aus Nordrhein-Westfalen Johannes Rau sozusagen aus Düsseldorf wegwählen, um so die Chancen auf einen Sieg bei der Landtagswahl 1995 zu vergrößern. Als andere unsichere Kantonisten werden enttäuschte Heitmann-Anhänger ausgemacht, überhaupt Ostdeutsche, die lieber eine Persönlichkeit aus den neuen Ländern als Bundespräsidenten gehabt hätten. Aufgrund dieser Fehlkalkulation glauben die Sozialdemokraten bis zum Schluß, ihr Kandidat habe eine Chance. Meine Einschätzung ist, daß die Zahl der enttäuschten Heitmann-Anhänger viel geringer ist, als offiziell und absichtsvoll vermutet wird. Ich sage während der Fraktionssitzung zu meinem Nachbarn, einem mir unbekannten Delegierten, daß es nach meiner Auffassung aber gefährlich werden könne, wenn die Sozialdemokraten im dritten Wahlgang ihren Kandidaten zurückzögen und für Hildegard Hamm-Brücher votierten. Ich habe selten jemanden gesehen, der so verständnislos geguckt hat wie der Kollege.

Die Bundesversammlung tritt um 11 Uhr zusammen. Nach einer kurzen und guten Ansprache von Bundestagspräsidentin Rita Süssmuth wird bekanntgegeben, daß es fünf Kandidatinnen und Kandidaten gibt, nämlich Hildegard

Hamm-Brücher, Roman Herzog, Johannes Rau, Jens Reich und Hans Hirzel, den die Republikaner noch am späten Abend zuvor aufgestellt haben.
Nach Artikel 54, Absatz 6 des Grundgesetzes bedarf es für die Wahl des Bundespräsidenten in den ersten beiden Wahlgängen einer absoluten Mehrheit, das heißt der Mehrheit der Mitglieder der Bundesversammlung, und erst im dritten Wahlgang genügt die relative Mehrheit. Die absolute Mehrheit beträgt 663 Stimmen. CDU und CSU stellen gemeinsam 619 Mitglieder der Bundesversammlung, die SPD 502, die FDP 111, Bündnis 90/Die Grünen 44, die PDS 33. Dazu kommen 15 weitere, 8 davon Republikaner und DVU-Abgeordnete.
Auf dem Weg zur Wahlurne laufe ich hinten an Roman Herzog vorbei, der neben Helmut Kohl in der vorderen Reihe sitzt. Unwillkürlich geht mir der Gedanke durch den Kopf, wie es wohl aussähe, säße statt Roman Herzog nun Steffen Heitmann neben Helmut Kohl. Keinen Pfennig würde ich verwetten auf einen Sieg unseres Kandidaten.
Im ersten Wahlgang entfallen auf Roman Herzog 604 Stimmen, auf Johannes Rau 505, auf Hildegard Hamm-Brücher 132, auf Jens Reich 62 und auf Hans Hirzel 12 Stimmen. Vor dem zweiten Wahlgang verzichtet Jens Reich, so daß nur noch vier Kandidaten im Rennen bleiben. Roman Herzog erhält nunmehr 622 Stimmen, Johannes Rau 559, Hildegard Hamm-Brücher 126 und Hans Hirzel 11 Stimmen. Damit ist die erforderliche Mehrheit erneut von keinem der Kandidaten erreicht worden.
Nun gibt es eine Unterbrechung von eineinhalb Stunden. Es ist klargeworden, daß die Delegierten, die entweder Hildegard Hamm-Brücher oder Johannes Rau gewählt haben, zusammen über die absolute Mehrheit verfügen. Roman

Herzog bräuchte von der FDP 41 Stimmen und Johannes Rau sogar 104 zusätzliche Stimmen, um die absolute Mehrheit zu erreichen, wenn ich einmal die 11 Stimmen für den Rep-Kandidaten außer acht lasse. Die Stimmen für Jens Reich aus dem ersten Wahlgang sind fast alle Johannes Rau zugute gekommen.
In diesen eineinhalb Stunden entscheidet sich sowohl das Schicksal der FDP und der Koalition als auch die Frage, ob bei der SPD Apparatschiks oder Strategen am Werk sind. Kandidiert Hildegard Hamm-Brücher weiter, dann setzen die Liberalen die Koalition aufs Spiel. Zumindest gäbe es einen Drahtseilakt und ein Vabanquespiel hinsichtlich der Frage, ob sich die Stimmen noch so verteilen würden, daß es für Roman Herzog reicht. Die Entscheidung zugunsten der Koalition muß darin bestehen, daß Hildegard Hamm-Brücher zurückzieht. Die Sozialdemokraten können dies durchkreuzen, wenn sie Johannes Rau aus dem Rennen nehmen und geschlossen Hildegard Hamm-Brücher wählen, nachdem sie dies der FDP vorher mitgeteilt haben. Die Liberalen kämen in eine fast ausweglose Situation, und den Sozialdemokraten wäre ein strategischer Schachzug ersten Ranges gelungen. Falls Hildegard Hamm-Brücher unter diesen Umständen kandidiert, hat sie die besten Chancen, Bundespräsidentin zu werden.
In dieser Situation zeigt sich die Verblendung der SPD-Führung. Selbst nach dem zweiten Wahlgang glauben sie immer noch daran, daß Johannes Rau Stimmen von der CDU bekommen könne und daß es dann zusammen mit den Liberalen, die Rau ohnehin wählen würden, reichen würde. Die SPD wird Opfer eines Trugschlusses, den man sich nur erklären kann durch typisch sozialdemokratisches Inzuchtdenken und eine maßlose Fehleinschätzung der Union.

Nach ungefähr einer Stunde wird bekannt, daß Hildegard Hamm-Brücher ihre Kandidatur zurückzieht. Scharping hatte mit Kinkel zuvor ein Gespräch geführt. In diesem Gespräch ist aber der Gedanke, daß Rau zurückziehen könnte, um die Wahl von Hildegard Hamm-Brücher durchzusetzen, nicht einmal im Ansatz erörtert worden. Die Fehleinschätzung der SPD schlägt in tiefe Enttäuschung und blanke Wut um, als das Ergebnis des dritten Wahlgangs bekannt wird. Auf Roman Herzog entfallen 696 Stimmen, auf Hirzel 11 und auf Johannes Rau 605 Stimmen. Die überwiegende Mehrheit der Liberalen hat für Roman Herzog gestimmt, und die Sozialdemokraten haben die erste entscheidende Schlacht um die Bundestagswahl verloren.

Für die Liberalen ist die Bundespräsidentenwahl allerdings ebensowenig der Endpunkt der Auseinandersetzung. Die FDP hat zwar wieder einmal den Ausschlag gegeben, aber in der Partei ist eine deutliche Spaltung sichtbar geworden. Kinkel hatte Hildegard Hamm-Brücher gedrängt, im dritten Wahlgang zu verzichten. Sie hatte jedoch kategorisch verlangt, in der Fraktion darüber abzustimmen. Dabei votierten nur 69 liberale Mitglieder der Bundesversammlung für eine Wahl Herzogs, 40 dagegen für Hamm-Brücher. Etwa 20 Wahlmänner der FDP verließen murrend den Fraktionssaal und verkündeten, daß sie das nicht mit sich machen ließen. Es gab mehrere Gruppierungen. Die einen unter der Führung von Kinkel wollten den Koalitionsfrieden erhalten und für den Unionskandidaten stimmen. Dazu gehörte auch der Fraktionsvorsitzende Hermann Otto Solms. Andere um Jürgen Möllemann und Burkhard Hirsch setzten sich für Rau ein. Die dritte Gruppe war für die Kandidatin Hamm-Brücher,

und eine vierte erklärte zwar nicht offiziell, aber abends an der Bar und anderswo, daß es keine Tragödie gewesen wäre, wenn Rau gewonnen hätte.
Die Spaltung der FDP kann noch eine beachtliche Tiefenwirkung bekommen.

29. *Mai 1994*:
Honecker ist tot. Für die PDS ist der tote Honecker wahlpolitisch sicher günstiger als der lebendige, der in Chile eine hohe Rente verzehrt.

4./5. *Juni 1994*:
In Rostock findet der FDP-Parteitag statt. Kinkel sitzt fest im Sattel. Es wird aber beschlossen, daß in der Zukunft Amt und Mandat getrennt werden sollen - Unsinn als Programm -, eine folgenschwere Entscheidung, wie man noch sehen wird. Als Ergebnis des Parteitags kann festgehalten werden: Die FDP präsentiert sich als beinharte Wirtschaftspartei des Neoliberalismus. Ich frage mich, ob das am Ende dieses Jahrhunderts ausreicht, um die Existenz einer liberalen Partei in Deutschland zu begründen. Wie sich herausstellen wird, eine mehr als berechtigte Frage.

6. *Juni 1994*:
Amerikaner, Briten und Franzosen feiern in der Normandie den 50. Jahrestag der Landung der Alliierten. Ich sage im Deutschlandfunk, daß dieses historische Ereignis der erste Schritt zur Beseitigung des Nationalsozialismus gewesen sei. Wir beklagen Zehntausende von Toten dieser Kämpfe am Atlantik. Aber die gefallenen deutschen Soldaten wurden genauso wie die getöteten alliierten Soldaten Opfer der NS-Diktatur. Der 6. Juni 1944 ist ebensowenig wie der

8. Mai 1945 ein Tag der Niederlage, sondern es sind Tage der Befreiung.

Die Auseinandersetzung um das Nationale ist nach wie vor in vollem Gang. Das Bundesverfassungsgericht hat klargestellt – man kann sagen: Gott sei Dank –, daß das Grundrecht der Meinungsfreiheit die Auschwitz-Lüge nicht abdeckt. Darüber gibt es in der Union nicht die geringste Auseinandersetzung. Aber manche, und das ist nicht auf Schönhuber und Konsorten beschränkt, können es schon nicht mehr ertragen, wenn man die Naziverbrechen einmalig und den 8. Mai 1945, wie Richard von Weizsäcker, einen »Tag der Befreiung« nennt.
Schon Anfang Juli 1993 war die Frage aufgetaucht, ob Helmut Kohl am 50. Jahrestag der Landung der Alliierten in der Normandie teilnehmen solle. Regierungsprecher Dieter Vogel hat dazu wohl nicht sehr überlegt erklärt, daß doch niemand glauben könne, daß der Bundeskanzler an einem Gedenktag teilnehme, der an die Niederlagen deutscher Soldaten erinnere. Wenn er gesagt hätte: der an den Tod vieler deutscher Soldaten erinnere, wäre es tragbar gewesen. Aber, um es noch einmal zu sagen, diese Niederlagen waren die ersten notwendigen Stufen zur Befreiung auch der Deutschen von der Diktatur. Das muß am 8. Mai 1995 in Deutschland genauso klar gesagt werden wie am 8. Mai 1985.

*12. Juni 1994:*
Heute finden die Europawahlen statt. Gleichzeitig sind Kommunalwahlen in halb Deutschland, nämlich in Sachsen-Anhalt, in Baden-Württemberg, Rheinland-Pfalz, Sachsen, Thüringen, Mecklenburg-Vorpommern und im Saar-

land. Bei der Europawahl gewinnt die Union 1,1 Prozent dazu und erreicht insgesamt 38,8 Prozent der Stimmen. Die SPD verschlechtert sich um 5,1 Prozent von 37,3 auf 32,2 Prozent. Bündnis 90/Die Grünen legen um 1,7 Prozent von 8,4 auf 10,1 Prozent zu. Die Republikaner und die Liberalen fallen unter die Fünf-Prozent-Klausel und scheiden aus dem Europäischen Parlament aus.

Obwohl die Stimmengewinne der Union nicht gerade spektakulär sind, herrscht die Meinung vor, daß die CDU klarer Sieger der Europawahl ist. Die »Welt« bringt sogar die Schlagzeile »Union triumphiert bei Europawahl«. Diese euphemistische Beurteilung bleibt deswegen unwidersprochen, weil die Sozialdemokraten eine kapitale Niederlage hinnehmen mußten. Die SPD verliert sogar in Bayern Stimmenanteile, wohingegen die CSU zugelegt hat, obwohl sie in den letzten Monaten durch Skandale gebeutelt worden ist. Die PDS wird in Ostdeutschland drittstärkste Kraft und erreicht im Osten Berlins rund 40 Prozent der Stimmen.

Auch bei den Kommunalwahlen gibt es überall einen positiven Trend für die Christlich Demokratische Union. Sie bleibt sogar in Ostdeutschland trotz starker SPD-Gewinne stärkste Partei. Sie kann überall gegenüber den Kommunalwahlen vor vier Jahren Boden gutmachen.

Für die CSU hat es sich ausgezahlt, daß Edmund Stoiber mit einer rigorosen Saubermannspolitik den schlechten Eindruck der Amigo-, Zwick- und Gauweiler-Affären verwischen konnte.

Für die Union insgesamt ist mit der Europawahl ein wichtiges Etappenziel erreicht worden. Es ist kein spektakulärer Sieg, aber die Wahl ist nicht verlorengegangen. Der eigentliche Verlierer ist die SPD, und so kann die Union vier Monate vor der Bundestagswahl zwei positive Ergebnisse registrieren, die die Wahlkampfbedingungen für sie entscheidend verbessern: die Wahl des Bundespräsidenten und das positive Ergebnis bei der Europawahl.

Ich sage allerdings am Wahlabend zu CDU-Generalsekretär Peter Hintze und wiederhole das auch in der Präsidiumssitzung am 13. Juni, daß das Wahlergebnis für die Koalition insgesamt eine Katastrophe bedeutet und Sozialdemokraten, Grüne und PDS einen klaren Vorsprung vor der Koalition haben. Ich füge hinzu: Wenn die Bundestagswahl kein Vabanquespiel werden soll, muß die Union in den nächsten drei Monaten, also Juli, August und September, jeweils zwei Prozent zulegen. Unter 44 Prozent wird der Wahlausgang zu einem Lotteriespiel und das Ergebnis der Koalitionsparteien insgesamt möglicherweise nicht ausreichend sein, um wieder die Regierung zu bilden. Jetzt schon besorgniserregend ist die Lage der FDP, die nach den Kommunalwahlen in Kreisen, Städten und Gemeinden weitgehend von der Bildfläche verschwunden ist.

Immerhin: Die erste Etappe im Vorfeld der Bundestagswahl ist geschafft. Allerdings nur mit einem Ergebnis zwischen 38 und 39 Prozent, das im übrigen den demoskopischen Umfragen entspricht. Wird der Aufwärtstrend ausreichen, um eine stabile Regierungsmehrheit zu garantieren? Die Bedingungen sind nach wie vor nicht optimal. Es fehlt die Mannschaft, es fehlt die Regierungsumbildung. Es gibt kein erkennbares modernes, zum Beispiel ökologisches Konzept, das junge Menschen begeistern könnte, und die Wirtschaftsdebatte wird weiter ohne Herz geführt.

Im Osten hat sich die CDU zwar gehalten, aber es hat sich eine neue Regionalpartei etabliert, die PDS, die in vielen Gemeinden und Städten in Ostdeutschland zweitstärkste Partei vor der CDU oder vor der SPD geworden ist. Ich frage mich, warum die großen Parteien, vor allem die CDU, nicht in die Plattenbausiedlungen hineingehen. Ich habe es selbst bei Wahlkämpfen erlebt und es ist mir auch oft gesagt worden, daß die PDS sich als Mieter- und Seniorenpartei etabliert, den Menschen die Alltagssorgen abnimmt, Behördenformulare ausfüllt, zum Bürgermeister geht, kurz und gut: sich als eine Art sozialistische Caritas den Menschen anbietet. Und ich frage mich: Wo bleiben die Sozialausschüsse? Wäre es nicht ihre Aufgabe, in Ostdeutschland einen Sozialdienst aufzubauen, vielleicht in Anlehnung an das Union-Hilfswerk in Berlin, der wie die Arbeiterwohlfahrt oder der Arbeiter-Samariter-Bund vor allem für die Älteren, für Behinderte, für Kranke, für Mieterinnen und Mieter die soziale Kompetenz der Union darstellt und wie die PDS eine Sozialoffensive in Gang setzt?
Ist die PDS ein Strohfeuer, das schnell erlischt, wenn sich die wirtschaftlichen und sozialen Bedingungen verbessern, oder hat sich mit ihr eine neue Partei etabliert, die den Sozialdemokraten Konkurrenz macht und sich eines Tages zu einer ostdeutschen SPD entwickeln könnte?
In vierzehn Tagen finden in Sachsen-Anhalt Landtagswahlen statt; ich vernehme aufmerksam, daß der Vorsitzende und Spitzenkandidat der SPD in diesem Bundesland, Reinhard Höppner, vor dem Hintergrund der PDS-Erfolge erklärt, daß er nach den Wahlen lieber eine große Koalition mit der CDU bilden wolle, als mit der PDS zusammenzugehen. »Die PDS kommt für uns nicht in Frage«, so seine Aussage gegenüber der Zeitung »Die Woche«.

In der FDP entbrennt am Tag nach den Europa- und Kommunalwahlen eine Diskussion über die Führungsqualitäten ihres Parteivorsitzenden. In der Bundesvorstandssitzung am Montag kommt es zu einem handfesten Krach zwischen Möllemann und Kinkel. Möllemann sagt, nach einem Jahr unter Kinkels Führung sei die FDP von elf auf vier Prozent gesunken und zur sechststärksten Partei geworden. Jedes Wirtschaftsunternehmen denke in einer solchen Situation über Konsequenzen nach, nur die FDP nicht. Ein Mann namens Westerwelle empfiehlt den Liberalen immerhin, den Grünen beim gut ausgebildeten städtischen Bürgertum mächtig Konkurrenz zu machen. Ob man aber grüne Wähler mit einem neoliberalen Wirtschaftsprogramm gewinnen kann, wie es in Rostock beschlossen worden ist? Diese Frage wird auch von ihm nicht beantwortet.

20. *Juni 1994*:
Helmut Kohl stellt das neue Buch von Wolfgang Schäuble »Und der Zukunft zugewandt« vor. Er bemüht sich sichtlich, den Verdacht zu zerstreuen, der Fraktionsvorsitzende sei ein »nationalkonservativer Flügelmann« der CDU. Das ist Schäuble nun wirklich nicht. Aber ich sage ihm auch, daß ich Probleme habe mit der identitätsstiftenden Wirkung der Nation, die er sieht, und meine: Identitätsstiftend ist nicht die Liebe zum Volk, sondern die Liebe zum Nächsten.

# Pleiten, Pech und Pannen – die SPD verspielt den Wahlsieg

*Johannes Rau, der falsche Kandidat – Scharping in der Minderheit – die Christdemokratisierung der SPD – Störfälle im Europawahlkampf – der Kardinalfehler in Magdeburg – ein Versprecher mit Folgen*

Im nachhinein kann man feststellen, daß die SPD innerhalb von genau zwei Monaten, nämlich vom 23. Mai bis zum 21. Juli, ihren möglichen Wahlsieg verspielt und Voraussetzungen geschaffen hat, die zusammengenommen die Wahlchancen der Union entscheidend verbessert haben. Was war geschehen?

Zunächst hat sich die alte Weisheit bestätigt, daß man im Wahlkampf keine Fehler machen darf. Scharping, SPD-Bundesgeschäftsführer Günter Verheugen und das sozialdemokratische Präsidium führten zwei Monate lang einen Wahlkampf, der die Aussichten der SPD alles andere als rosig werden ließ. Ein Kommentator der »Kölnischen Rundschau« überschrieb Anfang Juni seinen Artikel nicht zu Unrecht mit »Pleiten, Pech und Pannen« – nach der von Max Schautzer moderierten gleichnamigen Fernsehsendung, in der sich die Zuschauer über Amateurvideoaufnahmen von lustigen Begebenheiten aus dem Alltag amüsieren können. Die Fehler der SPD während dieser zwei Monate gründeten in Pleiten, die weiter zurückliegen.

Erste Pleite: Die SPD hätte am 23. Mai mit den Stimmen der

Union einen Sozialdemokraten zum Bundespräsidenten wählen können, wenn sie sich rechtzeitig mit der Union verständigt hätte. Die Union war bekanntlich bereit, einen ostdeutschen SPD-Kandidaten, etwa Professor Richard Schröder, zu wählen, wie ich im vorigen Kapitel bereits geschildert habe. Mit der überfallartigen Nominierung von Johannes Rau auf dem Juni-Parteitag des Jahres 1993 – sogar auf Vorschlag von Alt-Bundeskanzler Helmut Schmidt, dem ich mehr politische Vernunft zugetraut hätte – haben die Sozialdemokraten diese Chance selbst aus der Hand gegeben.

Das sinnlose Festhalten an Johannes Rau und die falsche Einschätzung des Verhaltens der Union bei der Bundespräsidentenwahl und die damit verbundene Enttäuschung über die Wahl Roman Herzogs schlug sich, und das war mehr als eine Panne, am anderen Tag in wütenden Reaktionen Rudolf Scharpings und anderer SPD-Politiker nieder. Scharping sagte, der Union und den Liberalen sei es nicht um die Wahl des besten Präsidenten, sondern um eine »Demonstration des Machterhaltes« gegangen. Die FDP habe sich der CDU/CSU vollständig unterworfen und sich als eigenständige politische Kraft verabschiedet. Die Sozialdemokraten würden die Europawahl zum »vierten Wahlgang« der Bundesversammlung machen.

Das Verhalten Scharpings gegenüber dem neugewählten Bundespräsidenten Herzog führte zu Irritationen bis weit in die eigenen Reihen hinein und stieß in der Öffentlichkeit fast nur auf Unverständnis. Der SPD-Kanzlerkandidat stand als schlechter Verlierer da und schaffte es gleichzeitig auch noch, der FDP wegen ihres Wahlverhaltens in der Bundesversammlung die Existenzberechtigung abzusprechen, obwohl er die Liberalen gerne als potentiellen Koalitionspartner in einer SPD-geführten Bundesregierung gesehen hätte und in Mainz zu diesem Zeitpunkt gemeinsam mit ihnen regierte. Gleichzeitig isolierte er sich von den eigenen Genossen. Der damalige SPD-Fraktionsvorsitzende im Deutschen Bundestag, Hans-Ulrich Klose, sagte in Berlin im Gegensatz zu Scharping, nach dieser Niederlage gebe es für die SPD »überhaupt keinen Grund zur Niedergeschlagenheit«. Rudolf Dreßler erklärte, es sei sinnlos, »die beleidigte Leberwurst zu spielen« und der sozialpolitische Sprecher der SPD-Fraktion Ottmar Schreiner warnte seine Partei davor, »nachzukarten und zu nörgeln«.

Die zweite Pleite liegt zwar noch weiter zurück, aber müßte eigentlich an erster Stelle genannt werden, denn sie ist eine grundlegende Ursache für das Scheitern der SPD-Wahlkampfführung. Scharpings eigentliches Handikap ist nämlich bis auf den heutigen Tag, daß er in der SPD keine inhaltliche Mehrheit hat. Er wurde Opfer seines Machtkalküls: Seine Kandidatur für den SPD-Vorsitz gab er erst bekannt, als klar war, daß es bei der SPD-Mitgliederbefragung zwei Gegenkandidaten geben würde, nämlich Gerhard Schröder und Heidemarie Wieczorek-Zeul, die sich gegenseitig die »rot-grünen« Stimmen wegnehmen und dadurch das Feld der »traditionellen« SPD für ihn, Scharping, weit öffnen würden. So konnte er die Mitgliederbefragung zwar mit einer relativen Mehrheit gewinnen, aber in der SPD keine inhaltliche Mehrheit finden. Er erhielt zwar mit gut vierzig Prozent die meisten Stimmen, aber Gerhard Schröder und Heidemarie Wieczorek-Zeul, die beide seit langem offen für eine rot-grüne Koalition in Bonn plädierten, brachten auf der anderen Seite zusammengerechnet fast sechzig Prozent der wählenden SPD-Mitglieder hinter sich. Kaum im neuen Amt, nutzte Scharping sein »momentum«, wie die Amerikaner sagen, also seine augenblickliche Stärke, um die Kanzlerkandidatur an sich zu reißen, aber auch um seine Strategie durchzusetzen.

Scharping führte den Wahlkampf bekanntlich nicht mit dem Ziel einer rot-grünen Koalition, sondern er orientierte sich auf die politische Mitte. Er intensivierte offen die Christdemokratisierung der SPD über die bisherigen Kompromisse bei Solidarpakt und Asylrecht hinaus, indem er die Pflegeversicherung und die Gesundheitsreform der Koalition unterstützte. Gleichzeitig versuchte er behutsam, die SPD von früheren Positionen zum Beispiel in der Außenpolitik abzubringen und Streitthemen wie die Situation auf dem Arbeitsmarkt und die Industriepolitik in den Vordergrund zu rücken. Er wollte mit der Wirtschaft zu einem Konsens kommen. Tempolimit, ökologische Steuerreform in Reinkultur, saftige Aufschläge bei der Benzinsteuer – solche Versuche der Sozialdemokraten, grüner als die Grünen zu sein, wurden unter Scharping zu Makulatur. Daß die Öko-Partei erstarkt, wenn die SPD das Umweltthema vernachlässigt, nahm er in Kauf, wie es schon Schröder erfolgreich in Niedersachsen getan hatte. Er überließ den Grünen das Feld zur Profilierung. Sein erstes Ziel war es, Wähler aus dem Potential der Union zu holen. Er blinkte, von der SPD aus gesehen, nach rechts, wobei keiner wußte, ob er nachher nicht doch links abbiegen würde. Über eventuelle Koalitionspartner ließ er die Öffentlichkeit im unklaren. Scharping drängte in die Mitte, wohl auch in der Hoffnung, in der Union könnten diejenigen stärker werden, die aus Angst vor den Republikanern empfahlen, nach rechts auszuweichen. Wäre die Union darauf hereingefallen, wäre das für sie verhängnisvoll geworden. Wäre sie nach rechts gerückt, würde Deutschland heute links regiert.

Aber gerade weil Scharping keine inhaltliche Mehrheit in der SPD hatte, ist er im Wahlkampf mit seiner Politik der Mitte gescheitert. Teilweise mußte er deshalb Kompromisse eingehen, die seine Wahlchancen beeinträchtigt haben. Scharping hat es auch nicht vermocht, die SPD vor der Bundestagswahl aus einer außen- und sicherheitspolitischen Position herauszuführen, mit der sie international isoliert dasteht. Das inhaltliche Bündnis, das die SPD unter der Führung von Willy Brandt und Erhard Eppler Anfang der achtziger Jahre mit der Friedensbewegung, dem Gesinnungspazifismus, geschlossen hatte, lebte im Wahlkampf trotz Hans-Ulrich Kloses gegenläufiger Bemühungen weiter. Nur so ist zu verstehen, warum die SPD vor dem Bundesverfassungsgericht dagegen klagte, daß deutsche Soldaten an den AWACS-Aufklärungsflügen über Bosnien-Herzegowina teilnehmen und ein deutscher Zerstörer auf der Adria hilft, das Waffenembargo gegenüber Restjugoslawien zu überwachen. Ich habe im Wahlkampf wie schon im Frühjahr auf dem Hamburger CDU-Parteitag oft die Frage gestellt: Was wäre eigentlich aus Berlin, aus der Freiheit der Berlinerinnen und Berliner geworden, wenn sich die Amerikaner, die Franzosen und die Engländer genauso unmoralisch verhalten hätten wie heute die Sozialdemokraten in bezug auf die UNO? UNO mit allen Rechten ja, UNO mit allen Pflichten nein? Der Internationalismus der Sozialdemokratie ist auch nicht mehr das, was er einmal war.
Weitere Pannen unterliefen Scharping und seiner Partei bei dem Versuch, die SPD auf eine wirtschaftsfreundliche Position zu trimmen. Die vorgeschlagene Ergänzungsabgabe für die oberen zwanzig Prozent der Einkommenspyramide fiel wie Rauhreif auf die ersten SPD-Sympathiebekundungen der Großindustrie. Die »FAZ« notierte nüchtern: »Das

Publikum hat einen ersten Eindruck davon bekommen, wie denn die Katze aussieht, welche die SPD im Sack hat.« Die Absicht, den reformierten Streikparagraphen 116 des Arbeitsförderungsgesetzes wieder abzuschaffen, bekräftigte das Grundmißtrauen gegen die SPD in den Kreisen der bundesdeutschen Wirtschaft. Oskar Lafontaines Sparkonzept und seine Aussage, auch soziale Leistungen müßten »auf den Prüfstand« und es werde dann ein »Heulen und Zähneknirschen« in der Partei geben, half nichts, denn diese Position geriet sofort unter starken Beschuß Rudolf Dreßlers und anderer führender SPD-Sozialpolitiker. Scharping ließ Lafontaine prompt im Regen stehen: »Ich möchte, daß wir Oskars Bemerkung nicht weiterführen.«

In die von Max Schautzer moderierte Fernsehsendung hätte auch gepaßt, daß Scharping dann im Lauf des Wahlkampfes die Einkommensgrenze bei der von der SPD vorgeschlagenen Zehn-Prozent-Abgabe verwechselte, indem er brutto und netto durcheinanderbrachte, daß im Streit um die Einführung eines Tempolimits der Verkehrsexperte Zöpel die SPD-Programmkommission verließ, daß Scharping sich in weitere Streitereien mit dem DIHT-Präsidenten Hans-Peter Stihl verstrickte und sich gleichzeitig mit Fußballnationaltrainer Berti Vogts (»auslaufendes Modell«) anlegte.

Es war eine Serie von Pannen, und, wie der schwäbische Humorist Thaddäus Troll gesagt hätte, »die Liste ist unvollständig«.

Im Zug der Christdemokratisierungspolitik ihres Vorsitzenden geriet die SPD in der Europawahl in eine rechte Schlagseite. Scharping, Verheugen und das Erich-Ollenhauer-Haus haben fast extrem übersteigert versucht, mit

Positionen der Mitte um Wähler der Mitte zu werben. Plakatslogans der SPD wie »Die Mafia zerschlagen« (darunter braune Hände in Handschellen) oder »Die deutschen Interessen in Europa besser vertreten« wären im Bundesvorstand der CDU einstimmig abgelehnt worden. Derart rassistische Bilder und nationale Sprüche wären weder bei den Grünen noch bei den Christlichen Demokraten als Plakataufdruck oder Slogans akzeptiert worden. Einmal mehr hat sich die Erfahrung bestätigt, daß Wahlen mit rechten Themen nicht gewonnen werden können, eine Erfahrung, die die Union schon mehrmals und die SPD nun nach der Bürgerschaftswahl in Bremen 1991 zum zweiten Mal machen mußte. Zudem war die Euro-Kampagne der Sozialdemokraten widersprüchlich, denn gleich neben dem Handschellenplakat tauchten dann Poster auf, die die Aufschrift »Sicherheit statt Angst« trugen und einen in einem Boot liegenden schlafenden Mann mit einem Kind auf seinem Bauch zeigten. Zur gleichen Zeit lehnte die SPD-Mehrheit im Bundesrat das Verbrechensbekämpfungsgesetz ab, weil darin erweiterte Ermittlungsrechte des Bundesnachrichtendienstes im Ausland zur Bekämpfung der Mafia vorgesehen waren. Und so mündete die Wahlkampagne der SPD in die Pleite bei der Europawahl.

Nach der verlorenen Schlacht beeilte sich Gerhard Schröder, Scharping den Ratschlag zu geben, daß die Gegner der SPD nicht Hans Peter Stihl, Berti Vogts oder Roman Herzog hießen, sondern daß Helmut Kohl der Gegner sei. Eine aus SPD-Sicht wohl zutreffende Feststellung.
Die öffentliche Kommentierung war entsprechend. Der Bonner »Generalanzeiger« meinte, die Europawahl sei »ein Schlag ins Kontor« der Sozialdemokraten, von dem sie sich

bis zur Bundestagswahl kaum noch erholen würden. Endgültig ausgezählt sei der Herausforderer Scharping noch nicht, allerdings sei er schwer angeschlagen. Im Gegensatz zu Wieczorek-Zeul und Thierse lehnte Scharping erneut eine Aussage zugunsten einer rot-grünen Koalition ab.

Was sich im Mai schon angebahnt hatte, entwickelte sich im Juni zu einem deutlichen Plus für die Union: Helmut Kohl überholte Rudolf Scharping in der Wählergunst und erreichte einen deutlichen Vorsprung in der Zustimmung der Bevölkerung vor seinem Herausforderer. Der langersehnte Kanzlerbonus war da.

Die größte Pleite der SPD, die wahrscheinlich wahlentscheidend war und als ein Kardinalfehler in die sozialdemokratische Geschichte eingehen wird, ereignet sich vierzehn Tage nach der Europawahl.

*26. Juni 1994:*
In Sachsen-Anhalt wird ein neuer Landtag gewählt. Es ist eine vorgezogene Wahl. Die CDU/FDP-Regierung von Werner Münch hatte Ministergehälter falsch berechnet und war 1993 zurückgetreten. Zwar wurde eine neue Regierung unter dem CDU-Ministerpräsidenten Bergner gebildet. Aber weil die FDP zerfiel und die Koalition im Land kaum noch Unterstützung fand, erschien eine vorgezogene Landtagswahl als naheliegend. Der sachsen-anhaltinische Landtag löste sich selbst auf.
Die Wahl hat ein erwartetes, aber auch ein unerwartetes Ergebnis. Die CDU verliert stark, aber die SPD gewinnt nicht so, wie sie es sich erhofft hatte. Die CDU erreicht 34,4 Prozent, die SPD 0,4 Prozent weniger. Das Spektakuläre des

Wahlausgangs besteht darin, daß die PDS 19,9 Prozent erreicht und die Liberalen in Genschers Stammland aus dem Landtag ausscheiden. Bündnis 90/Die Grünen kommen mit 5,1 Prozent gerade noch ins Parlament. Von dessen 99 Sitzen entfallen auf die CDU 37, auf die SPD 36, auf die PDS 21 und auf Bündnis 90/Die Grünen 5.

27. *Juni 1994:*
SPD-Bundesgeschäftsführer Verheugen erklärt, eine große Koalition sei aufgrund des Wahlergebnisses nicht zwingend, es sei auch eine Minderheitsregierung von SPD und Bündnis 90/Die Grünen denkbar. Das sozialdemokratische Parteipräsidium stimmt dem zu. Gleichzeitig läßt die PDS erklären, daß sie eine rot-grüne Regierung unterstützen werde. Es verdient festgehalten zu werden, daß die SPD-Spitze am Tag nach der Wahl die Weichen nicht auf eine Zusammenarbeit mit der CDU gestellt hat, sondern in Richtung einer Minderheitsregierung. Es muß den Profis im Erich-Ollenhauer-Haus aber klar sein, daß der mit frommem Augenaufschlag vorgetragene Wunsch des SPD-Bundesgeschäftsführers, die rot-grüne Minderheitsregierung in Magdeburg solle von der CDU aus der Opposition heraus unterstützt werden, nicht ernst genommen werden kann. Dann kann die Union auch gleich in der Regierung mitmachen. Am selben Tag bietet konsequenterweise der amtierende CDU-Ministerpräsident Christoph Bergner den Sozialdemokraten eine große Koalition an.

28. *Juni 1994:*
SPD-Landesvorstand und -Landtagsfraktion beschließen im Grundsatz, eine Minderheitsregierung mit Bündnis 90/Die Grünen anzustreben. Es muß den Verantwortlichen

klar sein, daß dies nur mit einer Tolerierung durch die PDS möglich ist, da die CDU die Rolle der Opposition übernimmt, wenn die große Koalition abgelehnt wird, wie sie Höppner und Scharping vor der Landtagswahl noch für richtig gehalten hatten.
Nunmehr unterstützt die Bundes-SPD die Strategie einer Minderheitsregierung. Reinhard Höppner sagt einige Wochen später in einem Interview mit der »Berliner Zeitung«, daß er allein zu dieser Entscheidung nicht die Kraft gehabt hätte, sondern dies nur mit Zustimmung aus Bonn habe schaffen können.
Mit dieser Richtungsentscheidung in Magdeburg haben die Sozialdemokraten Geschichte gemacht. Das Verhalten der SPD in Sachsen-Anhalt und in Bonn ist rational nicht zu erklären, sondern eher ein Fall für den politischen Psychoanalytiker. Die Psychoanalyse der SPD gibt in der Tat einiges her, um diese wahlpolitische Dummheit zu verstehen. Davon später.

2. *Juli 1994:*
Ein kleiner PDS-Landesparteitag beschließt, die geplante Minderheitsregierung in Magdeburg zu dulden.

4. *Juli 1994:*
Der amtierende Ministerpräsident Christoph Bergner (CDU) bietet den Sozialdemokraten noch einmal eine große Koalition an. Die große Koalition ist für die SPD schwer zu akzeptieren, weil sie als zweitstärkste Partei keinen Anspruch auf das Amt des Ministerpräsidenten hat. Nach den ungeschriebenen Regeln der Demokratie stellt die Partei, die die meisten Stimmen oder die meisten Sitze im Parlament hat, den Regierungschef. Um diese Bedenken, die vor

allem im Ehrgeiz von Höppner wurzeln, auszuräumen, bietet die CDU den Sozialdemokraten das israelische Modell von Likud-Block und Arbeiterpartei an, abwechselnd den Ministerpräsidenten zu stellen: den ersten für zwei Jahre von der CDU und seinen Nachfolger für den Rest der Legislaturperiode von der SPD.

Die Sozialdemokraten lehnen wiederum ab. Höppner begründet seine Bereitschaft, sich mit einer Minderheitsregierung auch von der PDS wählen zu lassen, damit, daß die CDU-Regierung von der Bevölkerung abgewählt worden sei und es für eine Regierung unter Führung der CDU weder in der Bevölkerung noch im Landtag eine Mehrheit gebe. Beachtlich ist, daß von der SPD bei dieser Argumentation SPD, Bündnis 90/Die Grünen und PDS gleich zusammengezählt werden. Die CDU entgegnet, daß es auch für eine SPD-Regierung eine Koalitionsmehrheit nicht gebe, es sei denn mit Hilfe der PDS.

*6. Juli 1994:*
Die Koalitionsverhandlungen zwischen SPD und Bündnis 90/Die Grünen beginnen. Beide Parteien sind bereit, Hilfsstimmen der PDS im Magdeburger Landtag zu akzeptieren. Dies gilt auch für die Wahl des Ministerpräsidenten.

Das Verhalten der SPD ist widersprüchlich. Vor der Landtagswahl, am 22. Juni, hatte Höppner in der »Volksstimme« erklärt: »Wir werden alles tun, damit eine realistische Politik im Land betrieben wird. Das ist mit der PDS nicht möglich.« Im »Neuen Deutschland« am 24. Juni: »Die Tolerierung einer Minderheitsregierung, durch welche Partei auch immer, birgt zu viele Unsicherheiten in sich. Eine verläßliche Regierungsarbeit ist so nicht möglich.« Am 29. Juni, also nach der Landtagswahl, wiederholte Höppner: »Mit einer solchen Minderheitsregierung bin ich stets auf die Stimmen der PDS angewiesen, das wäre politisch tödlich für mich.« Und Ende Juni erklärte auch noch Rudolf Scharping: »Die PDS ist kein Partner für irgendeine demokratische Partei.«

*18. Juli 1994:*
Die CDU eröffnet vor der Wahl des neuen Ministerpräsidenten eine scharfe Kampagne gegen die rot-grüne Minderheitsregierung. Sie wird bekannt als Rote-Socken-Kampagne; berühmt wird ein Plakat: Eine rote Socke hängt an einer Wäscheleine, festgemacht mit einer grünen Klammer. Darunter der Text: »Auf in die Zukunft, aber nicht auf roten Socken«. Dieses Plakat wird hunderttausendmal gedruckt. Es soll Stimmung machen gleich gegen drei politische Gegner, nämlich SPD, Bündnis 90/Die Grünen und PDS. Dazu kommt ein zweites Plakat: »Zukunft statt Linksfront«.
Die Absicht der SPD, in Magdeburg eine PDS-abhängige rot-grüne Minderheitsregierung zu installieren, führt nebenbei noch zu einem fast literarischen Ereignis; die CSU bringt ein Plakat mit einem grün-weißen Bild von Karl Marx auf rotem Grund heraus, auf dem der Text steht: »Ich komme wieder! Über Sachsen-Anhalt. Dank SPD und PDS«. Das Plakat wird später sogar in das Archiv der renommierten Stanford-Universität bei San Francisco aufgenommen.
Peter Hintze ist wegen dieser Aktion heftig kritisiert worden. Die Angriffe kamen nicht nur von SPD, Bündnis 90/Die Grünen und PDS. Es regte sich auch Widerstand in der ostdeutschen CDU. Christoph Bergner (CDU) forderte das Konrad-Adenauer-Haus auf, die PDS nicht zu ignorieren. »In den alten Ländern gibt es sie nicht, aber bei uns ist

sie da.« Wenn das Magdeburger Modell Schule mache, gebe es dramatische Veränderungen für die deutsche Parteienlandschaft. Diese gingen aber zu Lasten der SPD. In der »Wochenpost« warnt Bergner die Bonner Parteifreunde vor einer »Volksfrontdiskussion«, ebenso in Mecklenburg-Vorpommern der Fraktionsvorsitzende der CDU, Eckard Rehberg, und Ministerpräsident Berndt Seite. Das Plakat wird in den ostdeutschen Ländern fast nicht verwendet, gar nicht in Mecklenburg-Vorpommern, Brandenburg und Sachsen-Anhalt. Der Generalsekretär der Schweriner CDU, Klaus Preschle, äußert ebenfalls Bedenken: »Ich bin kein Freund dieser Plakate.« Christoph Bergner ergänzt, die Volksfrontdiskussion produziere falsche Solidarisierungseffekte.

*19. Juli 1994:*
Ich sage im Saarländischen Rundfunk, man dürfe in der CDU nicht vergessen, daß die SPD und nicht die PDS der Gegner bei der Bundestagswahl sei. Aber die Kampagne ist richtig. Sie trifft die SPD an einem wunden Punkt, auch weil die Partei die mit der deutschen Einheit zusammenhängenden Grundsatzfragen nicht ausdiskutiert hat.
In Westdeutschland macht die Linksfrontkampagne der CDU Eindruck. Für die Union ist die »stille Koalition« in Magdeburg, wie ich sie einmal genannt habe, ein Glücksfall. Auch in Ostdeutschland sind die Menschen, wie ich bei vielen Veranstaltungen feststellen kann, ganz überwiegend nicht einverstanden damit, daß SPD und PDS nun offiziell zusammenarbeiten. Die Argumentation in Westdeutschland ist einfach und einleuchtend. Wir sagen: Magdeburg ist der Probelauf für Bonn. Dies ist auch plausibel, weil es nicht nur nach den demoskopischen Umfragen, sondern

auch nach dem bisherigen Ablauf des Wahlkampfs unwahrscheinlich scheint, daß SPD und Bündnis 90/Die Grünen zusammen mehr Stimmen bekommen als die Koalition. Wenn Scharping also an die Regierung will, dann muß er sich von der PDS zumindest tolerieren lassen, wenn es ihm nicht gelingt, die Liberalen zu einer Ampelkoalition zu bewegen. Das eigentliche Thema ist daher nicht Magdeburg, sondern Bonn.
Nicht nur die Kommunalwahlen und die Europawahlen, sondern auch die Veranstaltungen zeigen, daß die PDS relativ großen Zulauf bekommt.

Im September 1994, als ich in Hannover im Wahlkreis von Friedbert Pflüger und Gertrud Dempwolf bin, rede ich vor dem Café Kröpcke, und zwei Straßen weiter ist eine Veranstaltung der PDS, auf der Gregor Gysi spricht. Auch er hat ein paar hundert Zuhörer, obwohl es wie aus Kübeln schüttet.

*21. Juli 1994:*
Höppner wird zum Ministerpräsidenten gewählt. Er erhält im dritten Wahlgang 48 Stimmen der 99 Abgeordneten des Magdeburger Landtags. Der Christliche Demokrat Christoph Bergner bekommt 37 Stimmen, 10 Abgeordnete enthalten sich, 4 Abgeordnete der PDS hatten sich entschuldigt und waren nicht anwesend. Da die Sozialdemokraten 36, die Grünen 5 und die CDU 37 Sitze haben, können, einmal unterstellt, daß die 37 CDU-Leute auch Bergner gewählt haben, die 48 Stimmen nur mit Hilfe der PDS-Abgeordneten zustande gekommen sein, und auch die Stimmenthaltungen kommen dann aus diesem Lager. Zur relativen Mehrheit hätten auch die 41 Koalitionsstimmen der SPD und der Grünen gereicht, aber nur wenn die

PDS-Abgeordneten sich der Stimme enthalten hätten. Aber Höppner hat mindestens 7 Stimmen der PDS bekommen.

Der PDS-Vorsitzende Lothar Bisky erklärt: »Wir wollen keine heimliche Regierungspartei sein, aber auch keine Blockiermaschine, die immer nur njet sagt.« Bisky wird gefragt, ob Magdeburg ein Modell für Bonn sei, und er antwortet, es könne in Bonn ähnlich kommen. Es könne sein, daß rot-grün in Bonn eine Mehrheit bekomme, und dann müsse man neu über alles nachdenken. Die PDS würde die Wahl eines Minderheitskanzlers Scharping nicht verhindern. Wenn eine Chance für eine neue Regierung bestehe, werde die PDS sie nicht scheitern lassen.

Christoph Bergner, nunmehr Oppositionsführer, nennt die neue Regierung verhängnisvoll für das Land und ein »Minderheitsabenteuer«. Peter Hintze sagt der Berliner Zeitung »B. Z.«: »Die von Machtgier bestimmte Absicht von Herrn Höppner, Regierungschef von kommunistischen Gnaden zu werden, muß jedem aufrechten Sozialdemokraten die Tränen in die Augen treiben.«

Ein schöner Satz. Höppner bewertet die Angriffe als Zeichen dafür, daß die CDU nicht verstehe, was sich in Deutschland verändere. Die Christdemokraten seien ein Hindernis auf dem Weg zur inneren Einheit Deutschlands.

Aber auch Sozialdemokraten kritisieren die Regierungsbildung: zum Beispiel Friedhelm Farthmann, der Fraktionsvorsitzende der SPD in Nordrhein-Westfalen, Renate Schmidt, die Vizepräsidentin des Deutschen Bundestags, Inge Wettig-Danielmeier, Mitglied des SPD-Präsidiums, Gerd Andres, Sprecher des »Seeheimer Kreises«, Richard Schröder, der frühere Vorsitzende der SPD-Fraktion in der frei gewählten Volkskammer, und schließlich Rudolf Scharping. Es gibt aber auch Zustimmung aus der SPD, zum Beispiel von Manfred Stolpe und, zwar verklausuliert und später wieder zurückgenommen, von Gerhard Schröder. Der neugewählte Ministerpräsident Höppner sagt an die Adresse der parteiinternen Kritiker, er könne auf Bedenken im Westen keine Rücksicht nehmen.

Es ist klar zu erkennen, daß es für die SPD und Höppner vordringlich ist, eine Identität zwischen vermeintlichen ostdeutschen Interessen herzustellen, statt eine demokratische Identität zwischen den demokratischen Parteien zu akzeptieren. Das heißt, Ostdeutschland und die Interessen der Ostdeutschen, so wie er sie beurteilt, scheinen ihm wichtiger zu sein als eine Koalition mit der CDU, die er als Vertreterin der westdeutschen Interessen bezeichnet, die die ostdeutschen Interessen im Gegensatz zur PDS zurückstelle.

Christoph Bergner bezeichnet die Begründung und die Konzeption später als Geburtslüge der neuen Magdeburger Regierung und als ein unaufrichtiges Gebilde, dem man die Stirn bieten müsse. Die spätere Entwicklung wird ihm recht geben.

Höppner hat auf der Suche nach einem Wirtschaftsminister den Direktor des Kommunalverbandes Ruhrgebiet, Jürgen Gramke, gewonnen und ihn auch in der SPD von Sachsen-Anhalt durchgesetzt. Mitte November kommt es dann zur ersten Krise der Höppner-Regierung. Gramke tritt als Wirtschaftsminister zurück und verbindet diesen Schritt mit einer ätzenden Kritik an den »Magdeburger Verhältnissen«. Die SED-Nachfolgepartei PDS, so Gramke, sitze ständig als unsichtbarer Dritter mit am Kabinettstisch. Wörtlich: »Viele Themen kommen gar nicht erst auf die Tagesordnung, weil man sich nicht sicher sein kann, daß

man eine Mehrheit bekommt.« Sachsen-Anhalt habe wegen dieser politischen Situation mittlerweile Standortnachteile.
Gramke hatte in den wenigen Monaten, in denen er Minister war, versucht, Ministerpräsident Höppner dazu zu bringen, auf die CDU zuzugehen: »Die schwierige Situation, in der sich das Land befindet, kann nicht gemeistert werden, wenn die beiden großen Parteien ständig übereinander herfallen.« Gramkes Kritik ist berechtigt.
Vor der Bundestagswahl hatten Ministerpräsident Höppner und die SPD noch alle Initiativen in Sachsen-Anhalt unterlassen, bei denen zu befürchten war, daß die Stimmen der PDS gebraucht wurden. Aber damals war noch Rücksicht geboten auf den Bundestagswahlkampf und den SPD-Kanzlerkandidaten Rudolf Scharping.
Nach der Bundestagswahl sieht die Sache anders aus. Die Schamfrist ist abgelaufen. Zusammen mit der PDS wird der Nachtragshaushalt 1994 verabschiedet. In den folgenden Beratungen zieht die PDS der Höppner-Regierung bereits die Daumenschrauben an. In allen finanzpolitischen Entscheidungen ist die SPD-Grünen-Regierung von der PDS abhängig.

Anfang des Jahres hatte ich unter den Bedingungen, die eine Trendwende zugunsten der Union bewirkten könnten, auch die Möglichkeit eines spektakulären Ereignisses und schwere Fehler des politischen Gegners genannt. Mit der »stillen Koalition« zwischen SPD und PDS im Magdeburger Landtag ist beides eingetreten.
Der schwere Fehler der SPD wurde gleichzeitig zu einer selbstgebastelten Falle, aus der sich die SPD bis zum Wahltag nicht mehr befreien konnte. Die Rote-Socken-Kampa-

gne der CDU war unter den Gesichtspunkten des Wahlkampfes, zumindest im Westen, völlig richtig. Es war ein Angriffsthema, das die Sozialdemokraten in den kommenden Wochen in eine große Bedrängnis und eine permanente Defensive bringen sollte. Außerdem war dieses Bündnis zwischen PDS und SPD Gegenstand heftiger Auseinandersetzungen innerhalb der Sozialdemokratischen Partei, wobei es eine Bruchlinie gab zwischen fast allen westdeutschen SPD-Landesverbänden auf der einen Seite und der niedersächsichen SPD und den ostdeutschen SPD-Landesverbänden auf der anderen Seite.

In diesem SPD-Theaterstück, in dem es nicht nur beim Hauptdarsteller, aber vor allem bei ihm, von Pleiten und Pannen wimmelte, gab es natürlich auch das sprichwörtliche Pech. Rudolf Scharping lieferte am Montag nach der Europawahl den Journalisten das, was sie mit eigenen Worten niemals so treffend hätten ausdrücken können: »Das ist in der ersten Runde eine Niederlage. Es kommen aber weitere.«
Das erinnerte an die Geschichte von dem Bürgermeister, in dessen Gemarkung die Tollwut ausgebrochen war. Er gab daraufhin folgendes bekannt: »Wer seinen Hund frei herumlaufen läßt, der wird erschossen.« Der Gemeinderat kritisierte bei der nächsten Sitzung die mißverständliche Formulierung, schlug allerdings keine bessere vor. Am Tag darauf brütete der Bürgermeister eine Korrektur aus. Der Satz erhielt die neue Fassung: »Wer seinen Hund frei herumlaufen läßt, der wird erschossen, der Hund.«

# Kämpfen ohne Landgewinn

*Verfassungsdebatte ohne Mut – Li Pengs Deutschlandbesuch – die Rote-Socken-Kampagne – Streit um Steuern und Kinder – falsche Schlachtordnung: Kopf gegen Herz – Scharpings Mannschaft – Abzug der Alliierten – Kanzlerbonus – Wahlkampf ohne Höhepunkte – Landtagswahlen – Kanzler auf Abruf?*

*1. August 1994:*
Ich fahre nach Südtirol und beginne wieder, Klettertouren zu machen. Am 2. August stehe ich morgens um halb sechs am Würzpaß zusammen mit meinem ältesten Sohn. Wir steigen in die 600 Meter hohe, fast senkrechte Nordwand des Peitlerkofl ein – eine schöne und schwere Tour in festem Fels. Oben auf dem Gipfel, den man von der Südseite aus leicht besteigen kann, treffen wir eine Gruppe von jungen Leuten aus Niedersachsen. Sie erkennen mich und sind freundlich zu mir, fragen aber, warum die CDU gegen Tierschutz, Ausländer und die Beteiligung des Volks bei Entscheidungen sei.
Beim Abstieg sage ich mir: Nun hat die CDU bis zum Wahltag das, was sie am Anfang des Jahres nicht hatte, nämlich den Wirtschaftsaufschwung, sie hat ein Thema, nämlich die Linksfront zwischen SPD und PDS, und endlich einen Kanzlerbonus. Da müßte es doch klappen, daß die Union in den Monaten August und September jeweils noch zwei Prozent zulegt.
Warum hält sich die Begeisterung der Wähler dennoch in Grenzen?

Vielleicht fehlt es an den Zielen, die die jungen Leute auf dem Peitlerkofl genannt hatten. Das waren ja nur Beispiele für ein neues Wertebewußtsein in unserer Gesellschaft, mit dem die CDU noch ihre Schwierigkeiten hat.

Die Union hat die Verfassungsdebatte, die am 1. Juli abgeschlossen worden ist, nicht richtig geführt. Auf der Strecke geblieben ist der Mut, einige wichtige Veränderungen und Ergänzungen im Grundgesetz vorzunehmen, ohne es in seinem Charakter zu ändern. Das Theater um die Verankerung des Umweltschutzes als Staatsziel kostet uns Stimmen. Der Tierschutz wird nur in einer allgemeinen Formulierung im Umweltschutzartikel erwähnt. Der verfassungsrechtliche Schutz von Behinderten wurde intern und in der Öffentlichkeit monatelang verhindert.
Daß jetzt im Grundgesetz im Artikel 3, Absatz 3 steht, »niemand darf wegen seiner Behinderung benachteiligt werden«, ist auch einer Tagung des Verbands der Kriegsopfer und Hinterbliebenen (VdK) zu verdanken. Der VdK hatte am 20. Mai seine Jahrestagung, und ich sollte dort für die Fraktion ein Grußwort sprechen. Nach Absprache mit Wolfgang Schäuble wollte ich vor den Delegierten erklären, daß ich mich als der zuständige stellvertretende Fraktionsvorsitzende dafür einsetzen würde, daß bei den anstehenden abschließenden Verfassungsberatungen der Schutz der Behinderten im Grundgesetz verankert werde. Da Helmut Kohl vor mir reden sollte, informierte ich das Kanzleramt über diese Absicht und bat, dafür zu sorgen, daß der Bundeskanzler in seiner Rede wenigstens nicht das Gegenteil sage. Am Morgen des Veranstaltungstags rief mich Helmut Kohl an und erklärte, er sei schon immer dafür gewesen, den Behindertenschutz ins Grundgesetz

aufzunehmen, und er werde das in seiner Rede auch selbst fordern.

Mit dieser Sorte überholender Kausalität hat er mir immer gefallen. Nach dem, was an Debatten zu diesem Thema in der Fraktion hinter uns lag, war dies ein Durchbruch, eine Vorentscheidung für das spätere Abstimmungsverhalten im Deutschen Bundestag.

6. *August 1994:*

Es gibt Streit um die Steuerpolitik. Oskar Lafontaine präzisiert noch einmal die Vorstellungen der SPD zu Öko-Steuern. Die Finanzpolitiker der Union lehnen diese Vorstellungen ab. Es stellt sich heraus, daß die Inhalte unseres Grundsatzprogramms, das erst vor sieben Monaten beschlossen worden war, offenbar noch nicht von allen übernommen worden sind, denn es heißt dort wörtlich: Wir werden »den Konsum, insbesondere bei Energieverbrauch und Umweltbelastungen, steuerlich stärker belasten müssen. Indem wir das Steuersystem ökonomisch und ökologisch neu orientieren, stellen wir wichtige Weichen zur Fortentwicklung der Ökologischen und Sozialen Marktwirtschaft.« Die Öko-Steuern müssen ein Schwerpunkt der Steuerreform der Zukunft sein, wenn man die zunehmende Kostenbelastung des Arbeitsplatzes und damit die Verminderung der Konkurrenzfähigkeit der Unternehmen abbauen will. Die deutsche Industrie und ihre Lobbyisten, die gegen die Öko-Steuern Front machen, schneiden sich ins eigene Fleisch. Denn genauso wie es zu einem Umbau in der Sozialpolitik kommen muß, muß ein Umbau in der Steuerpolitik gelingen, wenn die Betriebe wettbewerbsfähig bleiben und Natur und Umwelt nachhaltig geschützt werden sollen.

*7. August 1994:*

Aus Südtirol zurück, bekomme ich die neuesten Meinungsumfragen von Allensbach und Infas in die Hand. Den größten Sprung macht nach Allensbach die Union: Von 34,4 Prozent im Mai über 36 Prozent im Juni steigert sie sich auf 40,9 Prozent im Juli. Aber dann bleibt es, wie sich herausstellen wird, im August bei 39,9 und im September bei 41,4 Prozent. Infas sieht die Union im Mai bei 36,5 Prozent, ermittelt den Sprung nach oben, auf 39,5 Prozent, schon im Juni und notiert im Juli, dann auch im August und im September 41 Prozent. Seit Anfang August stagniert die Union in den Umfragen. Die SPD bleibt ebenfalls stehen und kommt nach ihrem Höhepunkt im Mai nicht mehr über 40 Prozent hinaus.

*8. August 1994:*

Bei einer Diskussion mit Jugendlichen in meinem Wahlkreis wird immer wieder die Menschenrechtsfrage angesprochen. Die jungen Leute sagen, die Bundesregierung habe die Menschenrechte wegen der wirtschaftlichen Vorteile für die deutsche Industrie in China geopfert. Im Prinzip teile ich ihre Vorwürfe. Der Objektivität halber sage ich aber, daß Ministerpräsident Li Peng bei seinem Besuch in der Bundesrepublik vor einem Monat vierzig Verträge über Geschäfte zwischen Deutschland und China in Milliardenhöhe abgezeichnet habe. Diese Argumentation beeindruckt die jungen Leute nicht. Zu meiner Rettung in der Diskussion kann ich immerhin darauf hinweisen, daß ich zusammen mit Friedbert Pflüger und anderen Mitgliedern der CDU und der Jungen Union in einer Erklärung gegen den Besuch von Li Peng protestiert und die Einhaltung der Menschenrechte in China gefordert habe und daß der chi-

nesische Gast Besuche in Berlin und in Weimar abgesagt hat, um Demonstrationen aus dem Weg zu gehen. Ich denke mir dennoch, daß eine eindeutige Haltung der Bundesregierung in der Menschenrechtsfrage auch für den Wahlausgang am 16. Oktober besser gewesen wäre. Dies wäre nicht einmal schwierig gewesen, weil Li Peng im Verlauf seines Besuchs die Bundesregierung mehrfach brüskiert hatte. Zum offiziellen Empfang durch Helmut Kohl kam er neunzehn Minuten zu spät. Eine Liste mit Namen politischer Gefangener in China, die ihm Außenminister Kinkel überreicht hatte, nahm er lediglich »zur Kenntnis«. Leider haben an den Protesten gegen Li Peng in Berlin und in Weimar fast nur Mitglieder der SPD und des Bündnis 90/Die Grünen teilgenommen. Die öffentliche Meinung war eindeutig gegen Li Peng, und die Zeitungsschlagzeilen lauteten: »Ein Chinese verliert sein Gesicht«, »Politiker versagen«, »Bürgerrechtler verjagen Li Peng«. Sogar die »Bild-Zeitung« raffte sich zu einer Schagzeile auf: »Hier ist nicht China, Herr Li Peng!«
In vielen Äußerungen der jungen Leute drückt sich aus, daß es auch einen moralisch-demokratischen Standort Deutschland gibt. Lichterketten gegen Haß und Rassenwahn, Spenden für die Dritte Welt, Proteste gegen Knechtschaft und Folter, wo immer auf diesem Erdball. Daß die Union sich nicht an der Spitze dieser Bewegung befindet, sondern im Sinn einer falsch verstandenen Staatsräson Konzessionen gegenüber Ayatollahs und Diktatoren macht, dürfte eine wichtige Ursachen dafür sein, daß junge Menschen von der Union immer weniger wissen wollen.

Der heiße Sommer schiebt die Umweltdiskussion wieder in den Vordergrund. Dies hängt vor allem damit zusammen, daß die Ozonwerte Anfang August gestiegen sind. Nur Hessen verfügt ein Tempolimit. In Versammlungen befindet sich die Union in der Defensive, weil entgegen der Koalitionsabsprache keine Deponie- und keine $CO^2$-Abgabe beschlossen und auch das Naturschutzgesetz nicht verabschiedet worden ist.

Die Auseinandersetzung mit der »Linksfront« bleibt ein wichtiges Wahlkampfthema, vor allem im Westen. Wolfgang Schäuble hatte Ende Juli einen Brief an die Bundestagsabgeordneten der CDU/CSU geschrieben und darin vor der Heimsuchung durch ein Linksbündnis gewarnt. Allerdings kann man in Zeitungskommentaren lesen, daß die CDU offenbar außerstande sei, mit einem politischen Zukunftsthema für sich zu werben, und zu einem Polarisierungswahlkampf Zuflucht nehme, der möglicherweise bei einer zunehmenden Zahl von interessierten und aufgeschlossenen Menschen nicht gut ankomme. Die Anti-PDS-Kampagne des Konrad-Adenauer-Hauses ist aber auf jeden Fall geeignet, die eigenen Parteimitglieder zu stabilisieren und zu emotionalisieren.

*9. August 1994:*
Der Steuerzahlerbund vertieft die Steuerdiskussion mit präzisen Vorschlägen. Er hält 28 Steuern für überflüssig und fordert eine drastische Kurskorrektur. Die deutsche Presse unterstützt diese Vorschläge mehrheitlich.

*10. August 1994:*
Das Mannheimer Landgericht verurteilt den NPD-Vorsitzenden Deckert zu einem Jahr Gefängnis auf Bewährung und bescheinigt ihm, eine »charakterstarke, verantwor-

tungsbewußte Persönlichkeit mit klaren Grundsätzen« zu sein. Wenigstens in diesem Fall ist die Kritik an dem Urteil einmütig, von der Bundesregierung bis zu den politischen Parteien. Sicher kann man der Justiz nicht generell vorwerfen, sie sei auf dem rechten Auge blind. Allerdings ist sie, wie alle Teile der Gesellschaft, nicht frei von der Gefahr, von rechtsradikalem Gedankengut infiziert zu werden. Der Rechtsradikalismus hat einen langen Arm in die Gesellschaft hinein. Er besteht nicht nur aus Rassismus und Nationalismus, sondern auch aus der Befürwortung von Gewalt, der Prügelstrafe, des Machismo, das heißt einer Ideologie gegen die Gleichberechtigung der Frau, sowie aus Fremdenhaß und Ausländerfeindlichkeit.

*11. August 1994:*
Für die Union gibt es wieder eine gute Nachricht. Im Juli ist erstmals seit mehr als drei Jahren die Teuerungsrate in Westdeutschland unter drei Prozent gefallen. Allerdings weisen viele Kommentatoren darauf hin, daß Anlaß zum Jubel nicht bestehe, weil gemessen an der Dauer und Stärke der vorangegangenen Rezession der Preisauftrieb schon viel früher und deutlicher hätte gebremst werden müssen. Daß die Inflation so lange Zeit über drei Prozent geblieben ist, sei vor allem den staatlichen Steuer- und Abgabeerhöhungen sowie den inflatorischen Treibsätzen bei Dienstleistungen, Reparaturen und Mieten zu verdanken.

*15. August 1994:*
Die SPD beginnt mit einer für die Union gefährlichen Kampagne. Sie klebt bundesweit große Plakate mit dem Bild von drei Babys und schreibt darunter: »Macht zusammen 750 Mark«. Wie der Generalsekretär der CDU, Peter

Hintze, nach der Bundestagswahl konstatiert, bewirkt diese familienpolitische Wahlkampagne der SPD Irritationen in den Reihen der Union. Dies liegt daran, daß das familienpolitische Konzept der Union aus einer Kombination von zum Teil widersprüchlichen Komponenten besteht: Kinderfreibetrag, Kindergeld, Kindergeldzuschlag, Sockelbeträgen, unterschiedlichen Einkommensgrenzen und Einkommensbegriffen. Der Grundgedanke, daß existenznotwendige Ausgaben für Kinder steuerfrei bleiben sollen, ist zwar verfassungsrechtlich geboten und auch gerecht, führt aber zu einer um so höheren Entlastung, je größer das Einkommen ist, wenn man dieses Ziel mit Kinderfreibeträgen erreichen will. Die geringere steuerliche Entlastung bei niedrigeren Einkommen müßte dann durch ein entsprechendes Kindergeld ausgeglichen werden. Dies ist aber sehr kompliziert und läßt sich auch finanziell nur schwer realisieren. Die Wahlkämpfer der Union befinden sich daher in jeder Podiumsdiskussion in der Defensive, obwohl die Familienpolitik mit Erziehungsgeld, Anerkennung von Erziehungsjahren und Erziehungsurlaub von drei Jahren eigentlich eine Domäne der CDU ist.

Ich schlage daher in der »Bild-Zeitung« vor, Kindergeld und Freibetrag abzuschaffen und zu ersetzen durch einen einheitlichen Abzug von der Steuerschuld je Kind und Monat von zunächst 200 Mark und dann stufenweise über 250 bis 300 Mark. Sinkt die Steuerschuld unter diesen Abzugsbetrag, muß das Finanzamt die Differenz auszahlen. Dies entspricht im übrigen den Beschlüssen des Berliner Parteitags der CDU 1968 und der CDU/CSU-Bundestagsfraktion Mitte der siebziger Jahre. Ich sage ausdrücklich, daß dieser Vorschlag wegen der finanziellen Lasten nur in Stufen verwirklicht werden kann.

Im Wahlprogramm der Unionsparteien wird im übrigen auf die Konkretisierung zugunsten eines bestimmten Modells des Familienleistungsausgleiches verzichtet. Es sind drei Kernpunkte enthalten: Die Familien sollen steuerlich besser gefördert werden, die Transferleistungen müssen sich nach der Zahl der Kinder und der Höhe des Einkommens der Eltern richten, der Familienleistungsausgleich muß in angemessenen Abständen erhöht werden. Damit wird ausdrücklich gesagt, so auch Helmut Kohls Interpretation vor der Presse, daß keine Entscheidung darüber gefällt ist, ob das duale System mit Kinderfreibeträgen oder der Vorschlag von Peter Hintze, Angela Merkel, Rita Süssmuth und mir, also Abzug von der Steuerschuld, in Zukunft das familienpolitische Konzept der Union sein soll.

Der Vorstoß in der Familienpolitik fällt allerdings bald in sich zusammen, weil der Parlamentarische Staatssekretär im Bundesfinanzministerium, Joachim Grünewald, Bundesfamilienministerin Hannelore Rönsch und einige aus den Sozialausschüssen sich massiv querstellen. Dies wird nach der Bundestagswahl noch eine Rolle spielen.

*18. August 1994:*

Es ist schon ein Riesenärgernis: In dem von Helmut Kohl und Theo Waigel vorgeschlagenen Regierungsprogramm ist zwar nicht vorgesehen, die Sozialhilfe zu kürzen, aber entsprechende Äußerungen aus dem Unionslager, zum Beispiel aus dem Kanzleramt, erwecken den Eindruck, als hätten wir das vor.

Wegen derartiger unbedachter Aussagen entsteht allmählich der Anschein, daß die Sozialhilfeempfänger die eigentlichen Gegner der Union seien. Was ich von Anfang an

befürchtet habe, tritt ein: Es entsteht die Vorstellung, daß die Union eine Politik ohne Herz macht. Das ist aber die falsche Schlachtordnung: Kopf gegen Herz. Es ist vor allem die falsche Sprache, sie ist ärgerlich. In der Tat will niemand in der Union die Sozialhilfe kürzen, sondern es geht darum, daß die Sozialhilfeempfänger zumutbare Arbeit übernehmen, wie es längst geltendes Recht ist. Aber mit der ständigen Thematisierung wird der Anschein erzeugt, das zentrale Anliegen christlich-demokratischer Sozialpolitik sei es, Sozialausgaben zu streichen. Ich mache in mehreren Gesprächsrunden und Telefonaten darauf aufmerksam, für wie gefährlich ich dies hinsichtlich unserer Wahlchancen halte. In der katholischen Caritas und der evangelischen Diakonie arbeiten allein zwei Millionen ehrenamtliche Kräfte, zu achtzig Prozent Leute, die eher der Union als der SPD zuneigen. Diese engagierten Menschen schlagen wir mit solchen Parolen vor den Kopf und verwischen das Bild der Union als einer Volkspartei, die auch für die kleinen Leute und für diejenigen da ist, die der Hilfe bedürfen.
Mit den gleichen falschen Begriffen wird auch die Standortdebatte geführt. Mit der Wortwahl »Sicherung des Industriestandorts Bundesrepublik Deutschland« wird der Mensch zu einem Produktions- und Kostenfaktor degradiert. Es wäre besser, von den Menschen zu reden, von den Arbeitslosen und den persönlichen Schicksalen, die mit der Arbeitslosigkeit verbunden sind.

*29. August 1994:*
Die Sozialdemokratische Partei tritt mit einer sogenannten »Troika« im Wahlkampf an. Neben Scharping gehören Schröder und Lafontaine zum Spitzentrio. Schröder und Lafontaine sind Anwärter auf Schlüsselpositionen in einer

von Scharping geführten Bundesregierung. Helmut Kohl hat recht, wenn er diese Vorstellung karikiert und sagt, jetzt kämen sie schon zu dritt daher, weil einer allein es nicht mehr schaffen könne.
Die »Frankfurter Allgemeine Sonntagszeitung« bittet mich, die Mitglieder der Mannschaft von Rudolf Scharping kurz zu portraitieren, nicht tierisch ernst, nach Möglichkeit treffend, aber eher witzig und ironisch. Im Gegenzug soll Peter Glotz die Mitglieder der Bundesregierung im gleichen Stil charakterisieren. Glotz zufolge ist Kohl eine politische Riesenschildkröte, für Klaus Kinkel ist das Außenministerium eine Nummer zu groß, Theo Waigel wird vom zweitschwersten Amt im Staat fast erdrückt, Günter Rexrodt ist ein Leichtgewicht, Klaus Töpfer wird gelobt, ebenso Wolfgang Bötsch, Irmgard Schwaetzer zu Recht großer Charme zugebilligt; Glotz bezeichnet Volker Rühe als intelligenten Rambo, Manfred Kanther als staatsmännischen Rechtsausleger, und Horst Seehofer ist für ihn ein durchsetzungsfähiger Kämpfer. Außerdem meint Peter Glotz, Angela Merkel sei nicht so harmlos, wie sie aussehe, und Hannelore Rönsch spreche schneller, als sie denke.

Mein Versuch eines literarisch-politischen Portraits erscheint unter der Überschrift: »Heiner Geißler: Unbekannte Wesen und Unwesen« und sieht so aus:
*Rudolf Scharping:* Biedenkopf-Fan, Radsportler, Zeitgenosse, der Fehler zwei- oder dreimal macht, damit er sie besonders gut beherrscht. Geht Berti Vogts ans Leder. Will offenbar nicht Bundeskanzler, sondern Bundestrainer werden. Auch dafür nicht geeignet, trotz guter Kondition.
*Oskar Lafontaine:* Intelligenzler (I), »Saar-Monarch« (Bunte), auch Schuldenkönig. Als Finanzminister höchstens

insofern geeignet, als er das Rechnen nicht in einer integrierten Gesamtschule in Bremen, sondern in einer Klosterschule gelernt hat.

*Gerhard Schröder:* Führungsmitglied im PDS-Fanclub, Rambo der SPD. Will auf jeden Fall in Bonn regieren. Kein Wunder: »Weiß nur zu gut, daß er angesichts leerer Kassen seine besten Zeiten in Niedersachsen hinter sich hat.« (Spiegel)

*Günter Verheugen:* Wahlkampf-Unglücksrabe, aber ehrliche Haut: »Auch in meiner Partei ist die Einschätzung verbreitet, daß man mit der Wahrheit Wahlen nicht gewinnen kann, daß man die Leute bescheißen muß.« Hält daher als Schattenaußenminister den Platz warm für Schatten-Vizekanzler Joschka Fischer.

*Heidemarie Wieczorek-Zeul:* Knallrote Heidi. Die frühere Lehrerin forderte noch 1990 den Austritt der Bundesrepublik aus der NATO. Rudolf Dreßler: »August Bebel hat die Lehrer aufgefordert, in die SPD einzutreten. Von diesem Schlag hat sich die Partei bis heute nicht erholt.« (Deutschland-Magazin 2/94)

*Ulrich Maurer:* Spätzle-Sozi. Scharpings Beraterin für »humanitäre Fragen« Regine Hildebrandt: »Es wird geklaut, überfallen und Terrorismus gemacht, weil man denen da oben ja mit normalen Mitteln nicht mehr beikommt.« (FAZ) Wahlprogramm: verstärkter Personenschutz gegen gerechten Volkszorn.

*Rudolf Dreßler:* Lafontaine-Kontrahent, desillusionierter Arbeiterführer. Kennt seine SPD: »Wo es ein Problem gibt, wird es von den Sozialdemokraten entdeckt, gründlich erwogen und schließlich in ein ausgewogenes Antragspapier umformuliert – wo es kein Problem gibt, wird eines erfunden.«

*Hans-Ulrich Klose:* Meist fairer Ritter von der traurigen Gestalt. Müßte als Verteidigungsminister nicht das Land schützen, sondern Bundeswehr und NATO gegen die Grünen verteidigen. Kloses neuer Wahlspruch deshalb: Lieber ein Häuschen im Grünen als einen Grünen im Häuschen.
*Christine Bergmann:* Das unbekannte Wesen (I). Hat als Berliner Senatorin möglicherweise kaum Fehler gemacht. Grund: Steht unter der bewährten Aufsicht von Eberhard Diepgen.
*Ilse Brusis:* Das unbekannte Wesen (II). Im Deutschen Bundestag 1994: »Es ist in der Wohnungspolitik in den letzten Jahren viel geleistet worden.« Sigmund Freud: »Gegen Kritik kann man sich wehren, gegen Lob ist man machtlos.«
*Herta Däubler-Gmelin:* Das bekannte Unwesen. Vergebliche Kandidaturen: 1983 als Schattenministerin, 1991 als Fraktionsvorsitzende, 1994 als Verfassungsrichterin. In ihrer Tübinger Heimat kennt man den Spruch: »Dreimol abg'sägt ond emmer no z'kurz.«
*Anke Fuchs:* Bewährte Kämpferin der Arbeit, allerdings schon als Mitglied der Regierung Schmidt Expertin für Sozialabbau. In ihrer Amtszeit: Kürzung des Kindergeldes, Aussetzung der Rentenerhöhung, Kürzung des Unterhaltsgeldes. Wegen Schattenkollege Lafontaine: Wiederholungsgefahr.
*Peter Glotz:* Lichtgestalt in Scharpings Schattenreich. Intelligenzler (II). Könnte wie Adenauer bedauern, daß der liebe Gott in der SPD zwar die Intelligenz, aber nicht die Dummheit begrenzt hat. Gute Perspektiven: vielleicht der erste Münchner, der als Sozialdemokrat in den Himmel kommt.
*Monika Griefahn:* Neuester Anschlag der SPD auf Landwirte und Winzer. Kämpft für Tempolimit und 0,0 Promille.

Nebenerwerbswinzer Heiner Geißler: Wer mit 0,8 Promille nicht Auto fahren kann, kann es mit 0,0 auch nicht.
*Heidi Schüller:* Erdbebenärztin in Armenien. Geht immer dorthin, wo die Not am größten ist. Bei Scharping richtig.
*Wolfgang Thierse:* Potentieller PDS-Geschädigter. Empfehlung: Sollte sich auf das PDS-U-Boot Stefan Heym folgenden Vers machen: Vor Honni und Mielke stets gekniffen, nichts gelernt, weil nichts begriffen.

Persönliche Berater:
*Regine Hildebrandt:* TV-Nervensäge. Wählt SPD - gut für Scharping.
*Britta Steilmann:* Findet Helmut Kohl gut - schlecht für Scharping.
*Jens Reich:* Wählt Bündnis 90/Grüne - Pech für Scharping.
*Daniel Goeudevert:* Franzose. Darf nicht wählen - Glück für Scharping.«

Der Vollständigkeit halber muß ich hinzufügen, daß mir Günter Verheugen später mitgeteilt hat, daß das von mir verwendete Zitat ihm in den Mund gelegt worden sei und nicht von ihm stamme.

Diese Art des Wahlkampfes finden viele ganz lustig. Weniger lustig ist für manche in der CDU, daß ich am 28. August ein Buch von Joschka Fischer und am 6. September ein Werk von Otto Schily in Bonn vorstelle. Für mich ist das auch Wahlkampf, wenn auch Wahlkampf der anderen Art. Davon wird noch zu sprechen sein.

*31. August 1994:*
Der Wahlkampf wogt hin und her. Die Umfragen zeigen aber wenig Bewegung. Die Union und auch der Bundeskanzler erhoffen sich von zwei spektakulären Ereignissen weiteren Wahlkampfauftrieb, nämlich vom Abzug der russischen Armee und eine Woche später von der Verabschiedung der Westalliierten in Berlin mit einem Großen Zapfenstreich und einer Parade. Ich glaube allerdings, daß diese Demonstrationen der außenpolitischen Erfolge des Bundeskanzlers und der Union eher dazu beigetragen haben, die eigenen Reihen übermütig und sorglos zu machen. Vom Außenminister ist in diesen Tagen nicht viel zu sehen. Hätte sich Genscher so die Schau stehlen lassen?
In den Umfrageergebnissen rutschen die Freien Demokraten immer weiter in die gefährliche Nähe der Fünf-Prozent-Hürde ab, so daß langsam eine Zweitstimmenkampagne zugunsten der FDP aufkommt.
Erfreulich ist, daß Umfrageergebnisse für die Landtagswahlen in Sachsen einen Sieg der CDU voraussagen.

*6. September 1994:*
Die Bundesanstalt für Arbeit in Nürnberg gibt die neuen Arbeitsmarktzahlen bekannt. Es gibt weniger Arbeitslose, und es heißt, »die deutsche Wirtschaft brummt wieder«, wie die »Welt« am darauffolgenden Tag kommentiert. Das alles ist nicht schlecht für den Wahlkampf.

Inzwischen wächst der Kanzlerbonus weiter. Nach einer Umfrage des Instituts für Marktforschung in Leipzig erwarten 51 Prozent im Osten, daß Kohl die Wahl gewinnt, nur noch 32 Prozent stehen hinter Scharping, 34 Prozent halten ihn gar für eine »glatte Fehlbesetzung«.

Die Kanzlerpräferenzen entsprechen dem bisherigen Verlauf des Wahlkampfs. Noch im April lag laut Institut für Demoskopie Allensbach Scharping (40 Prozent) 9 Prozent vor Helmut Kohl (31 Prozent). Ende Mai, nach der Bundespräsidentenwahl, schrumpfte die Differenz auf Null. Nach der Europawahl, Magdeburg und den anderen bekannten Ereignissen stürzte Rudolf Scharping Ende Juni ab auf 31 Prozent, während Helmut Kohl auf 40 Prozent emporschnellte. Seitdem stagnieren beide. Allensbach ermittelte Anfang September für Helmut Kohl eine Zustimmung von 40 Prozent und für Scharping von 32 Prozent.

*12. September 1994:*
Bei den Landtagswahlen in Brandenburg und Sachsen erhalten sowohl Biedenkopf als auch Stolpe die absolute Mehrheit. Interessant ist dabei, daß die CDU in Sachsen mit 58,1 Prozent das höchste Ergebnis erzielt, das die CDU je in einem Land erreichen konnte, und damit sogar die CSU in Bayern weit hinter sich läßt, und daß Kurt Biedenkopf seinen Landtagswahlkampf isoliert von Bonn geführt hat. Er kämpfte mit Sachsen für Sachsen, könnte man sagen. Kurt Biedenkopf hatte verhindert, daß Helmut Kohl auch nur ein einziges Mal im sächsischen Landtagswahlkampf aufgetreten ist.
Im Zusammenhang mit den Landtagswahlen wird in Bonn noch einmal über die Arbeitsmarktpolitik diskutiert. Der wirtschaftliche Aufschwung ist auch gefördert worden durch das »Aktionsprogramm für mehr Wachstum und Beschäftigung«, das die CDU/CSU-Bundestagsfraktion zusammen mit den Liberalen als Antrag an die Bundesregierung im Deutschen Bundestag beschlossen hat. Mit diesem Programm waren eine Reihe von wichtigen Entscheidun-

gen verbunden, die den schon begonnenen positiven Konjunkturverlauf begünstigt haben. Es stellt sich aber auch heraus, daß die Zahl der Teilzeitarbeitsplätze nicht, wie erhofft, zugenommen hat. Wenn in Deutschland ein Teilzeitarbeitsmarkt vorhanden wäre wie in Holland, gäbe es zwei Millionen zusätzliche Arbeitsplätze. Die Sozialpolitiker und einzelne Wirtschaftspolitiker der Unionsfraktion hatten im Zusammenhang mit dem Aktionsprogramm vorgeschlagen, Teilzeitarbeitsplätze gezielt zu fördern. Die Einrichtung und die Übernahme eines Teilzeitarbeitsplatzes sollte für den Arbeitgeber, den Arbeitslosen und denjenigen, der auf seinen Vollzeitjob verzichtet und Teilzeitarbeit annimmt, mit jeweils 3.000 Mark gefördert werden. Da das durchschnittliche Arbeitslosengeld pro Arbeitslosen 24.000 Mark jährlich beträgt und ein Arbeitsloser im Mittel sechs Monate arbeitslos ist, hätte diese Förderung aus dem eingesparten Arbeitslosengeld von durchschnittlich 12.000 Mark anstandslos finanziert werden können. Das Bundeswirtschaftsministerium, Teile der CDU und die Liberalen haben diese sinnvolle Lösung, die auf zwei Jahre begrenzt gewesen wäre, verhindert, was sich nun nachteilig auswirkt in der Wahlauseinandersetzung.

25. *September 1994:*
Der Ausgang der bayerischen Landtagswahl wird mit Spannung erwartet. Sie gilt als letzter Test vor dem bundesweiten Urnengang am 16. Oktober. Alles andere als die von den Umfrageinstituten prognostizierte knappe absolute Mehrheit für die CSU wäre für die Chancen der Union bei der Bundestagswahl ein erheblicher Rückschlag gewesen.
Noch gespannter ist man in Bayern selbst, besonders in der CSU. Jeder in der Partei weiß, daß der Einfluß der CSU

in Bonn davon abhängt, daß sie in Bayern mit absoluter Mehrheit regieren kann und auf keinen Koalitionspartner Rücksicht nehmen muß. Ein Alleinvertretungsanspruch für Bayern wäre mit 45 Prozent nicht mehr zu rechtfertigen. Für die CSU steht also mehr auf dem Spiel als die Mehrheit im Maximilianeum.

Aber es kommt doch wie erwartet: Mit 52,8 Prozent muß die CSU zwar leichte Einbußen verkraften und erzielt im historischen Vergleich ein eher schlechtes Ergebnis, aber es reicht. Die SPD kann auf 30 Prozent zulegen, ein ordentlicher Zugewinn, aber nicht in dem Ausmaß, daß er Scharpings Wahlkampf noch einmal einen kräftigen Schub geben könnte. Der Stellungskrieg um die Macht in Bonn geht weiter.

Edmund Stoibers Erfolg ist vor allem darauf zurückzuführen, daß er die verschiedenen Affären, die den Beginn seiner Amtszeit belastet hatten, entschlossen abräumte, keine Kompromisse machte, zum Beispiel auch nicht gegenüber Gauweiler, und dadurch eine beachtliche Kraft zur Selbstreinigung bewiesen hat. Außerdem hat die CDU einen neuen, persönlich absolut integren Mann vorzuweisen, nämlich den neuen stellvertretenden Parteivorsitzenden Horst Seehofer.

*3. Oktober 1994:*

Helmut Kohl erklärt in einem »SAT1«-Interview, daß die nach der Bundestagswahl beginnende Legislaturperiode seine letzte als Bundeskanzler sein werde. Das Erstaunen ist groß. Sofort beginnen die Spekulationen um die Nachfolge. Der Kanzlerwahlkampf kommt für einige Tage ins Schleudern und hat bis zum Wahltag eine Delle weg. Dieses Manko auf der CDU-Seite wird aber dadurch ausgeglichen, daß der Herausforderer Rudolf Scharping, wie könnte es auch anders sein, seinerseits einen Fehler begeht und eine Koalitionsaussage zugunsten der Grünen ablehnt und der Wählerschaft gegenüber offenläßt, mit wem und wie er nach dem 16. Oktober regieren will.

*4. Oktober 1994:*
Wir stehen zwölf Tage vor der Bundestagswahl. Die neuesten Umfrageergebnisse zeigen keine wesentlichen Verschiebungen. Der Wahlkampf läuft ab wie ein Stellungskrieg: Keine der Parteien kann Boden gutmachen und ihr Terrain ausweiten. Die Union hat nicht das erreicht, was sie hätte erreichen müssen: nämlich nach der Europawahl jeweils zwei Prozentpunkte pro Monat zuzulegen. Wenn nicht ein Wunder geschieht, dann wird es am 16. Oktober zu einem knappen Ergebnis kommen. Die Ursache dafür ist zunächst darin zu sehen, daß die FDP wie früher Zweitstimmenwähler von der CDU bekommen wird, aber immer mehr Stammwähler zu verlieren scheint. Die Union konnte andererseits die schweren Fehler, die die SPD im Mai, Juni und Juli gemacht hat, und den Wirtschaftsaufschwung nicht so ausnutzen, daß es zu einer positiveren Entwicklung in der Stimmengunst gekommen ist. Der Aufschwung und die damit verbundene optimistische Stimmung der Deutschen sind ein gutes und wichtiges Wahlkampfthema, aber außer der Rote-Socken-Kampagne gibt es keine inhaltliche Offensive. Der Kanzlerbonus von Helmut Kohl hätte aufgewertet werden können, wenn ihm demonstrativ und plakativ eine Mannschaft zur Seite gestellt worden wäre. In Umfrageergebnissen von Emnid und der Forschungsgruppe Wahlen erzielen zum Beispiel Wolfgang Schäuble, Rita Süssmuth, Norbert Blüm und Kurt Biedenkopf höhe-

re Sympathiewerte als Helmut Kohl. Es ist nicht zu verstehen, daß die Chance nicht wahrgenommen wird, dieses Sympathiepotential zu nutzen. Die Troika der SPD ist kein Gegenbeweis, denn Scharping ist weniger beliebt als Kohl und die Zustimmung zu Schröder und Lafontaine wesentlich geringer als zu Schäuble, Süssmuth, Blüm und Biedenkopf.

Ein Zukunftskonzept als Antwort auf die Herausforderungen der Zeit hat in beiden Lagern gefehlt.

*16. Oktober 1994:*
Ich gehe am frühen Nachmittag in meiner Heimatgemeinde Gleisweiler zur Wahl. Ich habe bei meinem Wahlkreis ein gutes Gefühl, im Hinblick auf Bonn bin ich mir nicht so sicher. In den letzten Tagen hat sich bei mir der Eindruck weiter verstärkt, daß es knapp werden wird. Außerdem wird es für die Regierungsbildung darauf ankommen, ob die PDS in den Bundestag einzieht. Über fünf Prozent wird sie im Bundesgebiet nicht erhalten, aber möglicherweise drei Direktmandate in den neuen Ländern, vor allem im Osten Berlins, obwohl ich das einfach nicht glauben will.

# Um Haaresbreite - die Bundestagswahl am 16. Oktober

*Am Abend des gefährlichen Siegs – Rettung durch Überhangmandate – Hauskrach in der FDP – das Wahlergebnis: ein doppeldeutiges Orakel – Chancen und Gefahren für die Union*

Einige Tage vor der Bundestagswahl war mit Ernst-Dieter Lueg, dem Leiter des ARD-Büros in Bonn, verabredet worden, daß ich am Wahlabend um 18 Uhr im Konrad-Adenauer-Haus sein würde, um die erste Prognose oder, genauer gesagt, eine Wählernachfrage zu kommentieren. Wählerinnen und Wähler, die aus dem Wahllokal herauskommen, werden bei dieser Methode gefragt, welche Partei sie gewählt haben. Auf dieser Grundlage wird dann eine Prognose des Wahlausgangs versucht, die in aller Regel recht nahe am tatsächlichen Ergebnis liegt.
Ich komme kurz vor 18 Uhr im Adenauer-Haus an. Dort gehe ich in den großen Saal, in dem schon viele Pressekonferenzen abgehalten, Beschlüsse gefaßt und Bundestagswahlen kommentiert worden sind. Der Saal ist bereits überfüllt, dichtgedrängt mit Anhängern der CDU, aber auch mit vielen Journalisten. Die Fernsehkameras aller Anstalten, ob öffentlich-rechtlich oder privat, sind aufgebaut. Plötzlich kommt von der Tür her Bewegung in die Menge, und Peter Hintze erscheint. Er war von Ernst-Dieter Lueg vorsichtshalber ebenfalls eingeladen worden. Ich finde es gut, daß der Generalsekretär gleich bei den ersten Prognosen eine authentische Interpretation gegenüber den

Medien abgibt. Wie oft war am Anfang eines Wahlabends der falsche Eindruck ermöglicht worden, die CDU hätte verloren oder die SPD gewonnen, weil man das Feld den Sozialdemokraten oder Kommentatoren überlassen hatte, und hinterher stellte sich dann heraus, daß das Endergebnis ganz anders war.

Im Saal ist die Stimmung gedämpft optimistisch. Die ersten Prognosen geben der CDU um die 42 Prozent und den Liberalen um 6 Prozent. Sozialdemokraten und Bündnis 90/Die Grünen liegen um 4 bis 5 Prozent hinter der Koalition. Das ergäbe, in Mandate umgerechnet, einen klaren Vorsprung der Koalition im Deutschen Bundestag, wenn, ja, wenn nicht die Sache mit der PDS wäre. Die eigentlich spannende Frage der ersten Stunde, zwischen 18 und 19 Uhr, ist, ob es der PDS gelingen würde, drei Bundestagswahlkreise direkt zu erringen. Unter dieser Voraussetzung braucht sie nach dem Bundeswahlgesetz die Fünf-Prozent-Klausel nicht mehr zu überschreiten, um in den Bundestag einzuziehen; die Partei wäre dann entsprechend ihrer prozentualen Stärke in ganz Deutschland im Parlament vertreten. Ich rechne nicht mit einem solchen Ergebnis, da die PDS nach ihren guten Ergebnissen bei der Europawahl und bei den Landtagswahlen in Brandenburg und Sachsen hinter ihren und den allgemein hohen Erwartungen zurückgeblieben ist.

Relativ früh, gegen 19 Uhr, steht praktisch fest, daß ich mich getäuscht habe. Hochrechnungen aus den Ost-Berliner Wahlkreisen ergeben, daß die PDS nicht nur drei, sondern wahrscheinlich vier, vielleicht sogar fünf Direktmandate erhalten wird. Kurze Zeit sieht es sogar so aus, als ob die PDS über fünf Prozent kommen könnte. Gegen 19 Uhr stabilisieren sich auch die bundesweiten Hochrechnungen.

Infas bei der ARD und die Forschungsgruppe Wahlen beim ZDF machen einen, wenn auch knappen Vorsprung der Koalition vor SPD, Bündnis 90/Die Grünen und PDS aus.

Gegen 19.20 Uhr kommt Helmut Kohl in den Saal und interpretiert zusammen mit Peter Hintze das Wahlergebnis. Er will offensichtlich Zuversicht verbreiten, hält sich mit den Einzelheiten des Wahlergebnisses nicht lange auf, sondern erklärt das politisch einzig Richtige, nämlich daß er eine hinreichende Mehrheit bekommen habe, mit der er die Koalition fortsetzen wolle. Er bringt die Leute zum Klatschen und zum Jubeln. Aber man kann unschwer bemerken, daß er den Ernst der Lage sieht. Die Siegesmeldungen klingen leicht überdreht, und zu auffällig erinnert er an das Jahr 1976, als die Union mit 48,6 Prozent die absolute Mehrheit der Mandate nur knapp verfehlt hatte – nur 1983 hat sie mit Helmut Kohl noch mehr bekommen, nämlich 48,8 Prozent. 1976 habe die sozialliberale Koalition nur zehn Mandate mehr als die Union gehabt, und es seien trotzdem sechs Jahre ins Land gegangen, bis die CDU an die Regierung gekommen sei.

Gegen 20 Uhr steht das Wahlergebnis praktisch fest, das vorläufige amtliche Endergebnis wird kaum von den letzten Hochrechnungen abweichen. Die Union bekommt 41,5 Prozent der Stimmen, die Liberalen erhalten 6,9, die Sozialdemokraten 36,4, Bündnis 90/Die Grünen 7,3 Prozent, die PDS zieht mit 4,4 Prozent ebenfalls in den Bundestag ein. Dies ergibt für die Regierungskoalition insgesamt 48,4 Prozent gegenüber 48,1 Prozent für die Opposition. Der Abstand ist so gering wie noch nie zuvor bei einer Bundestagswahl. Alle übrigen Parteien erreichen zusammen 3,5 Prozent der Zweitstimmen. Bei der Verteilung der 656

Bundestagssitze entfallen auf die CDU 232, auf die CSU 50 und auf die FDP 47 Sitze, was zusammen 329 Mandate ausmacht. Die SPD kommt auf 248, Bündnis 90/Die Grünen auf 49 und die PDS auf 30 Sitze, was zusammen 327 Mandate ergibt. Das Verhältnis ist also 329 zu 327. Die Koalition hat einen Stimmenvorsprung von einem Mandat vor der Opposition. Oder anders gesagt, einen Sitz mehr als die Kanzlermehrheit, das ist die Mehrheit der Mitglieder des Bundestags. Knapper hätte es nicht werden können. Von einem Wahlsieg zu sprechen, war mehr als euphemistisch, denn der Kanzler war ja mit der Bundestagswahl noch nicht gewählt.

Als ich gegen 20.30 Uhr das Adenauer-Haus verlasse, steht vor den Unions-Sälen Peter Boenisch mit einem Bekannten, den ich aber in der Dunkelheit nicht erkenne. Der Unbekannte sagt zu mir: »Mensch, Heiner Geißler, wir haben toll gewonnen.« »Mit einer Stimme Mehrheit«, sage ich. »Das letzte Mal hatten wir eine Mehrheit von über 130 Mandaten.« Ich bin ziemlich wütend. Das Ganze hätte ins Auge gehen können. Und dann noch diese Selbstbeschwörung, diese Wolkenschieberei und Verharmlosung.

Eineinhalb Stunden später ereignet sich dann ein rechtlich begründetes Wunder. Zu den 232 Sitzen der CDU kommen plötzlich 12 Überhangmandate hinzu. Die SPD bekommt vier Überhangmandate, so daß sich die Gesamtzahl der von der CDU gewonnenen Sitze auf 244 und die der SPD auf 252 erhöht. Die Gesamtzahl der Sitze im Deutschen Bundestag beträgt nunmehr 672 statt 656.
Dieses wundersame Ergebnis muß man erklären. Fünfzig Prozent der Abgeordneten werden in Wahlkreisen ge-

wählt und fünfzig Prozent über die Landeslisten. Wenn feststeht, wie die den einzelnen Parteien zustehenden Sitze auf die einzelnen Länder verteilt werden, nämlich entsprechend dem Verhältnis der Zweitstimmen für die konkurrierenden Landeslisten, müssen die gewonnenen Wahlkreissitze davon abgezogen werden, um herauszufinden, wie viele Abgeordnete über die jeweiligen Landeslisten in den Bundestag einziehen können. Dieses Verfahren kann dazu führen, daß eine Partei in einem Land mehr Wahlkreisabgeordnete stellt, als ihr in diesem Land nach den Zweitstimmen an Mandaten zustehen. Auch in einem solchen Fall kommen alle direkt gewählten Abgeordneten in den Deutschen Bundestag. Das hat zur Folge, daß sich die Gesamtzahl der Abgeordneten erhöht. Solche Überhangmandate hat es in den meisten Bundestagswahlen seit 1949 gegeben, allerdings nicht in der Größenordnung wie dieses Mal mit insgesamt sechzehn zusätzlichen Sitzen. Im Jahr 1990 gab es sechs Überhangmandate, 1987 eines, 1983 zwei, 1980 eines, 1961 fünf, 1957 drei, 1953 drei und 1949 zwei.

Nach dem Verhältniswahlrecht wären der CDU bei der Bundestagswahl in Baden-Württemberg 35 Sitze zugefallen. Sie hat aber alle 37 Wahlkreise gewonnen: macht 2 Überhangmandate. Das gleiche in Mecklenburg-Vorpommern und in Sachsen-Anhalt. In Thüringen und in Sachsen gibt es für die CDU je 3 Überhangmandate. Die SPD bekommt ihre Übergangmandate in Brandenburg und in Bremen. Die Koalitionsparteien haben nun 341 Mandate und die Oppositionsparteien 331. Die Hälfte der Mandate liegt bei 336, die Kanzlermehrheit beträgt infolgedessen 337 Stimmen. Die Koalition hat demnach vier Mandate mehr, als zur Kanzlermehrheit erforderlich sind, was sich noch als heikel

erweisen wird. Für das normale gesetzgeberische Verfahren, bei dem es nicht auf die absolute, sondern auf die relative Mehrheit ankommt, verfügen CDU/CSU und FDP über einen Vorsprung von zehn Stimmen.
Die CDU hat 177 Wahlkreise direkt gewonnen, die SPD 103, die CSU 44, die PDS 4. Die CDU hat in 49 Wahlkreisen die absolute Mehrheit der Erststimmen errungen. Darunter ist auch mein Wahlkreis Südpfalz, in dem ich 50,9 Prozent der Stimmen bekommen habe. Es sind 5,8 Prozent mehr Erst- als Zweitstimmen, in der Stadt Landau sogar 8 Prozent. Auf der Bundesebene hat die CDU bei den Erststimmen 1,1 Prozent verloren, in der Südpfalz gab es bei den Erststimmen ein Plus von 1,3 Prozent. Die Erststimmen sind wichtig, weil sie anzeigen, wie groß das erreichbare Wählerpotential der Union ist, wenn gute Voraussetzungen geschaffen werden.
Die CDU hat ohne die CSU insgesamt einen Zweitstimmenanteil von 34,2 Prozent erreicht und gegenüber 1990 2,5 Prozent verloren. Die Verluste in den einzelnen Ländern unterscheiden sich nicht wesentlich, mit Ausnahme von Brandenburg und Berlin. In Berlin hat die CDU 8 Prozent und in Brandenburg 8,2 Prozent eingebüßt. Die CSU hat ebenfalls Verluste, sie ist leicht abgesunken von 51,9 Prozent auf 51,2 Prozent der in Bayern abgegebenen Zweitstimmen. Es ist ihr schlechtestes Ergebnis seit 1957. Die SPD konnte sich mit 36,4 Prozent und einem Plus von 2,9 Prozent der Zweitstimmen einigermaßen befreien aus ihrem Kellerdasein, in das sie mit Oskar Lafontaine 1990 geraten war.

Die Liberalen dagegen haben ein Debakel erlitten. Ihre Stimmen haben sich gegenüber 1990 fast halbiert bei einem Rückgang von 11 auf 6,9 Prozent, der größte Verlust bei dieser Wahl. Es wird sich später herausstellen, daß die im ZDF am Wahlabend aufgestellte Behauptung, zwei Drittel der FDP-Stimmen seien Leihstimmen der Union gewesen, nicht haltbar ist. In einer sorgfältigen Analyse des Wahlergebnisses hat Allensbach festgestellt, daß zu den drei Prozent Stammwählern der FDP noch zwei Prozent Koalitionswähler und zwei Prozent »Stützwähler« hinzukommen. Nur die zwei Prozent »Stützwähler« sind echte Unionswähler.

Die Klage, daß die Union gut drei bis vier Prozent besser hätte abschneiden können, hätten nicht so viele eigentliche CDU-Wähler die FDP über die Fünf-Prozent-Hürde gerettet, ist noch aus einem anderen Grund nicht berechtigt. Einen sehr hohen Zweitstimmenanteil der FDP im Verhältnis zu ihren Erststimmen hat es nämlich auch bei Bundestagswahlen gegeben, bei denen die FDP nicht gefährdet war, zum Beispiel 1980. Man kann diese Stimmen nicht ohne weiteres dem Wählerpotential der Union zuordnen. Es handelt sich bei diesen Wählern auch um überzeugte liberale Wähler, die aber gescheiterweise mit ihrer Erststimme etwas Sinnvolles anfangen wollen und diese daher einem aussichtsreicheren Kandidaten als dem der FDP geben. Das bedeutet aber auch, daß die Union in Zukunft nicht mehr alles auf die FDP-Karte setzen darf, will sie ihre Regierungsfähigkeit nicht ernsthaft gefährden.

Von den 672 gewählten Abgeordneten sind 177 Frauen, davon stellen die CDU 36, die SPD 85, die FDP 8, die CSU 6, die Grünen 29 und die PDS 13. Das ergibt für die Union kein gutes Bild. Besser steht die CDU bei den jüngeren Abgeordneten da: Von 92 Abgeordneten unter vierzig Jahren gehören 39 der CDU an, 19 der SPD, 2 der FDP, 6 der CSU, 19 dem Bündnis 90/Die Grünen und 7 der PDS.

Das Superwahljahr insgesamt ist mit einem glatten Patt geendet. Es gab keinen Erdrutsch und keine klaren Mehrheiten für eine Partei, von den Landtagswahlen in Sachsen und Brandenburg einmal abgesehen, vor allem nicht bei der Bundestagswahl.
Die Arbeitsgruppe Wahlen der Freiburger Universität faßte es so zusammen: »Die Wähler haben keine klare Entscheidung über die zukünftige politische Entwicklung der Bundesrepublik getroffen, sondern sie haben mit ihrem Votum ein doppeldeutiges Orakel gesprochen, das den Parteien in vielfacher Hinsicht Rätsel aufgeben wird.« Dem kann man nicht widersprechen.
Die Regierungskoalition hat verloren, die FDP wurde fast halbiert, und die Koalition steht einem von den Sozialdemokraten beherrschten Bundesrat gegenüber. Die Opposition hat Stimmen gewonnen. Sie ist aber nicht einheitlich. Sie ist gespalten in drei Parteien, wobei sich abzeichnet, daß die drittstärkste Fraktion, nämlich Bündnis 90/Die Grünen, den aktivsten Part übernehmen wird.
Das Problem für die Union heißt FDP. Die Union hat sich auf einen Koalitionspartner festgelegt, der nach den Wahlen in Baden-Württemberg 1992 in allen Landtagswahlen an der Fünf-Prozent-Klausel gescheitert ist.
Die Grünen haben zwar teilweise das Erbe der FDP angetreten, sind aber auch im Osten weit hinter ihren Erwartungen zurückgeblieben. Bei allen Landtagswahlen haben sie dort verloren und sind nur noch in Sachsen-Anhalt und Berlin im Parlament vertreten.
Die PDS hat spektakulär den Einzug in den Bundestag geschafft, ist aber trotz aller Anstrengungen, vor allem Gregor Gysis, eine Ostpartei geblieben, die im wesentlichen von den unbewältigten Folgen der Revolution von vor fünf

Jahren lebt, insbesondere von den wirtschaftlichen Verwerfungen des Einigungsprozesses.

Positiv ist, daß die Rechtsradikalen unter zwei Prozent gerutscht sind. Dasselbe gilt für die übrigen Parteien. Republikaner und Sonstige haben zusammen nur 3,5 Prozent der Stimmen erhalten. Die Union hat ihr Wählerpotential rechts von der Mitte ausgeschöpft; das heißt aber, daß sie in der politischen Mitte verloren hat, nämlich laut Infas rund 700.000 Stimmen an die SPD.

Auffallend sind die Unterschiede zwischen dem Westen und dem Osten. Die Union ist zwar in Ost- wie in Westdeutschland die stärkste Partei, im Westen sind aber Union und FDP zusammen auf 49,8 Prozent gekommen, im Osten dagegen nur auf 42,0 Prozent, davon 3,5 Prozent für die FDP. Die Verluste des Regierungslagers waren im Osten mit 12,7 Prozent rund zweieinhalbmal so groß wie im Westen mit minus 5,1 Prozent. CDU/CSU und FDP, so ermittelt die Forschungsgruppe Wahlen, haben im Westen damit weniger als ein Zehntel ihres Stimmenanteils von 1990 eingebüßt, im Osten dagegen mehr als ein Viertel ihrer Ausgangsbasis von 1990. Da jedoch rund 80 Prozent der Wahlberechtigten in Westdeutschland wohnen, hat sich der dramatische Verlust im Osten gesamtdeutsch nicht ganz so wuchtig ausgewirkt. Entsprechend stärker ist mit plus 14,1 Prozent die Zustimmung zu den Oppositionsparteien in Ostdeutschland ausgefallen, im Gegensatz zur alten Bundesrepublik mit plus 5,6 Prozent. Diese unterschiedliche Gewichtung hat in Ostdeutschland dazu geführt, daß nur in Sachsen eine Mehrheit für die Bonner Koalitionsparteien übriggeblieben ist, wobei die CDU allein fast 48 Prozent erzielt hat, die FDP rund 4 Prozent. In allen anderen ostdeutschen Bundesländern ist die potentielle Oppositionskoalition stärker als die Union und die FDP zusammen. Auch in der Wahlbeteiligung unterscheidet sich der Westen vom Osten. Im Westen ist sie um 1,9 Prozent gestiegen auf 80,5 Prozent, im Osten ist sie dagegen um 1,9 Prozent gesunken auf 72,6 Prozent. Im Osten haben auch weit weniger Wähler als im Westen vom Zweitstimmensplittung zwischen Union und FDP Gebrauch gemacht.

Noch ein Unterschied zwischen Westen und Osten ist von Bedeutung: Im Westen ist es zwischen den beiden großen Parteien eher zu einer Angleichung gekommen; die Union hat in den eigenen Hochburgen verloren und in denen der SPD dazugewonnen und umgekehrt. Im Osten scheint sich eine eigenständige Entwicklung anzuzeigen. Die Gegensätze haben sich verfestigt; die CDU hat in ihren Hochburgen weiter gewonnen. Dasselbe gilt für die SPD, aber auch für die PDS, wobei die eigentliche Auseinandersetzung im Osten nicht zwischen der Union und der SPD geführt worden ist, sondern zwischen der CDU und der PDS. Es sind im Wahlergebnis und seiner Analyse auch die eigentlichen inhaltlichen Unterschiede erkennbar geworden, die wichtig sind für die kommende Arbeit. Die CDU steht für die »optimistische Akzeptanz der deutschen Vereinigung«, während sich um die PDS »die skeptischen Vereinigungskritiker und -verlierer« scharen, wie die Freiburger Arbeitsgruppe Wahlen festgestellt hat. Hinzu kommt, daß CDU und PDS im Osten eher über Stammwähler verfügen als die SPD; die CDU im kirchlich gebundenen Bereich und in der Mitgliedschaft der früheren Ost-CDU, die PDS in den früheren sozialistischen Organisationen und deren ehemaligen Mitgliedern.

Die SPD steht in einem Zwitterverhältnis zur PDS. Die PDS ist zum einen Konkurrenzpartei, zum anderen aber hat sie aus der Sicht vieler Sozialdemokraten eine gemeinsame Wurzel mit der SPD, die auf die Zwangsvereinigung von SPD und KPD im Jahr 1946 zurückzuführen ist. Die Frage ist, wer sich als weitere Volkspartei neben der CDU im Osten durchsetzt: die SPD oder die PDS. Darauf komme ich später zurück.

In diesem Klima der Polarisierung zwischen den drei großen Parteien im Osten haben die kleinen nicht genügend Raum gefunden, um sich zu profilieren. Die Liberalen als »Partei der Besserverdienenden« und die Grünen als Repräsentanten einer postmaterialistischen Subkultur werden es im Osten auch zukünftig schwer haben.

Außerdem ist im Osten die Ausrichtung auf bestimmte Persönlichkeiten, auf politische Autorität und Regierungsmacht ausgeprägter als im Westen. Das heißt, es gibt für das, was amerikanische Wissenschaftler als »Untertanenkultur« bezeichnen, im Osten eine größere Affinität als im Westen. Die spektakulären Wahlerfolge von Kurt Biedenkopf und Manfred Stolpe haben auch darin ihren Grund.

Während die Zweitstimmenkampagne zugunsten der FDP im Osten kaum Wirkung gezeigt hat, ist dort eine Zweitstimmenvergabe zu registrieren, die für das Verhältnis zwischen PDS und SPD aufschlußreich ist. Laut Infas hat in den vier Ostberliner Wahlkreisen, die an die PDS gegangen sind, knapp ein Fünftel der Wählerinnen und Wähler, die mit ihrer Zweitstimme SPD gewählt haben, mit ihrer Erststimme für die PDS votiert; ein Viertel der Wähler des Bündnis 90/Die Grünen hat sich ebenso verhalten. Infas spricht daher von einer Wählerallianz im linken Lager, die sich in dem Willen zum politischen Wechsel vereinigt hätte. Demselben Institut zufolge hat die SPD beträchtlich Stimmen an die PDS verloren, ungefähr 200.000. Die SPD hat diese Verluste mehr als wettgemacht durch die rund 700.000 Stimmen, die sie aus dem Unionslager bekommen hat. Aus dem Lager der FDP und der Nichtwähler konnte die SPD jeweils rund 600.000 Stimmen zu sich herüberziehen. Demgegenüber haben die Zugewinne der CDU von der FDP mit ungefähr 500.000 und von den Republikanern mit etwa 50.000 Stimmen die Verluste der Union nicht wesentlich mildern können.

Infas ermittelt auch, daß die Liberalen Schwierigkeiten gehabt haben, ihre Klientel an die Wahlurnen zu bringen. Fast 300.000 ihrer Wähler von 1990 seien 1994 zu Hause geblieben.

Die Forschungsgruppe Wahlen weist auf einen weiteren wichtigen Punkt hin: Im Lauf des halben Jahres vor der Bundestagswahl hat sich die Zustimmung der Bevölkerung zur Arbeit der CDU/CSU und der Bundesregierung erhöht, aber auch zu den Leistungen der SPD. Während also CDU/CSU und SPD Pluspunkte verbuchen konnten, wird der Beitrag der FDP in der Bundesregierung auf einer Skala von plus 5 bis minus 5 mit minus 0,5 bewertet.

Für das letztendlich trotz knapper Mehrheit positive Abschneiden der Koalition gibt es eine wichtige Erklärung in den Wahlanalysen: die Dominanz der Wirtschaftsprobleme. Die Erwartungen, daß es mit der Wirtschaft wieder aufwärts geht, haben der Union geholfen. Das ist entsprechend der Wahlanalyse der Forschungsgruppe Wahlen der entscheidende Grund dafür gewesen, daß die CDU im Osten trotz des schwierigen wirtschaftlichen Umstrukturierungsprozesses und der hohen Arbeitslosigkeit relativ gut abgeschnitten hat. So ist die CDU im Osten mit 38,5 Prozent deutlich stärkste Partei geblieben vor der SPD mit 31,5 Prozent und der PDS mit 19,8 Prozent.

Die Regierungskoalition hat ihren knappen Sieg auch dem Umstand zu verdanken, daß die Union bei den über Sechzigjährigen, mehr als ein Viertel aller Wähler, überdurchschnittlich gut abgeschnitten hat: im Westen mit 51 Prozent, im Osten mit 45 Prozent Stimmenanteil. Laut Forschungsgruppe Wahlen hat sie ihre höchsten Ergebnisse bei Frauen über sechzig Jahren erzielt. Dagegen ist bei den Wählern unter 35 Jahren die SPD mit 38 Prozent stärkste Partei, gefolgt von der CDU/CSU mit 32 Prozent und den Grünen mit 13 Prozent. Lediglich bei den unter 25jährigen Männern lag die Union mit 35 Prozent vor der SPD mit 33 Prozent. Die Forschungsgruppe Wahlen belegt aber auch, daß die PDS in Ostdeutschland bei den unter 35jährigen mit einem Stimmenanteil von 23 Prozent überdurchschnittlich erfolgreich gewesen ist, während sie bei den über Sechzigjährigen mit 17 Prozent am schlechtesten abgeschnitten hat.

Für die Union muß es beunruhigend sein, daß die Zustimmung für sie in den unterschiedlichen Altersgruppen deutlich auseinanderklafft. Mit zunehmendem Alter steigt der Anteil der Unionswähler stark an, während in der sozialdemokratischen Wählerschaft das Altersprofil ausgeglichen ist. 63 Prozent der CDU/CSU-Wähler sind laut Forschungsgruppe Wahlen 45 Jahre und älter; dies liegt allerdings auch daran, daß die älteren Wähler anteilsmäßig mehr Gewicht in der Wählerschaft haben als die jüngeren. Die Altersstruktur bei den Grünen ist im Vergleich zur Union genau umgekehrt. Überrepräsentiert sind die Grünen in den jüngeren Altersgruppen, vor allem bei den jungen Frauen. Natürlich ist es für die Union nicht schlecht, wenn sie bei den Altersgruppen, die prozentual und absolut größer werden, eine Mehrheit hat – ein Naturgesetz ist dies nicht. Man muß kein Genie sein, um zu erkennen, welche

Bedeutung die Rentenpolitik für die Wahlchancen der Union hat.
Bedenklich für die Union bleibt dabei, daß ein heute 65jähriger, gemessen an einer durchschnittlichen Lebenserwartung von 78 Jahren, nur noch dreimal an Bundestagswahlen wird teilnehmen können. Ein heute 18jähriger wird dagegen im Lauf seines Lebens noch fünfzehnmal wählen können. Aus den Wahlanalysen geht zwar die Faustregel hervor: je älter die Wähler, desto eher wählen sie die Union, aber das gilt nur für heute und nicht für die Ewigkeit. Die Union muß also ein Interesse daran haben, bei jungen Menschen wieder mehr Sympathien zu gewinnen.

# Auf der Kippe

*Das Machtpatt zwischen Koalition und Bundesrat – Verluste der Union in den Bundesländern – der Bundesrat, das Machtzentrum der SPD – starke Ministerpräsidenten – die Bundesratsstrategie der SPD – CDU-Aufholjagd in den Ländern? – CDU ohne Koalitionspartner?*

*17. Oktober 1994:*
In der Präsidiumssitzung am Montag wird das Wahlergebnis diskutiert und analysiert. In der Nüchternheit der morgendlichen Beratung fällt den meisten die Erkenntnis wie Schuppen von den Augen, daß wir in einem Machtpatt gelandet sind. Dies betrifft nicht so sehr die knappe Mehrheit im Bundestag. Die spannende Frage ist ja nicht nur, ob mit einer Mehrheit von fünf Stimmen die Kanzlerwahl gelingen wird. Das eigentliche Problem ist das Verhältnis von Bundestagsmehrheit und Bundesratsmehrheit.
Die Vorteile einer konstitutionellen Monarchie, also einer Monarchie mit Verfassung und Parlament, hat Ende des 18. Jahrhunderts der Enzyklopädist Jean d'Alembert in ein symbolträchtiges Bild gekleidet. Als man sich in einem Pariser Salon über die Residenzen der europäischen Fürsten unterhielt, sagte er: »Am schönsten residiert der König von England, denn er hat zwei Häuser: das Oberhaus und das Unterhaus.« Nun ist Helmut Kohl kein Monarch, und er will – nehme ich einmal an – sicher auch keiner sein, wobei manche Journalisten sich ihr höfisches Getue sparen könnten. Aber auch er hat am schönsten regiert, als in den achtzi-

ger Jahren die Koalition sowohl im Bundestag als auch im Bundesrat eine ausreichende Mehrheit hatte. Dies hat sich nun grundlegend geändert. Im Bundestag ist die Mehrheit wackelig, auf jeden Fall knapp geworden. Im Bundesrat hatten die von der SPD geführten Länder schon vor der Bundestagswahl eine Mehrheit.
Gestern aber ist die Situation brisant geworden, weil bei den Landtagswahlen in Mecklenburg-Vorpommern und in Thüringen, die gleichzeitig mit der Bundestagswahl stattgefunden haben, die CDU ihren liberalen Koalitionspartner verloren hat. In beiden Ländern haben nun, wie in Sachsen-Anhalt, Sozialdemokraten und PDS eine rechnerische Mehrheit. Die Grünen sind in Erfurt und Schwerin nicht mehr im Parlament vertreten. In beiden Ländern kann es also entweder eine SPD/PDS-Regierung oder eine große Koalition geben, selbstverständlich mit einer Klausel im Koalitionsvertrag, die festlegt, daß sich die Partner bei strittigen Fragen im Bundesrat der Stimme enthalten. Da Enthaltungen im Bundesrat als Neinstimmen gewertet werden, kann bei großen Koalitionen in den beiden Ländern eine Zweidrittelmehrheit gegen Beschlüsse des Bundestags, also der Regierungskoalition, zustande kommen. In diesem Fall können die Sozialdemokraten nicht nur die zustimmungspflichtigen, sondern auch die nicht zustimmungspflichtigen Gesetze blockieren.

Im November sind dann tatsächlich in Thüringen und Mecklenburg-Vorpommern große Koalitionen mit entsprechenden Bundesrats-Vereinbarungen gebildet worden.

Die dramatische Situation der Koalition wird anschaulich, wenn man einmal die Fahrtstrecke zwischen meinem

Wohnort Gleisweiler und Bonn »geopolitisch« untersucht: Von Gleisweiler in der Südpfalz aus gibt es eine Autoroute nach Bonn, die zwar nicht die kürzeste ist, dafür aber über Strecken führt, die von größeren Staus selten betroffen sind. Man fährt bei Edenkoben auf die A 65 bis zum Kreuz Mutterstadt, dann weiter auf der A 61 bis zum Kreuz Frankenthal, wechselt dort auf die A 6 und fährt beim Viernheimer Dreieck weiter auf der A 67 über die A 5 auf die A 3 bis zum Autobahnkreuz Bonn/Siegburg und biegt dort ab nach Bonn. Wenn ich diese Strecke zum Beispiel im August 1987 benutzt habe, bin ich dabei vom CDU/FDP-regierten Rheinland-Pfalz über einen nördlichen Zipfel von Baden-Württemberg, wo die CDU mit absoluter Mehrheit regierte, durch das von CDU und FDP regierte Hessen und noch einmal durch Rheinland-Pfalz in die SPD-Enklave Nordrhein-Westfalen gefahren. Von dort aus hätte es über das CDU/FDP-geführte Land Niedersachsen nach Kiel in Schleswig-Holstein weitergehen können, wo die CDU ebenfalls mit der FDP in der Regierungsverantwortung war. Legte man heute dieselbe Strecke zurück, geht es vom SPD/FDP-regierten Rheinland-Pfalz über das schwarz-rote Baden-Württemberg, das rot-grüne Hessen in das nach wie vor von der SPD allein regierte Nordrhein-Westfalen, dann weiter nach Niedersachsen und Schleswig-Holstein, wo die SPD ebenfalls mit absoluten Mehrheiten regiert. Im August 1987 hatte die CDU in fünf der sechs genannten Bundesländer den Ministerpräsidenten gestellt, während es heute umgekehrt fünf Sozialdemokraten sind, die in diesen Ländern regieren, und im sechsten Land, Baden-Württemberg, regiert die SPD mit.

Am Beispiel der Mehrheitsverhältnisse in den Bundesländern und damit auch im Bundesrat läßt sich am anschaulichsten zeigen, welche dramatischen Verluste die Union in den vergangenen Jahren hinnehmen mußte. Von insgesamt 68 Sitzen im Bundesrat – Stand Anfang 1995 – hat die Union gerade noch zehn, nämlich die sechs Sitze Bayerns und die vier des Freistaats Sachsen, wo die CSU beziehungsweise die CDU jeweils mit absoluter Mehrheit regieren. Weitere 17 Sitze entfallen auf Länder, in denen die CDU zwar den Ministerpräsidenten stellt, aber die Regierungsverantwortung mit der im Bund oppositionellen SPD teilen muß: Baden-Württemberg, Berlin, Mecklenburg-Vorpommern und Thüringen. Im Gegensatz dazu kommen auf die von den Sozialdemokraten mit absoluter Mehrheit regierten Länder Brandenburg, Niedersachsen, Nordrhein-Westfalen, Saarland und Schleswig-Holstein 23 Sitze, dazu weitere 18 Sitze auf von SPD-Ministerpräsidenten geführte Koalitionsregierungen in Bremen, Hamburg, Hessen, Rheinland-Pfalz und Sachsen-Anhalt. 41 von insgesamt 68 Sitzen, also knapp zwei Drittel, entfallen auf SPD-regierte Länder, dazu kommen 17 weitere Sitze der Länder Baden-Württemberg, Berlin und jetzt auch Thüringen und Mecklenburg-Vorpommern mit großen Koalitionen. Die SPD kontrolliert direkt oder indirekt 58 der 68 Sitze im Bundesrat, das heißt weit über zwei Drittel.

Die FDP fällt als mögliches Korrektiv zugunsten der Bonner Regierungskoalition im Bundesrat praktisch aus, da sie lediglich in zwei SPD-geführten Landesregierungen vertreten ist, die über insgesamt 7 Stimmen verfügen: Rheinland-Pfalz und Bremen. Die 10 von 68 Sitzen, die die Union als Landesregierungspartei ohne Koalitionspartner innehat, entfallen darüber hinaus auf zwei recht eigenwillige Freistaaten, nämlich Sachsen und Bayern, die noch stärker als andere Bundesländer föderalistische Prinzipien vertreten und immer mal wieder dafür sorgen, daß in Bonn keine zentralistischen Euphorien hochkommen.

*23. November 1994:*
Helmut Kohl weist in seiner Regierungserklärung auf diese Situation hin und sagt, daß die vom Grundgesetz festgelegte Mitwirkung der Länder bei der Gesetzgebung und Verwaltung durch den Bundesrat nicht nur Rechte vermittle, sondern auch die Pflicht bedeute, das Wohl des Ganzen zu fördern.
Es ist klar, daß Rudolf Scharping in seiner Rede zur Regierungserklärung eine harte Opposition ankündigt und daß er sich, wie er sagt, mit aller Kraft, mit aller Vernunft und auch mit aller Leidenschaft gegen die Regierungspolitik stellen will. Und er betont, daß er dafür alle Möglichkeiten, die vorhanden seien, nutzen werde. Er zählt dazu nicht nur den Deutschen Bundestag mit der starken Minderheit der Oppositionsparteien, sondern er nennt ausdrücklich den Bundesrat, wobei er sich aber dagegen verwahrt, daß die Länderkammer ein parteipolitisches Blockadeinstrument sei. Darin stimme er mit der Regierung überein. Aber er unterstreicht, daß die SPD infolge ihrer Regierungsverantwortung in vierzehn Landesregierungen eine ungewöhnlich starke Stellung habe, die sie konstruktiv nutzen werde. Er könne die Regierung auch durch die gemeinsamen Gremien von Bundestag und Bundesrat bekämpfen. Damit dürfte er vor allem den Vermittlungsausschuß gemeint haben, aber auch alle Gremien, in denen Bundestag und Bundesrat zusammengespannt sind, wie zum Beispiel die Richterwahlausschüsse.
Wenn man die Mehrheitsverhältnisse in den Ländern und der Bonner Länderkammer betrachtet, ist es kein Wunder,

daß Gerhard Schröder vom Bundesrat bereits als möglichem neuem »Machtzentrum« der Sozialdemokratie schwärmt und offenbar Hannover anstelle Münchens als neue »heimliche Hauptstadt« ins Auge faßt. Alle Macht den Räten, denkt wohl Genosse Schröder.

Es wird den Sozialdemokraten allerdings nicht immer und nicht ohne interne Auseinandersetzungen gelingen, alle von ihnen geführten Länder unter einen Hut zu bringen, wie es sich zum Beispiel 1993 bei der Abstimmung über den Solidarpakt gezeigt hat, als Brandenburg im Bundesrat aus der SPD-Phalanx ausgeschert ist. Die landespolitische Jakke ist manchem Ministerpräsidenten oft näher als die bundespolitische Hose, und deshalb frißt der sozialdemokratische Teufel in der Not auch einmal christdemokratische Fliegen, wie man aus Erfahrung weiß. Das gilt auch umgekehrt über Kreuz.

Wenn sie klug ist, wird die SPD nicht zu jeder Vorlage der Bundesregierung nein sagen, weil eine sozialdemokratische Dauerblockade nicht ansehensfördernd wäre. Und: Sie kann zwar nein sagen, aber selbst nichts Konstruktives durchsetzen, weil ihr die Mehrheit im entscheidenden Verfassungsorgan, dem Bundestag, fehlt.

Allerdings hat die Parteipolitisierung des Bundesrats eine lange Tradition. Die Union befand sich Mitte der siebziger Jahre, nachdem sie im Oktober 1976 bei der Bundestagswahl nur knapp die absolute Mehrheit verfehlt hatte, in einer der SPD heute vergleichbaren Situation. Die sozialliberale Koalition von SPD und FDP besaß im Bundestag eine Mehrheit von zehn Stimmen, während die unionsregierten Länder im Bundesrat die Mehrheit hatten, wenn auch nicht mit zwei Dritteln. Klugerweise haben CDU und CSU damals nicht versucht, den Bundesrat als parteipolitisches Obstruktions- und Blockadeinstrument auszunutzen. Das hätte der föderalistischen Grundposition der Unionsparteien auch nicht entsprochen. Aber sie versuchten, Entscheidungen der Regierungskoalition in Bonn zu beeinflussen und zu korrigieren, in vielen Fällen mit Erfolg. So gelang es, einerseits gegenüber der Bevölkerung Regierungsfähigkeit zu signalisieren, ohne andererseits zuviel Profil zu verlieren. Dies ist vor allem dem damaligen schleswig-holsteinischen Ministerpräsidenten Gerhard Stoltenberg zu verdanken, der die Stimmführerschaft der CDU/CSU-Ministerpräsidenten innehatte, und wurde auch durch den Umstand gefördert, daß die maßgeblichen Leute in beiden Lagern, nämlich Helmut Schmidt als SPD-Bundeskanzler und Gerhard Stoltenberg als Sprecher der CDU/CSU-regierten Länder, jeden Freitag nachmittag gemeinsam nach Hamburg ins Wochenende flogen; nach kürzeren oder längeren Gesprächen fuhr dann der eine vom Hamburger Flughafen nach Kiel und der andere nach Bergedorf weiter.

Die parteipolitische Orientierung des Bundesrats hat aber auch ihre Vorteile, weil dadurch Länderegoismen nicht so zum Tragen kommen können, wie dies der Fall wäre, wenn keine übergreifende politische Leitlinie vorhanden wäre.

Das Gegenbeispiel ist der Ministerrat der Europäischen Union. In ihm wird nach wie vor überwiegend nach nationalen Interessen entschieden. Vieles, was aus Brüssel an Ärgerlichem auf die EU-Länder zukommt, ist nicht das Ergebnis von zuviel Europa, sondern von zuwenig Europa. Die nationalen Egoismen im Ministerrat und im Europäischen Parlament können nur überwunden werden, wenn die europäischen Entscheidungen politisiert werden. Das heißt, daß nicht mehr überwiegend nach Länderinteressen, sondern nach übergeordneten politischen Leitlinien abgestimmt wird. Christlich demokratische oder konservative oder sozialdemokratische Gesichtspunkte müssen bei den Entscheidungen in der Europäischen Union wichtiger werden als nationale Egoismen.

Das Opponieren war auch nach der Bundestagswahl 1976 für die Unionsfraktion keine leichte Sache, trotz des nur knappen Stimmenvorsprungs der sozialliberalen Koalition und eigener Mehrheit im Bundesrat. Helmut Kohl und die Fraktion hatten es nämlich mit einer ganzen Riege von starken und eigenwilligen Ministerpräsidenten zu tun. Es waren profilierte Persönlichkeiten mit großem Rückhalt in der Bevölkerung: Gerhard Stoltenberg in Schleswig-Holstein, Ernst Albrecht in Niedersachsen, Bernhard Vogel in Rheinland-Pfalz, Franz-Josef Röder und später Werner Zeyer im Saarland, Hans Filbinger und danach Lothar Späth in Baden-Württemberg, Alfons Goppel und später Franz Josef Strauß in Bayern.

Wenn man die Situation der Union nach der Bundestagswahl 1976 mit der der SPD nach der Bundestagswahl 1994 vergleicht, ähneln sich die Bilder in mehrfacher Weise. Auch diesmal hat mit Rudolf Scharping ein rheinland-pfälzischer Ministerpräsident sein Amt aufgegeben, um als Oppositionsführer nach Bonn zu gehen. Auch diesmal gewann die unterlegene Partei bei der Bundestagswahl Stimmen hinzu, scheiterte aber an der Regierungsmehrheit nur knapp (PDS und Grüne eingerechnet). Auch diesmal verfügt die Bonner Regierungskoalition nur über zehn Sitze mehr im Bundestag als die Opposition, die allerdings im Gegensatz zu damals aus drei Gruppierungen besteht. Auch diesmal verfügt die größte Oppositionspartei im Bundestag durch die von ihr regierten Länder über ein klares

Übergewicht in der Länderkammer. Auch diesmal hat es der Chef der größten Oppositionsfraktion und -partei in Ämterunion wie seinerzeit Helmut Kohl mit – auch innerparteilich – starken und eigenwilligen Ministerpräsidenten zu tun. Das gilt besonders für Oskar Lafontaine, der von einer neuen Kanzlerkandidatur noch längst nicht Abschied genommen hat und seine Rolle als einer der Vorsitzenden des Vermittlungsausschusses entsprechend zu nutzen versuchen wird, wie auch für Gerhard Schröder, der vor wuchtigen Interventionen nicht zurückschreckt, selbst wenn es von Singapur aus sein muß, wo er die Verfassungsklage Niedersachsens gegen das Bundeswahlgesetz angekündigt hat. Stark ist auch die Stellung Manfred Stolpes, vor allem in Ostdeutschland, der Scharping bei seinen Abgrenzungsversuchen gegenüber der PDS kräftig in die Parade fuhr und einen »softeren« Beschluß im SPD-Vorstand durchsetzen konnte. Auch Johannes Rau muß man in diese Reihe stellen, wobei dieser jedoch eher an Harmonie- denn an Streitsucht leidet. Über Einfluß verfügen auch Klaus Wedemeier und Henning Voscherau, aber weniger aufgrund parteiinterner Bataillone oder eines großen Bekanntheitsgrades als vielmehr wegen ihrer langjährigen Regierungserfahrung und inhaltlichen Nähe zu Scharping, der Bündnispartner in den Ländern braucht. Welche Rolle die Regierungschefs Hans Eichel, Reinhard Höppner und Kurt Beck sowie die schleswig-holsteinische Ministerpräsidentin Heide Simonis einnehmen werden, steht noch dahin. Was Eichel angeht, so heißt der hessische Ministerpräsident bei Erscheinen dieses Buches ja vielleicht schon Manfred Kanther. Das hoffe ich wenigstens.

Die Sozialdemokraten verfügen heute über einen vergleichbaren operativen Unterbau wie die Union in den siebziger

Jahren, über den das Vorfeld für einen Wechsel im Bund bestellt werden könnte. Sie werden es ebenso wie damals CDU und CSU nicht leicht haben, die richtige Position zu finden zwischen den Polen der Obstruktion unter hundertprozentiger Wahrung des Eigenprofils einerseits und der Kooperation unter Kompromißzwang mit Profilverlusten andererseits. Viele weitreichende und wichtige Entscheidungen werden in der neuen Legislaturperiode fallen, an denen auch der Bundesrat beteiligt ist, zum Beispiel in der Steuer-, der Sozial-, der Gesundheits- und der Umweltpolitik. Stellen sich die Sozialdemokraten stur, wird die Union relativ leichtes Spiel haben, sie als Blockierer, Fortschrittsverhinderer und Eigensüchtler zu brandmarken. Gehen die Sozialdemokraten Streit möglichst aus dem Weg, um vielleicht staatstragend zu wirken, verlieren sie an Unterscheidbarkeit und riskieren heftige innerparteiliche Konflikte.
Damit ist der Boden beschrieben, auf dem sich die zukünftigen Auseinandersetzungen zwischen Regierungskoalition und Opposition, Bundestagsmehrheit und Bundesratsmehrheit abspielen werden.
Wird es der CDU gelingen, die Mehrheitsverhältnisse im Bundesrat wieder zu ihren Gunsten zu verändern? Da in Niedersachsen, Brandenburg, Mecklenburg-Vorpommern, Sachsen-Anhalt, Thüringen, Bayern und Sachsen aller Voraussicht nach erst 1998 und im Saarland 1999 gewählt werden wird, scheiden diese Länder aus der kurzfristigen Betrachtung aus. Sachsen-Anhalt wäre eine mögliche Ausnahme, da die dortige PDS-geduldete rot-grüne Regierung auf wackligen Beinen steht. Gleiches gilt für Mecklenburg-Vorpommern, wo die Union über keine strategische Mehrheit verfügt und die dortige SPD doch noch der PDS-Versuchung nachgeben könnte, der sie sich einstweilen mehr

*par ordre du mufti* aus Bonn denn aus Überzeugung versagt hat.
Eine erste Chance für eine erfolgreiche Aufholjagd in den Ländern wird die Union am 19. Februar 1995 bei der Landtagswahl in Hessen gehabt haben. Über deren Ausgang werden die Leser dieses Buches erheblich mehr wissen als sein Verfasser, der diese Zeilen im Januar 1995 zu Papier bringen mußte.
Auch die Landtagswahl in Nordrhein-Westfalen ist für die Union eine Chance zum Wechsel. Die SPD regiert dort seit 1980 mit absoluter Mehrheit, ist aber in den Augen vieler Beobachter abgenutzt und zeigt erhebliche Schwächen. Dies gilt vor allem für die wirtschaftliche Infrastruktur und die hohe Arbeitslosenquote. Der Ministerpräsident Johannes Rau verdeckt mit seiner großen Popularität diese Defizite immer weniger. Der Abstand von 13,3 Prozent zwischen CDU und SPD bei der letzten Landtagswahl 1990 ist allerdings groß.

Zudem hat sich die nordrhein-westfälische FDP, die 1990 5,8 Prozent erzielte, durch eine rein personal- und nicht inhaltsbezogene Zerreißprobe an den Rand der politischen Existenz gebracht. Wenn man den Worten ihres Spitzenkandidaten Achim Rohde Glauben schenkt, wäre die FDP in Nordrhein-Westfalen ohnehin eher zu einer Koalition mit der SPD als mit der CDU bereit, falls die Liberalen die Fünf-Prozent-Klausel überwinden. Interessant ist ein Blick auf das Ergebnis der nordrhein-westfälischen Kommunalwahl vom 16. Oktober 1994, bei der die CDU mit 40,3 Prozent und die Grünen mit 10,2 Prozent zusammengenommen über 50 Prozent der Stimmen erzielen konnten und damit bei einer Wahlbeteiligung von über 80 Prozent gut acht

Prozent vor den Sozialdemokraten liegen. Inzwischen gibt es in vielen nordrhein-westfälischen Kommunen schwarz-grüne Mehrheiten. Das ist auch ein Verdienst des Generalsekretärs der nordrhein-westfälischen CDU, Herbert Reul, der sich erfolgreich bemüht hat, das schwarz-grüne Verhältnis zu entkrampfen.

Eine schwarz-grüne Mehrheit in Nordrhein-Westfalen ist zwar nicht wahrscheinlich, aber auch nicht unmöglich. Die Grünen müßten es sich in diesem Fall genauso wie die CDU gut überlegen, ob sie die vielleicht einmalige Chance verstreichen lassen, die Sozialdemokraten abzulösen und Nordrhein-Westfalen eine Reformperspektive mit einem neuen Regierungsbündnis zu eröffnen, obwohl nach wie vor gegenseitig innere Widerstände bestehen. Allerdings ziehen die Grünen in Nordrhein-Westfalen auf Landesebene bisher die rot-grüne Option vor. Ähnliches gilt für Bremen, wo 1995 ebenfalls gewählt wird. Allerdings wird es in der Hansestadt für die Union noch schwieriger als in Nordrhein-Westfalen sein, denn sie müßte die FDP und/oder die Grünen aus der regierenden Ampelkoalition herauslösen. Nach den schweren Verlusten der Berliner CDU bei der Bundestagswahl 1994 und dem gleichzeitigen dramatischen Anwachsen der PDS-Wählerschaft wird es für die CDU bei der Wahl zum Berliner Abgeordnetenhaus 1995 ebenfalls schwer werden, die jetzige große Koalition durch eine von ihr geführte kleine Koalition mit der FDP abzulösen, auch wenn die CDU und die Liberalen derzeit über insgesamt 118 der 241 Sitze im Parlament verfügen. Die wahrscheinlichere Perspektive scheint die Fortsetzung der großen Koalition zu sein. Eine rechnerische Mehrheit von SPD, PDS und Grünen oder sogar von SPD und PDS allein ist aber nicht auszuschließen. Dann würde der vom

SPD-Bundesvorstand wenige Stunden vor dem Nikolaustag 1994 gefaßte Beschluß, auf der Länderebene mit der PDS nicht zu koalieren und zu kooperieren, erstmals auf eine ernsthafte Belastungsprobe gestellt werden, vor allem wenn der Bürgermeisterkandidat der Sozialdemokraten Walter Momper heißen sollte. Er gehört in der SPD zu denen, die sich durch große Nachsicht gegenüber dem SED-Regime einen Namen machten; bisweilen pflegte er sogar vom »Volk der DDR« zu sprechen, was ihn am Tag des Mauerfalls nicht daran hinderte, einen Satz zu prägen, der um die ganze Welt ging: »Das deutsche Volk ist heute das glücklichste Volk der Welt.« Dem »Wandel durch Annäherung« der SPD an die SED-Nachfolgepartei unter den neuen Bedingungen der Einheit und der Demokratie steht Momper wohl aufgeschlossener gegenüber als der SPD-Chef in Bonn, der die PDS im Bundestagswahlkampf als »Misthaufen« bezeichnet hat.

Sollte sich die SPD in irgendeiner Weise in Berlin mit der PDS einlassen, wäre das ein neuer Auftakt im Streit um die Bundeshauptstadt und den Umzug von Regierung und Parlament. Viele Bundestagsabgeordnete werden es als schwierig ansehen, in eine von Sozialdemokraten und Kommunisten regierte Hauptstadt umzusiedeln.

Auch 1996 mit Wahlen in Baden-Württemberg, Schleswig-Holstein und Rheinland-Pfalz eröffnen sich Chancen für die Union. Die große Koalition in Baden-Württemberg könnte von einer kleinen Koalition unter CDU-Führung abgelöst werden, falls es die Union nicht sogar wider die Wahrscheinlichkeit schafft, acht bis zehn Prozent dazu- und damit ihre frühere absolute Mehrheit zurückzugewinnen. Aus heutiger Sicht stünde die FDP als Koalitionspartner in Stuttgart zur Verfügung, aber auch die Grünen lehnen eine Koalition mit den Christlichen Demokraten nicht grundsätzlich ab. In Schleswig-Holstein und Rheinland-Pfalz können die Mehrheiten der SPD- beziehungsweise SPD/FDP-Regierung 1996 fallen. Dabei gilt die Grundregel: Je vielfältiger die Koalitionsoptionen der Union, um so wahrscheinlicher wird dies der Fall sein.

Ein Blick auf die Konstellationen in den Ländern, nicht nur der Länderkammer allein, ist aufschlußreich, um die strategisch nicht einfache Lage der Union zu begreifen.
Die SPD ist in 14 von 16 Ländern in der Regierung, stellt in 10 von 16 Ländern den Regierungschef beziehungsweise die Regierungschefin, darunter sind 8 alte und 2 neue Bundesländer. In 5 von 16 Ländern regiert die Sozialdemokratische Partei mit absoluter Mehrheit, und aus vier dieser Länder kommen die innerparteilich gewichtigsten Ministerpräsidenten: Schröder, Lafontaine, Rau und Stolpe. In keinem Land, in dem die SPD in einer Koalition den Regierungschef stellt, befindet sie sich in derselben Konstellation: In Rheinland-Pfalz regiert sie mit den Liberalen, in Hamburg mit der STATT-Partei, in Hessen mit den Grünen, in Sachsen-Anhalt mit den Grünen und geduldet von der PDS, in Bremen mit einer Ampel-Koalition. Darüber hinaus ist sie in Baden-Württemberg, Berlin, Mecklenburg-Vorpommern und Thüringen Partner in CDU-geführten Regierungen.
Die Union ist in 6 von 16 Ländern an der Regierung und stellt jeweils den Regierungschef, davon vier in Ostdeutschland inklusive Berlin, zwei in Westdeutschland. In 2 der 16 Länder, Sachsen und Bayern, gibt es eine absolute Unionsmehrheit. In den vier anderen CDU-regierten Ländern ist die SPD der Partner. Eine Koalition mit der FDP auf Lan-

desebene gibt es seit dem 16. Oktober 1994 nicht mehr, ebenfalls keine mit anderen Partnern außer der SPD.
Die FDP regiert in 2 von 16 Ländern mit, jeweils in einer von der SPD geführten Regierung. In 7 von 16 Ländern ist sie noch im Landtag vertreten, mit Ausnahme Berlins jedoch nicht mehr in den neuen Ländern. Dort ist die Union zwar relativ stark, aber die FDP steht ihr nicht mehr als Partner zur Verfügung.
Die Grünen sind an 3 von 16 Landesregierungen beteiligt, sämtlich unter der Führung der SPD. In 11 der 16 Länder sitzen sie in den Landtagen, jedoch mit Sachsen-Anhalt und Berlin nur in 2 der neuen Bundesländer. Ebenso wie die FDP sind sie fast eine reine Westpartei geworden.
Bei der PDS verhält es sich umgekehrt. Sie ist einschließlich Berlin in allen Landesparlamenten in Ostdeutschland vertreten, in Sachsen-Anhalt ist sie inoffiziell an einer rot-grünen Minderheitsregierung beteiligt.
Das ist die Lage in den Ländern nach dem Superwahljahr 1994: Die Sozialdemokraten koalieren und kooperieren mit allen außer den Rechtsradikalen, die CDU koaliert mit niemandem außer ihrem Hauptgegner im Bund, der SPD. In den vier Ländern, in denen die Union mit den Sozialdemokraten zusammen regiert, bleibt ihr keine andere Möglichkeit: Rechnerisch mögliche kleine Koalitionen mit den Republikanern in Baden-Württemberg (dort sind Koalitionsgespräche mit den Grünen gescheitert), mit der PDS, den Grünen, der FDP in Berlin, mit der PDS in Mecklenburg-Vorpommern und Thüringen scheiden aus politischen Gründen aus, die keiner weiteren Erläuterung bedürfen. In zwei neuen Ländern, Thüringen und Mecklenburg-Vorpommern, wäre eine Ablösung der unionsgeführten großen Koalition durch eine SPD/PDS-Kooperation

oder -Koalition rechnerisch jederzeit möglich. Selbst als größerer Partner in den großen Koalitionen kann die Union, von Baden-Württemberg einmal abgesehen, nicht aus einer Position der Stärke heraus handeln.

# Auf dünnem Eis - die Kanzlerwahl

*Nervöse Spannung - Möllemann gegen Kinkel - Spekulationen, Gerüchte, Verdächtigungen - Loyalität oder Gehorsam - Angst geht um - verzählt beim Zählappell - Kohl gewinnt - Kanzlerwechsel mitten im Strom?*

*19. Oktober 1994:*
Um 8.30 Uhr tagt der Fraktionsvorstand. Kanzlerwahl und Koalitionsverhandlungen stehen unter Zeitdruck. Es ist allen klar, daß es aus der Sicht Helmut Kohls notwendig ist, Kanzlerwahl und Regierungsbildung auf der einen Seite und die Koalitionsverhandlungen auf der anderen Seite vor dem Ende November stattfindenden Bundesparteitag der Christlich Demokratischen Union abzuschließen. Personaldiskussionen und Auseinandersetzungen über den Kurs der Partei wären unausbleiblich, wenn die Wahlen zum Bundesvorstand der CDU einschließlich der Wahl des Vorsitzenden stattfinden müßten, ohne daß vorher die Regierung gebildet ist. Der Zeitdruck kommt den Intentionen der Koalitionsparteien entgegen, sich nicht auf Einzelheiten festzulegen, sondern allgemein gehaltene Absichtserklärungen und Zielvorstellungen in den Koalitionsvereinbarungen zu formulieren. Immerhin ist bei diesen Bemühungen dann doch ein Papier mit insgesamt 41 Seiten herausgekommen von der Außenpolitik bis zum Ausländer- und Staatsangehörigkeitsrecht.
Helmut Kohl muß, um wieder Kanzler zu werden, 337 Stimmen auf sich vereinigen, die sogenannte Kanzlermehrheit,

also die Mehrheit der Mitglieder des Deutschen Bundestages. Die Koalition hat zusammen 341 Stimmen. Gäbe es die Überhangmandate nicht, hätten Union und FDP gemeinsam gerade so viele Abgeordnete gehabt, wie zur Wahl des Kanzlers erforderlich ist.

Wegen der Überhangmandate hat das Land Niedersachsen etwas später eine Klage beim Bundesverfassungsgericht eingereicht. Die Union wird im Gegenzug mit einer Verfassungsklage die Bestimmung anfechten, daß eine Partei mit drei Direktmandaten in den Bundestag kommt, obwohl sie die Fünf-Prozent-Klausel nicht überschritten hat.

Die beiden verfassungsrechtlichen Bedenken wiegen unterschiedlich schwer, wenn man von dem Grundsatz der Verfassung ausgeht, daß jede Stimme gleich viel wert ist. Die Chance der drei Direktmandate steht jeder Partei offen. Die Überhangmandate jedoch sind ein willkürliches Ergebnis der Spaltung der Abgeordneten in Listen-Abgeordnete und solche, die ein Direktmandat errungen haben. Diese Trennung ist von der Verfassung nicht vorgeschrieben. Unter verfassungsrechtlichen Gesichtspunkten ist jedoch die Tatsache, daß eine Partei mit mehr Abgeordneten im Bundestag vertreten ist, als ihr aufgrund der abgegebenen Stimmen zukommt, deswegen von gravierender Bedeutung, weil sie den Grundsatz der gleichen Wahl verletzt. Das Bundesverfassungsgericht hatte im Jahr 1988 Überhangmandate für unbedenklich erklärt, solange sie das Wahlergebnis nur unwesentlich beeinflussen. Damals ging es um ein Überhangmandat. Bei insgesamt vierzehn Überhangmandaten kann die Beurteilung durch das Bundesverfassungsgericht anders ausfallen.

Die Klage Niedersachsens hat natürlich eine politische Bedeutung. Niedersachsen und damit die SPD wollen demonstrieren, daß die Mehrheit der Koalition möglicherweise verfassungswidrig und die Kanzlerwahl infolgedessen verfassungspolitisch fragwürdig ist. Es soll außerdem in der Öffentlichkeit der Eindruck erweckt werden, die Bundesregierung verfüge über keine klare Mehrheit. In die gleiche Richtung zielt der SPD-Vorschlag, das Bundestagspräsidium auf fünf Stellvertreter zu erweitern, was ein Patt zwischen Koalition und Opposition im Bundestagspräsidium bewirkt hätte.

*26. Oktober 1994:*
Präsidiumssitzung. Es ist deutlich zu spüren, daß Nervosität um sich greift. Der Termin der Kanzlerwahl wird zunächst für die erste Sitzungswoche im November in Berlin geplant, bei der auch das Bundestagspräsidium gewählt werden soll.
Von diesem Plan wird später wieder Abstand genommen. Helmut Kohl und andere wollen die Kanzlerwahl nicht in Berlin durchführen. Man hat Angst vor Zufälligkeiten. Dies betrifft vor allem die Präsenz der Abgeordneten am Tag der Kanzlerwahl. Wie sich später herausstellen sollte, ist dies eine weise Entscheidung.
Solche Überlegungen werden ja nur deswegen angestellt, weil es auf eine Stimme ankommen kann und bei 672 Abgeordneten ein oder zwei unglückliche Zufälle nicht ausgeschlossen werden können. In Berlin gibt es in näherer und weiterer Umgebung des Reichstagsgebäudes eine Fülle von Lokalen und Bierkneipen jeder Schattierung. Am Vorabend der Bundespräsidentenwahl 1969 fand die Polizei den späteren Postminister Kurt Gscheidle, in einer Blutlache liegend, im Rinnstein des Stuttgarter Platzes. Das kann auch einem von uns passieren, heißt es in der Fraktion. In Bonn

ist die Lage überschaubarer. Die gesellschaftliche Isolierung der Abgeordneten im Regierungs- und Parlamentsviertel wird diesmal als Vorteil betrachtet.
Die Kanzlerwahl wird also auf die dritte Novemberwoche verschoben. Voraussetzung ist allerdings, daß die Koalitionsverhandlungen abgeschlossen werden.

*22. Oktober 1994:*
Die Auseinandersetzungen innerhalb der FDP werden immer hektischer und bösartiger. Der Streit zwischen dem Bundesaußenminister und Parteivorsitzenden Kinkel und dem FDP-Landesvorsitzenden Jürgen Möllemann spitzt sich zu. Möllemann bringt sich für einen Ministerposten ins Gespräch. Dann wird er aggressiv und greift Kinkel in der Öffentlichkeit an.
In der FDP beginnt auch eine Diskussion wegen der Kanzlerwahl. Es gibt heftige Auseinandersetzungen zwischen einzelnen Präsidiumsmitgliedern. Der baden-württembergische Landesvorsitzende Roland Kohn wirft im Präsidium der FDP Möllemann Egoismus vor; der frühere Vorsitzende der Liberalen in Hamburg, Robert Vogel, bezeichnet Möllemann als einen »großen Intriganten«; Hildegard Hamm-Brücher sieht Möllemanns Zeit »abgelaufen«, er habe von Anfang an immer nur »gestänkert«. Auf der anderen Seite behauptet der Fraktionsvorsitzende der FDP im Landtag von Nordrhein-Westfalen, Rohde, Kinkel wolle aus der FDP einen Vizekanzler-Wahlverein machen; er spricht von programmatischer Leere der Bonner Ministerriege. Diese Auseinandersetzungen dringen in die Öffentlichkeit.
Der Ehrenvorsitzende der FDP, Graf Lambsdorff, sagt, die FDP wäre am Ende, wenn aus ihren Reihen Kohl nicht ge-

wählt werden würde. Er sähe zwar keinen Abgeordneten, der Kohl nicht wählen wolle, aber er warne davor, den Kanzler nicht zu unterstützen. Wer dies tue, müsse wissen, daß »er der Partei den Todesstoß versetzen würde«. Bei dieser Gelegenheit beschwört Lambsdorff eine neue Art von Stärke für die Liberalen, die darin bestehe, daß die FDP im Bundestag zwar zahlenmäßig kleiner geworden sei, aber innerhalb der Koalition nicht schwächer, weil die Union ihr Wahlziel, nämlich die strategische Mehrheit, verfehlt habe; es könne auch ohne Union regiert werden. Das ist nichts anderes, als mit der Möglichkeit einer Ampelkoalition zu drohen.

*25. Oktober 1994:*
Der vorläufige Höhepunkt der Auseinandersetzung ist der Rücktritt des Landesvorstandes der FDP in Nordrhein-Westfalen. Diesem Rücktritt war ein Mißtrauensvotum gegen Möllemann vorausgegangen, das für ihn überraschend kam. Als Möllemann nach heftiger Kritik an ihm daraus keine Konsequenzen zieht und der Aufforderung, das Amt des Landesvorsitzenden niederzulegen, nicht nachkommt, tritt der gesamte Landesvorstand zurück. Es wird ein Sonderparteitag anberaumt, auf dem ein neuer Landesvorsitzender gewählt werden soll.

*26. Oktober 1994:*
Nachdem sich Möllemann nach der Landesvorstandssitzung ziemlich angeschlagen gezeigt hatte, scheint er schon wieder Fuß zu fassen. Auf einer Sitzung der Kreisparteivorsitzenden und anderer Kommunalpolitiker der FDP in Nordrhein-Westfalen bekommt er Unterstützung gegenüber seinem schärfsten Kritiker und Herausforderer,

nämlich dem Staatssekretär im Bildungsministerium, Schaumann. Möllemann erklärt wenige Tage später, daß er auf dem Sonderparteitag wieder für den Vorsitz kandidieren wolle. Er will eine Mitgliederbefragung, setzt sich damit aber im Landesvorstand nicht durch. Möllemann bleibt nicht nur im Gespräch, sondern es scheint so, als habe er reelle Aussichten, auf dem Parteitag auch wiedergewählt zu werden.

Gleichzeitig steht die Frage, wer von der FDP als Vizepräsident für den Bundestag nominiert wird. Die Auseinandersetzung spielt sich ab zwischen Bauministerin Irmgard Schwätzer, der offenbar von Kinkel bedeutet worden war, daß sie für ein Ministeramt nicht mehr in Frage komme, und dem Innenpolitiker Burkhard Hirsch. Am 9. November, dem Schicksalstag der Deutschen, am Vorabend der Wahl des Bundestagspräsidiums, entscheidet sich die Landesgruppe der Liberalen in Nordrhein-Westfalen mit sechs zu fünf Stimmen für Burkhard Hirsch. Daraufhin resigniert Frau Schwätzer und legt alle ihre Ämter nieder, auch das der stellvertretenden Parteivorsitzenden. Darf man wegen einer solch knappen Wahl in einer Landesgruppe so reagieren? Daran sind Zweifel erlaubt.

Ich treffe Frau Schwätzer am 10. November, nach der Wahl des Bundestagspräsidiums, im Reichstagsgebäude. Ich habe zu ihr immer ein gutes Verhältnis gehabt. Sie war am Anfang der Koalition Kohl-Genscher Generalsekretärin der FDP. Sie ist jetzt auf der einen Seite deprimiert, aber auf der anderen Seite auch voller Aggressionen und fühlt sich erneut als Opfer der Männer in der FDP, vor allem von Jürgen Möllemann, will aber noch einmal einen neuen Anfang machen. Ich treffe sie am 24. November, während der Bundestagsdebatte über die Regierungserklärung, noch einmal. In mehreren Zeitungen war die Nachricht kolportiert worden, Irmgard Schwätzer sei als neue Botschafterin in Paris vorgesehen. Ich frage sie, was an diesen Meldungen dran sei. Sie sagt, das werde von ihren Gegnern lanciert, man müsse sehen, woher diese Meldungen kämen, nämlich aus dem Außenministerium. Sie hat dann nach einem relativ kurzen Gespräch, wir waren auch nicht allein, den Besprechungsraum verlassen mit der Bemerkung, sie sei selbständig und nicht von der Politik abhängig.

Die Kanzlerwahl wird durch diese heftigen Personalstreitigkeiten nicht sicherer. Es gibt in diesem Zusammenhang eine weitere Überlegung: Der Bundeskanzler muß alles vermeiden, was die eigenen Leute verprellen könnte. Daher werden keine konkreten Pläne über die Zusammensetzung des neuen Kabinetts bekannt. Dafür gibt es aber um so mehr Gerüchte über Absagen und Zusagen.

Die Bestrebungen, die »Truppe« beieinanderzuhalten, waren nicht zu übersehen. Die Freundlichkeiten für mögliche Dissidenten oder für solche, die man früher als Außenseiter beschimpft hatte, häuften sich, sie wurden behandelt wie rohe Eier.

Das Thema wird in der Presse hochgespielt, vor allem in den Boulevardblättern. In der »Bild-Zeitung« erscheint eine Serie von Verdächtigungen gegenüber Mitgliedern der CDU/CSU-Bundestagsfraktion. Auch ich werde als tickende »Rachebombe« genannt. Ich schreibe an die Redaktion einen saugroben Brief, der aber nur zur Hälfte abgedruckt wird.

Interessant an den Auseinandersetzungen, Spekulationen und Diskussionen ist aber gar nicht die Frage, ob es bei einer solchen geheimen Abstimmung Leute gibt, die irgendwelche Rechnungen begleichen wollen. Das wird man nie ausschließen können. Außerdem kann es ja auch sein, daß jemand aus Überzeugung Helmut Kohl nicht wählen will. Es kann auch passieren, daß zehn, zwanzig Abgeordnete der Fraktion zur Auffassung gekommen sind, man müsse einen neuen Anfang machen und die große Koalition einleiten, indem man Helmut Kohl abwählt. Ich lehne solche Überlegungen nicht nur für mich, sondern auch im Gespräch mit anderen ab, und zwar aus zwei Gründen: Ich halte die Sozialdemokraten im Moment für weniger koalitionsfähig als die Liberalen, und zweitens gibt es zu Helmut Kohl bei aller berechtigten Kritik keine überzeugende Alternative. Dies gilt vor allem für die Außen- und die Europapolitik.

Interessant ist, daß nicht nur in der Partei, was man verstehen kann, sondern in der gesamten deutschen Publizistik und Öffentlichkeit der Gedanke, ein amtierender Kanzler könne sozusagen aus dem Stand vom Parlament abgewählt werden, als dramatisch, ja geradezu entsetzlich angesehen wird. Darüber braucht man sich allerdings nicht zu wundern. Hier hat sich in den vergangenen Jahren das Bewußtsein verändert: Viele Journalisten, nicht wenige Delegierte, auch manche Abgeordnete verwechseln Parteitage und Fraktionssitzungen mit Erbauungsstunden und Andachtsübungen.

Wenn dann auch noch Demutsbezeugungen und *standing ovations* die Regel werden, müssen die Abgeordneten eben auch damit rechnen, daß die Öffentlichkeit sie im umgekehrten Fall, wenn nämlich Götter zu stürzen drohen, als eine Bande von Postenjägern betrachtet, denen alles zuzutrauen ist. In der Politiker- und Journalistenklasse in Bonn und Berlin ist in den letzten Jahren die Reihenfolge der Loyalitäten auf den Kopf gestellt worden. Die Loyalität zu Personen stehe an erster Stelle, so wird gesagt und verbrei-

tet. Dies muß aber im Personenkult und in germanischer Gefolgschaftstreue enden.
Es ist nur in Deutschland möglich, daß ein Regierungswechsel oder der Sturz einer Regierung sich in der öffentlichen Meinung nur marginal von einem Königsmord unterscheidet und ein verfassungsrechtlich einwandfreier Regierungswechsel mit einer Verratskampagne beantwortet wird. Als Helmut Schmidt im Oktober 1982 nach einem konstruktiven Mißtrauensvotum aus dem Amt gehen mußte und Helmut Kohl gewählt worden war, inszenierte die Sozialdemokratische Partei vierzehn Tage vor der Landtagswahl in Hessen eine Verratskampagne. Sie war eine Art modernistische Aufführung des Nibelungendramas mit Starbesetzung: Helmut Schmidt in der Rolle des Siegfried (er hatte allerdings nicht nur eine Schwachstelle), Hans-Dietrich Genscher als Hagen und Otto Graf Lambsdorff als Brunhilde. Prompt haben wir die Hessenwahl verloren.
Man darf Loyalität in der Politik nie mit Gehorsam oder Verpflichtung zum Personenkult verwechseln. Eine demokratische Partei unterscheidet sich von einer Führerbewegung dadurch, daß sie die Loyalitäten richtig ordnet. Ich sitze nicht im Parlament und bin Mitglied der CDU, weil Helmut Kohl oder ein anderer Parteivorsitzender ist, sondern weil ich mein Mandat als eine Berufung für mein Land empfinde und meine Partei die Überzeugungen, Ziele und moralischen Grundsätze vertritt, die auch ich für richtig halte. Man muß sich immer darüber im klaren sein, warum man in der Politik ist, warum man in der CDU ist und nicht in der SPD. Ich habe in meinem letzten Buch geschrieben: »Ich bin doch nicht einfach in die CDU hineingedackelt und bleibe als Dackel in ihr drin. Ich muß mir Rechenschaft ablegen, warum ich in einer Partei mitarbeite.«

Das ist der Kern der Loyalitätsfrage, die im Geist einer aufgeklärten Demokratie und nicht im Ungeist einer personenkultischen Abhängigkeit beantwortet werden muß. Meine erste Loyalität gehört dem Land und seinen Menschen. Die zweite Loyalität gilt den Grundwerten und den politischen Inhalten, für die ich zusammen mit meinen Freunden eintrete. Erst dann kommt die Loyalität zu Personen. Wenn ich diese Reihenfolge einhalte, dann kann ich meinen politischen Zielen und meiner Partei treu bleiben, auch wenn Personalentscheidungen gefällt werden, die ich nicht für richtig halte. Dann ist es auch nicht schwierig, einen Kanzler zu wählen, von dem mich das eine oder andere trennt. Die Hauptsache ist, daß die Grundsätze der Politik, die er vertritt, sich in Übereinstimmung befinden mit den Grundsätzen der CDU und mit den Interessen des Landes.
In der Partei wächst die Kritik an den minutenlangen *standing ovations* nach den Reden von Helmut Kohl auf Parteitagen. Viele wollen sich daran nicht mehr beteiligen und fühlen sich an andere Parteitage erinnert. Helmut Kohl selbst sollte dies abstellen. Der amerikanische Präsident Harry S. Truman war ein couragierter Mann und hatte vor allem Mut zur Selbstkritik. »Der Präsident der Vereinigten Staaten«, pflegte er zu sagen, »hört täglich unzählige Stimmen, die ihm sagen, er sei der größte Mann der Welt. Um so sorgfältiger muß er auf die wenigen Stimmen hören, die ihm sagen, daß er es nicht ist.«

*29. Oktober 1994:*
Im Vorfeld der Kanzlerwahl schwirren Personalspekulationen umher. Interessant ist auch die Frage, ob die Liberalen bei der Kabinettsbildung weniger berücksichtigt werden

als vor vier Jahren. Sie haben ja ein wesentlich schlechteres Wahlergebnis. Jetzt bezahle die FDP den Preis für die »Schnorrerstimmen«, sagt Theo Waigel. Es wird damit gerechnet, daß Karl Lamers, der außenpolitische Sprecher der CDU/CSU-Bundestagsfraktion, als Staatsminister ins Auswärtige Amt geht. Das verhindert leider Kinkel. Statt dessen wird der Botschafter in London, Rüdiger Hartmann, der in meiner Amtszeit als Generalsekretär ein paar Jahre lang Leiter des Auswärtigen Büros der Bundespartei gewesen ist, Amtsnachfolger des bisherigen Staatssekretärs im Außenministerium Dieter Kastrup. Diese Entscheidung hat mich gefreut und bedeutet für die Kader des Auswärtigen Amtes eine kleine Herausforderung.
Was wird aus den FDP-Ministern? Sabine Leutheusser-Schnarrenberger als Justizministerin ist in der Koalition heftig umstritten, vor allem bei den für Rechts- und Innenpolitik zuständigen CDU/CSU-Bundestagsabgeordneten. Spekulationen gab und gibt es über Günter Rexrodt. Viele in der FDP, aber auch in der CDU, halten ihn für keinen guten Wirtschaftsminister. Ähnliches hört man aus der Industrie und den Verbänden. Als Ersatz für Rexrodt wird aus den Reihen der FDP Walter Hirche genannt, früher in Niedersachsen und in den letzten vier Jahren in Brandenburg Wirtschaftsminister, aber auch Rainer Brüderle, der Wirtschaftsminister aus Rheinland-Pfalz. Hermann Otto Solms will FDP-Fraktionsvorsitzender bleiben. Dies wird Rexrodt wahrscheinlich retten.
In der CDU/CSU unangreifbar sind wohl Theo Waigel, Manfred Kanther, Volker Rühe, Norbert Blüm, Jochen Borchert, Angela Merkel und Horst Seehofer. Natürlich, so hoffe ich, auch Klaus Töpfer und Matthias Wissmann. Wolfgang Bötsch ist ein unsicherer Kantonist, aber nicht wegen

seiner Person, sondern wegen der Frage, ob das Postministerium in dieser Legislaturperiode aufgelöst wird. Das hatte unter anderem die Junge Union auf ihrem Deutschlandtag gefordert, einer der strittigen Diskussionspunkte zwischen den Delegierten und Helmut Kohl.

*30. Oktober 1994:*
Angesichts der Auseinandersetzungen innerhalb der FDP und den Verletzungen, die sich die Liberalen selbst zufügen, ist hinsichtlich der Kanzlerwahl Dramatisierung angesagt. Am 31. Oktober erscheint im »Spiegel« ein Interview mit mir, das auszugsweise folgenden Wortlaut hat:
»*Spiegel*: Herr Geißler, es wird knapp bei der Kanzlerwahl im Bundestag. Ihre Prognose?
*Geißler*: Ich nehme an, die Wahl wird gelingen. Man muß den Abgeordneten der CDU/CSU und der FDP die dramatischen Konsequenzen vor Augen halten, wenn die Wahl scheiterte. Dann liefe es auf Neuwahlen hinaus. Das wäre das Ende der FDP und eine Union unter 40 Prozent.
*Spiegel*: Neuwahlen? Kohl könnte sich – dazu erklärte er sich intern bereit – im dritten Wahlgang mit relativer Mehrheit wählen lassen.
*Geißler*: Ich glaube nicht, daß so etwas Sinn macht. Eine Regierung mit einem solchen Start kann nichts mehr zustande bringen. Das hätte ungefähr denselben Effekt, den eine gescheiterte Bundespräsidentenwahl gehabt hätte.
*Spiegel*: Welchen?
*Geißler*: Die psychologischen Verheerungen wären enorm. Hätten wir die Bundespräsidentenwahl mit einem falschen Kandidaten verloren, hätten wir auch die Bundestagswahl verloren.«

In der CDU/CSU-Bundestagsfraktion werden in diesem Zusammenhang noch einmal die rechtlichen Folgen einer gescheiterten Kanzlerwahl hin und her diskutiert. Artikel 63 des Grundgesetzes, der die Modalitäten der Kanzlerwahl regelt, sagt:
»(1) Der Bundeskanzler wird auf Vorschlag des Bundespräsidenten vom Bundestage ohne Aussprache gewählt.
(2) Gewählt ist, wer die Stimmenmehrheit der Mitglieder des Bundestages auf sich vereinigt. Der Gewählte ist vom Bundespräsidenten zu ernennen.«
Rekapitulieren wir: Helmut Kohl braucht 337 Stimmen. Die Koalition hat 341 Mitglieder, die Oppositionsparteien zusammen 331. Das bedeutet, daß Kohl nicht gewählt ist, wenn fünf Abgeordnete aus der Koalition ihm die Stimme verweigern. Scheitert er im ersten Wahlgang, so kann der Bundestag entsprechend Absatz 3 des Artikels 63 binnen vierzehn Tagen nach dem Wahlgang mit mehr als der Hälfte seiner Mitglieder einen Bundeskanzler wählen. Er kann, er muß es aber nicht. Der Bundestag könnte also beschließen, daß er erst vierzehn Tage später wieder zusammentritt. Der Bundestag könnte aber auch gleich einen Kanzler wählen, und dieser müßte nicht mehr vom Bundespräsidenten vorgeschlagen werden, sondern er könnte aus der Mitte des Parlaments heraus kandidieren. Es könnte auch mehrere Wahlgänge geben, aber mit jeweils anderen Kandidaten. In diesen vierzehn Tagen könnte so lange gewählt werden, bis einer der Kandidaten die Kanzlermehrheit von 337 Stimmen bekommt. Ist auch dies erfolglos, sagt Artikel 63, Absatz 4, daß unverzüglich ein neuer Wahlgang stattfinden muß, in dem gewählt ist, wer die meisten Stimmen erhält. Bekommt er die Mehrheit der Mitglieder des Bundestages, so muß der Bundespräsident ihn innerhalb von sieben

Tagen ernennen. Erreicht der Kandidat nur eine relative Mehrheit, so kann der Bundespräsident ihn innerhalb von sieben Tagen ernennen oder aber, das ist die andere Möglichkeit, den Bundestag auflösen.

*31. Oktober 1994:*
Reformationstag. Die Liberalen erörtern intern die Folgen eines Scheiterns der Kanzlerwahl. Die verfassungsrechtliche Möglichkeit des Bundespräsidenten, den Bundestag aufzulösen, hat für sie etwas Erschreckendes. Sie können sich ausrechnen, daß sie bei Neuwahlen unter die Fünf-Prozent-Klausel rutschen würden. Otto Graf Lambdsdorff erklärt wenige Tage später: »Wenn da Mist gemacht wird, kann das zur Auflösung des Bundestages führen.« Dies bedeutete das politische Aus der Liberalen. Solche Überlegungen tragen sicher dazu bei, die Koalitionäre von der FDP bei der Kanzlerwahl beieinanderzuhalten.
Wenn Helmut Kohl im ersten Wahlgang scheitert, müssen die Freien Demokraten damit rechnen, daß innerhalb der vierzehn Tage Wartefrist, die die Verfassung für diesen Fall vorsieht, der Drang in der Union nach einem anderen Partner so stark wird, daß möglicherweise eine große Koalition zustande kommt.
Eine solche Möglichkeit hält natürlich auch die SPD im Auge und betrachtet sie mit Wohlwollen. Man kann nicht damit rechnen, daß es Stimmen aus der SPD oder den Grünen für Helmut Kohl gibt, wie manche in der Presse spekuliert haben. Ich halte Mutmaßungen über Leihstimmen für nicht begründet. Was sollen die Grünen für ein Interesse daran haben, eine Koalition aus Union und FDP zu bestätigen?
Die Gefahr einer großen Koalition dagegen wird bei den

Liberalen ernst genommen. Gerüchteweise verlautet, daß Scharping vor der Bundestagswahl Kurt Biedenkopf besucht habe. Wenn Kohl im ersten Wahlgang scheitert, wird er sicher keinen zweiten Wahlgang versuchen. Dann muß die Union einen neuen Kanzlerkandidaten suchen. Dieser könnte Wolfgang Schäuble oder Kurt Biedenkopf heißen.

*15. November 1994:*
Heute ist Kanzlerwahl. Im Geschäftsführenden Vorstand der CDU/CSU-Bundestagsfraktion wird erörtert, wie sichergestellt werden kann, daß die Abgeordneten bei der Kanzlerwahl auch alle anwesend sind. Für den Bürger müssen solche Diskussionen etwas Ärgerliches haben. Er sagt sich nämlich zu Recht, daß die Abgeordneten sich haben wählen lassen, um an den Abstimmungen teilzunehmen, und daß die Unions-Abgeordneten ein Mandat haben, um die Regierung zu wählen, und nicht, um sie zu stürzen.
Aber 341 Leute sind viel, und 5 Stimmen sind wenig. Deswegen darf die Fraktionsführung nichts dem Zufall, einem Unglück, einer Krankheit oder auch nur einem Stau überlassen. Der gefährliche Sieg kann sonst tödlich enden.
Bereits am Montag, dem 14. November, findet um 17 Uhr eine Fraktionssitzung statt, um festzustellen, ob alle da sind. Prompt geht einiges schief. Die Liste, in der sich alle Abgeordneten eintragen müssen, weist acht leere Stellen auf. Zwei Abgeordnete sind krank, kommen aber morgen. Bei den anderen handelt es sich um Abgeordnete, die in der näheren Umgebung von Bonn wohnen und dort ihre Wahlkreise haben. In der Fraktion wird halb gelacht, halb gemurrt. Als einige der vermißt Gemeldeten während der Fraktionssitzung eintreffen, gibt es demonstrativen Beifall. Schäuble reagiert sauer und sagt, er bitte darum, daß man

der Fraktion dies das nächste Mal erspare. Diese Bemerkung wird ebenfalls beklatscht. Die Fraktion geht auseinander, und abends treffen sich die Landesgruppen oder einzelne Abgeordnete in der Parlamentarischen Gesellschaft, soweit sie keine anderen Verpflichtungen haben.

Am anderen Morgen um 9 Uhr ist wieder Fraktionssitzung, um noch einmal zu überprüfen, ob alle Abgeordneten im Parlament sind. Ich komme in den Fraktionssaal, nachdem ich mich in die ausgelegten Anwesenheitslisten eingetragen habe. Es wird nicht viel geredet. Helmut Kohl ist nicht da. Der Erste Parlamentarische Geschäftsführer Jürgen Rüttgers läßt sich die Anwesenheitsliste von draußen geben. Es stellt sich heraus, daß wiederum vier Abgeordnete fehlen. Ihre Namen werden vorgelesen. Zwei von ihnen sitzen im Saal, haben aber vergessen, sich einzutragen. Die anderen beiden treffen im Lauf der Fraktionssitzung ein, die zwei Kranken sind bereits im Haus, so daß nach der Liste alle anwesend sind. Ein Irrtum, wie sich wenig später herausstellen wird.

Um 10 Uhr sitze ich auf meinem Platz im Bundestag in der zweiten Reihe. Helmut Kohl setzt sich im Plenarsaal zunächst auf seinen Sessel in der Regierungsbank, merkt dann aber, daß das vielleicht doch nicht der passende Platz ist, und läßt sich neben Wolfgang Schäuble nieder, direkt vor mir. Nachdem die Bundestagspräsidentin die Regularien festgestellt und bekannt gegeben hat, daß der Bundespräsident Helmut Kohl als Bundeskanzler vorschlägt, beginnt die Wahl.

Die Stimmabgabe erfolgt durch Namensaufruf und beginnt mit Adam, Ulrich (CDU), Mathematiker und Geschäftsführer aus Greifswald. Er ist Abgeordneter des Wahlkreises 268, Greifswald-Wolgast-Demmin. Dann kommt die SPD-Abgeordnete Brigitte Adler, Realschullehrerin aus Tauberbischofsheim, gewählt über die Landesliste Baden-Württemberg, gefolgt von der FDP-Abgeordneten Ina Albowitz, von Beruf Werbekauffrau und Hausfrau aus Gummersbach. Beim Aufruf meines Namens gehe ich in die Kabine. Sie ist links unterhalb des Adlers an der Stirnwand des Plenarsaals aufgestellt. Auf dem Stimmzettel, den ich dorthin mitnehme, kann man entweder den Namen Kohl ankreuzen oder Nein oder Enthaltung. Wenn man sein Kreuz gemacht hat, steckt man den Stimmzettel in ein Kuvert, geht vor zur Wahlurne, legt dort seinen namentlich gekennzeichneten Wahlausweis in eine gesonderte Schale, um dann das Kuvert in die Urne zu werfen.

Als ich vom Wahlgang zurück zu meinem Platz gehe, bemerke ich plötzlich Unruhe in den Reihen der Fraktion. Offenbar sind doch nicht alle Abgeordneten der Union da. Es stellt sich bald heraus, daß ein baden-württembergisches Mitglied unserer Fraktion fehlt.

Wie hat man herausgefunden, daß er fehlt, wo doch die Anwesenheitslisten bei der Fraktionssitzung angeblich komplett waren? Einer der Fraktionsgeschäftsführer muß von einer höheren Macht, die es mit der Union gut meint, telekinetisch beeinflußt worden sein. Er hatte die Idee, die Kästchen der Abgeordneten, die vor dem Plenarsaal aufgestellt sind und in denen die Wahlausweise mit Namen lagen, zu kontrollieren. Dabei hatte sich gezeigt, daß ein Wahlausweis nicht abgeholt worden ist und noch im Kasten liegt. Weil ich es immer genau wissen will, frage ich, warum beim Zählappell nicht bemerkt wurde, daß einer fehlte. Es stellt sich heraus, daß die im Alphabet benachbarten Abgeordneten ihre Unterschriften so groß gemacht hatten, der eine nach unten und der andere nach oben, daß der für den fehlenden Abgeordneten vorgesehene Platz durch ihre Schriftzüge verdeckt war. So simpel hätte die deutsche und europäische Geschichte fast verändert werden können, nämlich durch zu groß geratene Namenszüge auf einer Anwesenheitsliste.

Inzwischen sind auch die beiden Schwerkranken im Plenum eingetroffen, nämlich Werner Maaß, der eine schwere Herzattacke erlitten hat, und Adi Hörsken, der zwei Tage später operiert werden muß und mit dem Hubschrauber am frühen Morgen von Langensteinbach nach Bonn transportiert worden ist. Der vermißte Abgeordnete ist inzwischen in seinem Hotel gefunden worden. Er kommt, als der Buchstabe Y aufgerufen wird, ins Plenum und kann gerade noch abstimmen. Er tut mir leid, aber es wäre fast zur Katastrophe gekommen. Das wird ihm noch einige Zeit anhängen.

Während der Auszählung wird es spannend. Helmut Kohl vor mir ist äußerlich nicht sonderlich aufgeregt. Wie es drinnen aussieht, kann man sich denken. Nach ungefähr einer dreiviertel Stunde erscheint die Präsidentin. Sie lehnt sich links von ihrem Stuhl an die Brüstung und schaut zu ihm hinüber. Ich glaube zu merken, daß sie mit dem Kopf nickt. Plötzlich kommt von hinten Jürgen Rüttgers und drückt Helmut Kohl einen Zettel in die Hand. Auf dem Zettel steht die Zahl 338. Das bedeutet, daß Helmut Kohl die Kanzlermehrheit plus eine Stimme bekommen hat. Wäre der eine Abgeordnete im Hotel geblieben, hätte es auch noch gereicht, aber mit der knappsten Mehrheit, nämlich mit 337 Stimmen. Es hätte sonst nichts mehr passieren dürfen.

Nach dieser Abstimmung ist ein Wechsel in der Mitte der Legislaturperiode, wie ihn Helmut Kohl angekündigt hat, nur noch schwer möglich. Ich hatte schon vor der Kanzlerwahl die Auffassung vertreten, daß bei diesen knappen Mehrheiten das Risiko bei einem Kanzlerwechsel groß sei. Eine Wiederholung des heutigen Vormittags erscheint nicht verlockend.

Wie könnte der von Helmut Kohl angekündigte Kanzlerwechsel sonst verwirklicht werden? Eine Möglichkeit besteht darin, daß es eine neue Koalition gibt. Darüber wird in diesem Buch noch zu reden sein. Denkbar wäre auch, daß Kohl so lange wie möglich im Amt bleibt und die Koalition erst kurz vor der Bundestagswahl einen neuen Kanzler wählt. Das Risiko wird allerdings durch die Nähe zum neuen Wahltermin nicht vermindert. Bleibt übrig, daß Kohl bis zum Ende der Legislaturperiode regiert, aber die Union einen anderen Kanzlerkandidaten für den Bundestagswahlkampf nominiert. Das aber würde die Wahlchancen nicht verbessern, sondern eher verschlechtern. Es sei denn, es handelt sich um eine Persönlichkeit, die so bekannt und attraktiv ist, daß der Wähler einen solchen Wechsel nicht bestraft.

Die »Zeit« machte in ihrer Ausgabe vom 18. November, zwei Tage nach der Kanzlerwahl, mit der Schlagzeile auf: »Der Auftakt zum Abgesang«. Es ist die Überschrift eines Artikels von Robert Leicht. Der Satz scheint etwas verfrüht zu sein. Möglicherweise dauert der Abgesang volle vier Jahre bis zum Ende der Legislaturperiode. Vielleicht heißt der nächste Kanzlerkandidat der Union sogar Helmut Kohl.

# Ein neuer Führungsstil

*Streiten oder Kuschen – die Gretchenfrage der parlamentarischen Demokratie – Orchester und Fraktion – die Freiheit des Abgeordneten – Dogmen und Dissidenten – ein Abgeordneter riskiert sein Mandat – Richtungskämpfe in der Union – konform, uniform, chloroform*

22. *November 1994:*
In der Fraktionssitzung, in der der Fraktionsvorstand gewählt werden soll, gibt Wolfgang Schäuble seinen zu Beginn der Fraktionssitzungen üblichen Bericht.

In der anschließenden Aussprache meldet sich der neue Fraktionskollege Gert Willner zu Wort, bei dem ich im Wahlkampf auf einer Open-air-Veranstaltung in Elmshorn geredet hatte. Er erzielt einen Lacherfolg, als er sich als Abgeordneter des Wahlkreises 007 (Pinneberg) vorstellt, macht ihn leider aber sofort wieder zunichte, indem er den Versammelten erläutert, daß er es auf diese Reaktion abgesehen habe. Dann kommt er zur Sache und kritisiert ein am selben Tag im »Focus« abgedrucktes Interview mit Rita Süssmuth. Die Bundestagspräsidentin hatte sich für ein Einwanderungsgesetz und eine multikulturelle Gesellschaft in Deutschland ausgesprochen, obwohl in der Koalitionsvereinbarung für die 13. Legislaturperiode nichts darüber steht. Der Kollege Willner knüpft daran die Frage an Wolfgang Schäuble, wie man in Zukunft mit »abweichenden Meinungen« umzugehen habe.

Die Frage ist natürlich nicht angenehm, zumal es sich um eine Meinungsäußerung der Bundestagspräsidentin handelt. Aber Wolfgang Schäuble tut das einzig Richtige: Er vermeidet es, Öl ins Feuer zu gießen, und weist darauf hin, daß die Äußerungen aus einem Buch stammten, das dieser Tage erscheine, und bereits ein halbes Jahr alt seien.
So elegante und einfache Antworten werden sich bei diesem Thema nicht immer finden lassen. Gert Willner hat mit seiner Wortmeldung die Gretchenfrage der partei- und fraktionsinternen Demokratie aufgeworfen. Verschärft wird sie durch die bekannte Folge des gefährlichen Siegs vom 16. Oktober: Fünf Abgeordnete, die eine andere Meinung haben, reichen aus, um Gesetze zu verhindern, die mit Kanzlermehrheit beschlossen werden müssen. Fünf, das sind wirklich nicht viele, und, wie Volker Rühe allerdings mit Blick auf die Kanzlerwahl sagte: »Ein paar Verrückte gibt es immer.«
Diese werden in Zukunft früher ermittelt als bisher. Zu Beginn der neuen Sitzungsperiode hat meine Fraktion eine neue Geschäftsordnung beschlossen, die in zwei wesentlichen Punkten von der alten abweicht. Zum einen muß die Teilnahme an fraktionsübergreifenden Initiativen zukünftig in der Fraktion erörtert werden, zum anderen müssen Abgeordnete der Union, die in einer namentlichen Abstimmung des Bundestags gegen die Fraktionsmehrheit votieren wollen, dies am Vortag bis 17 Uhr dem zuständigen Parlamentarischen Geschäftsführer mitteilen.
Die knappen Mehrheitsverhältnisse im Bundestag stellen an die Führung der Regierung und der Koalition, aber auch an die Regierungsfähigkeit insgesamt neue Ansprüche. Sowohl Helmut Kohl als auch Wolfgang Schäuble und Jürgen Rüttgers, damals noch nicht Minister, haben unmittelbar

nach der Bundestagswahl Disziplin und Geschlossenheit gefordert. Nun ist das erstere eine nicht zu bestreitende Notwendigkeit, soweit sie sich auf die Präsenz der Abgeordneten im Bundestag bezieht und verhindert werden soll, daß Abgeordnete Abstimmungen verschlafen oder Auslandsreisen für wichtiger halten als Abstimmungen im Parlament.

Disziplin ist also wichtig, wenn es darum geht, Mehrheiten zu sichern. Dies wiederum braucht einen organisatorischen Vorlauf. Die Parlamentarischen Geschäftsführer der Fraktion und die Fraktionsspitze insgesamt benötigen Zeit, um Mehrheiten zustande zu bringen. Das ist für die Parlamentarischen Geschäftsführer ein schwieriges Geschäft. Deshalb ist die 17-Uhr-Regelung richtig. Aber sie darf nicht dazu verwendet werden, Andersdenkende über Nacht unter Druck zu setzen, bis sie sich gegen ihre Überzeugung dem Mehrheitsvotum anschließen.

Fast nichts wäre für das Ansehen des Bundestags und seiner Abgeordneten schädlicher, als die politische Auseinandersetzung vorrangig mit Hilfe von Geschäftsordnungstricks und Disziplinierungsmechanismen zu führen. Das Ganze vollzöge sich ja nicht unter Ausschluß der Öffentlichkeit. Die Leute merken relativ schnell, ob sie in ihrem Wahlkreis einen überzeugungskräftigen, unabhängigen und selbständigen Abgeordneten nach Bonn geschickt haben oder einen, der sich nie eine eigene Meinung leistet und für sie eintritt.

Die verbündeten Preußen und Sachsen verloren im Jahr 1806 die Doppelschlacht bei Jena und Auerstedt gegen Napoleon. Der preußische Innenminister erließ danach folgende Deklaration: Der König hat eine Bataille verloren. Jetzt ist Ruhe die erste Bürgerpflicht.

Die Union hätte die Bataille fast verloren. Dennoch kann Ruhe und Disziplin nicht die Pflicht des Abgeordneten sein. Höchstens in dem Sinn, daß jetzt alle eine andere Disziplin beherrschen müssen, nämlich die der inhaltlichen Integration. Wie können inhaltliche Mehrheiten und Übereinstimmungen geschaffen werden, wie kommt man zu Integration und zur »Union«? Mit Pression und Sanktion oder mit Argumentation und Diskussion? Angesichts der knappen Mehrheiten ist es nicht mehr möglich wie vor dem gefährlichen Sieg, das Parlament und die Fraktionen mehr oder weniger zu umgehen, Entscheidungen in Koalitionsausschüssen, Elefantenrunden und Chefgesprächen zwischen Ressortministern unter souveräner Nichtbeachtung von Fraktionsmeinungen zu treffen, um den Abgeordneten schließlich die Pistole auf die Brust zu setzen und zu sagen: Vogel, friß oder stirb! Diese Form politischer Konsultationen hat Churchill einmal so beschrieben: »Man kann jederzeit einen Mann konsultieren und ihn fragen: ›Haben Sie etwas dagegen, daß Ihnen morgen der Kopf abgeschnitten wird‹? Wenn er dann gesagt hat: ›Nein, lieber nicht‹ schneidet man ihn eben ab. Konsultiert wurde er ja.«

Jetzt braucht man die Köpfe, und deshalb werden sie auch nicht mehr abgeschnitten, und die alte Wahrheit gewinnt an Bedeutung, daß man andere nicht dadurch überzeugen kann, indem man sie zum Schweigen bringt. Nun ist eine höhere Kunst gefragt, als zu drohen und zu strafen. Erfolgreiche Politik wird in dieser Legislaturperiode nur geleistet werden können, wenn Integration durch Argumente und Debatten um den richtigen Weg herbeigeführt wird.

Für das Parlament, die Parlamentarier und ihre Fraktionen eröffnet sich die Chance, die bisherige Dominanz von Koalitionszirkeln und sonstigen in der Verfassung nicht vorgesehenen Quasi-Beschlußorganen sowie der Regierung zu überwinden, sich zu emanzipieren und zu einem neuen Machtzentrum zu werden, wie es das Grundgesetz vorsieht. Es geht nicht darum, gegen die eigene Regierung zu arbeiten, sondern darum, die gesetzgeberischen Entscheidungen wieder dorthin zu verlagern, wo die vom Volk gewählten Repräsentantinnen und Repräsentanten sitzen.

Natürlich bleibt es ein Kernproblem, wie man den eigenen Laden zusammenhält. Die Hoffnung auf Gehorsam aber wäre gefährlich. Die Lösungen werden schwieriger werden, man wird länger miteinander reden, mehr aufeinander zugehen müssen. Kompromisse werden wahrscheinlich länger debattiert und heftiger erörtert werden müssen. Das gilt für meine Fraktion wie für die gesamte Koalition.

Kürzer ausgedrückt heißt es auch: Es wird mehr Streit geben. Nun fürchten manche den Streit wie der Teufel das Weihwasser oder der Vampir den Knoblauch und das Kreuz. Mit demokratischer Gesinnung hat das freilich nicht viel zu tun, eher schon mit der Angst um die Macht und mit der Angst vor Königsthronen. Gefragt sind aber demokratische Tugenden, und zu denen gehört der Mut zum Streit. Heute heißt es in allen Parteien immer wieder: Also hört auf mit der Quatscherei, einer muß her, der sagt, wo es langgeht und wie, das ist das Entscheidende.

In Fraktionen und Vorständen ist es üblich, daß am Montag oder Dienstag zunächst einmal erörtert wird, wer am Wochenende welche Meinungen von sich gegeben hat. Und meistens, wenn es wirklich seine Meinung war, wird diese als das eigentliche Übel hingestellt. So kommt es, daß es jede Woche ein neues Übel gibt und für die eigentlichen Aufgaben keine Zeit mehr da ist. Auf dem Landesparteitag

1993 der CDU Rheinland-Pfalz zum Beispiel hieß es von höchster Stelle: Wenn einige am Wochenende die Klappe hielten, wären wir unsere Probleme los. Eine Partei, in der ein solcher Satz minutenlang beklatscht wird, hat ihr Selbstbewußtsein verloren.

*24. November 1994:*
Im Bundestag wird die Regierungserklärung des Bundeskanzlers debattiert. Ich spreche für die Fraktion zur Sozialpolitik. Am Vortag hatten Kurt Biedenkopf und Edmund Stoiber heftig kritisiert, daß der Buß- und Bettag abgeschafft werden soll, um die Pflegeversicherung zu bezahlen. Sie hatten vorgeschlagen, über das Finanzierungskonzept noch einmal zu diskutieren. Dies muß bei den Pflegebedürftigen, ihren Angehörigen und den diakonischen und den caritativen Verbänden den Eindruck erwecken, als wolle die Union das rechtzeitige Inkrafttreten der Pflegeversicherung wieder in Frage stellen. In meiner Rede lehne ich daher eine erneute Debatte über dieses Thema ab und lasse mich zu dem Satz hinreißen: »Man sollte den Mund halten, wenn es um diese Fragen geht, und die Sache realisieren.« Selten habe ich mich so geärgert über mich wie nach dieser Rede.

Unser politisches Leben wird immer mehr beherrscht von der deduktiven Methode, während das wirklich Demokratische das Induktive ist. Deduktiv heißt, von Dogmen auszugehen und in diese dann die Lebenswirklichkeit zu pressen. Das heißt, es gibt unanfechtbare Wahrheiten, sie sind in Erz gegossen für die Ewigkeit, und ihnen hat sich das Leben unterzuordnen. In einer Kirche, die letzte Wahrheiten verkündet, mag dies vonnöten sein, soll sie nicht in Sekten auseinanderfallen.

Demgegenüber ist das Demokratische das Induktive, es kommt von den Menschen her. Von ihren unterschiedlichen Auffassungen, von den unterschiedlichen Lebenssachverhalten ausgehend, erkennt man die Probleme und formuliert dann die Antworten. Das geht nur mit Diskussion, Diskurs, Austausch von Meinungen und Argumenten.
Die Gefahr einer Dogmenherrschaft besteht immer. Ein geistiges Sultanat ist bequem für die Regierenden, weil jeder, der an das Dogma rührt, ein Abweichler ist, der sich an den Fundamenten vergeht. Hier kommt der Befund von Elisabeth Noelle-Neumann, der Leiterin des Instituts für Demoskopie Allensbach, ins Spiel, wonach Streit die Mehrheitsfähigkeit einer Partei gefährde. Sicher ist dies richtig im Vorfeld einer Wahl, aber jeder, der Macht hat, wird diese These gerne aufgreifen und zur allgemeinen, immer gültigen Regel machen, schon allein um den eigenen Laden zu disziplinieren. Es heißt dann, jeder, der streite oder eine abweichende Meinung äußere, gefährde die Macht und die eigene Partei.
Aus dieser vordemokratischen Haltung kann die Verlokkung entstehen, »Dissidenten« zu disziplinieren oder mundtot zu machen. Nicht wenige haben eine sagenhafte Angst davor, eines Tages »den Anruf von oben« zu erhalten. Solche Anrufe gibt es, und es ist eine Frage des Rückgrats, ob man kuscht oder nicht. Wer sich einmal kastrieren läßt, läuft das ganze Leben so herum. Der »Anruf von oben« ist oft unvermeidlich, das Kriechen und Kuschen nicht.
Ende Oktober 1993 – ich blende noch einmal zurück – hatten die Auseinandersetzungen um den damaligen Unionskandidaten für das Amt des Bundespräsidenten, Steffen Heitmann, ihren Höhepunkt erreicht. Aufgrund der »aktuellen Diskussion und Aufgeregtheiten« versandte meine

Kollegin Erika Steinbach an alle Mitglieder der Fraktion einen Artikel, den sie drei Monate zuvor unter dem Titel »Wie frei dürfen Abgeordnete sein?« in der »Frankfurter Allgemeinen Sonntagszeitung« veröffentlicht hatte.
In den westlichen Parteienstaaten, so schreibt sie, habe sich in diesem Jahrhundert das politische Schwergewicht zunehmend von den Parlamenten hin zu den die Parlamente prägenden Parteien und auch zu den Bürgern verlagert, deren Plebiszit die Parteien unterlägen. Dies habe naturgemäß auch Auswirkungen auf die Stellung von Abgeordneten. Dem Abgeordneten in unserer Parteiendemokratie fehle im Grunde die moralische Legitimation gegenüber dem Wahlbürger, eine von seiner Partei oder Fraktion abweichende Linie in Fragen von politischer Bedeutung zu verfolgen, wenn einmal eine Mehrheitsentscheidung gefallen sei. Tatsächliche Gewissensfragen seien dabei natürlich unberührt, aber sie kämen höchst selten vor.
Kein Abgeordneter, so argumentiert sie weiter, habe sein Mandat kraft eigener Kompetenz errungen, kraft eigener Leistung inne. Alle seien sie durch Unterstützung ihrer jeweiligen Parteien in politische Verantwortung gewählt, selbst die direkt gewählten Mandatsträger. Jeder, der kandidiere, erhalte in erster Linie deshalb Wählerstimmen, weil er mit politischen Grundaussagen seiner Partei identifiziert werde, für die er antrete.
Daß Verfassungsrechte nicht nur hier ihre in sich logische Grenze fänden, werde am Beispiel des Artikels 5 des Grundgesetzes ähnlich deutlich. Die Kunst ist frei, werde darin postuliert. Heiße das nun, vergleicht Erika Steinbach, daß der Musiker, der in einem Orchester spiele, musizieren könne, wie es seiner Künstlerpersönlichkeit verantwortbar erscheine? Er könne es natürlich nicht. Der Ruf, die Kunst

sei frei, sei hier ähnlich fehl am Platze wie in den meisten Fällen die Berufung auf das freie Mandat von Abgeordneten bei Loyalitätskonflikten.

Nun geht die Verfassung offensichtlich von einem anderen Bild des Abgeordneten aus als Erika Steinbach. Ein freier Mann ist mehr wert als zehn Sklaven, wußte schon Garibaldi. Die Abgeordneten des Deutschen Bundestages sind laut Verfassung Vertreter des ganzen Volkes, an Aufträge und Weisungen nicht gebunden und nur ihrem Gewissen unterworfen. Das Problem besteht darin, und insoweit hat Erika Steinbach recht, daß zur Regierungsfähigkeit in einer parlamentarischen Demokratie auch die Mehrheitsfähigkeit der die Regierung tragenden Fraktionen gehört. Das heißt, im Kampf um politische Inhalte dürfen Mehrheiten nicht auseinanderfallen. Abweichendes Abstimmungsverhalten muß sich daher in der Tat in der Regel auf Gewissensfragen beschränken, vor allem dann, wenn die Mehrheiten knapp sind.

Die Begründung dafür liegt aber nicht in der Parteiabhängigkeit des Abgeordneten. Davon muß sich jeder soweit wie möglich frei machen. Die Verpflichtung zur Mehrheitsfähigkeit liegt vielmehr in der verfassungspolitischen Verantwortung des Abgeordneten dem gesamten Volk gegenüber, das einen Anspruch darauf hat, daß die wichtigsten Aufgaben, soweit sie vom Gesetzgeber zu bewältigen sind sind, auch bewältigt werden.

Aber hier beginnen bereits die Zweifel. Wo liegt die Grenze für den Abgeordneten? Was für den einen Abgeordneten eine Gewissensfrage ist, kann für den anderen nicht so wichtig sein. Für mich wäre zum Beispiel die Verabschiedung der Pflegeversicherung eine Gewissensfrage gewesen. Ich habe dies im Bundestag auch mehrfach gesagt. Und

wenn es nicht zum Kompromiß zwischen Koalition und SPD gekommen wäre, hätte ich versucht, einen Gruppenantrag im Bundestag einzubringen, um zu erreichen, daß der über zwanzig Jahre alte Pflegenotstand endlich gesetzlich behoben wird. Solche interfraktionellen Anträge können verfassungspolitisch nicht beanstandet werden. Die Geschäftsordnung des Deutschen Bundestags sieht sie ausdrücklich vor. Folgte man Erika Steinbachs Argumentation, müßte die Geschäftsordnung sofort geändert werden.
Das Beispiel mit dem Orchester liegt ganz verquer zur Wirklichkeit. Die Berliner Philharmoniker lassen ihre Konzerte erst dann stattfinden, wenn ein Stück sitzt. So lange wird geprobt. In der politischen Realität war es bisher umgekehrt: Generalmusikdirektor, Dirigent, Intendant und Konzertmeister, sprich: die Partei- und Fraktionsvorsitzenden, haben sich zusammengesetzt, das Programm entschieden, die Besetzung ausgemacht, die Tempi vereinbart, kurz vor der Generalprobe die Stimmführer, während der Probe dann die zweiten und dritten Geiger, Cellisten, Hornisten, Trompeter und Bassisten informiert, und anschließend war dann der Auftritt. Wenn Orchester unter solchen Bedingungen spielen müßten, wären die Konzertsäle rasch so leer wie eine durchschnittliche Politversammlung. Vergleiche sind Glückssache: In der Musik passiert es selten, daß einer falsch dirigiert, aber häufiger, daß falsch gespielt wird. In der Politik ist es meistens umgekehrt.
In Wirklichkeit geht es nicht um das Abstimmungsverhalten, sondern um die Meinungsfreiheit innerhalb einer Partei und einer Fraktion. Wenn ein Abgeordneter in einer Sachfrage in der Minderheit bleibt und unterliegt, dann ist er nicht verpflichtet, das, was er vorher für richtig gehalten hat, nun für falsch zu halten und zu verbrennen. Die demo-

kratische Fairneß gebietet ihm, sich in seinem Abstimmungsverhalten der Mehrheit anzuschließen, wenn es sich nicht um Gewissensfragen handelt. Er muß aber die Freiheit haben, von der ersten Stunde nach der Abstimmung an darum zu kämpfen, daß ein Beschluß, den er für falsch hält, wieder verändert wird. Das wird nicht häufig vorkommen, aber es muß möglich sein.

Wenn es anders wäre, gäbe es keinen Fortschritt. Eine politische Gemeinschaft braucht weiterführende Diskussionen wie die Luft zum Atmen. Alles Neue steht in einem mehr oder weniger großen Widerspruch zum bisherigen. Eine Partei, die nach dem Motto verfährt: »Das haben wir immer so gemacht« – »das war noch nie anders« – »das ist Gedankengut des politischen Gegners« und mit solchen Parolen jede Diskussion abwürgt, wird bald abgehängt werden. Politische Beschlüsse gelten ohnehin immer nur für eine begrenzte Zeit. Ich muß meinen Grundsätzen treu bleiben, aber die konkrete politische Entscheidung muß ich auch an der Realität ausrichten. Das ist ein alter Grundsatz der Rechtsphilosophie und der Verfassungspolitik. Geistige Unbeweglichkeit gebiert schwere Fehler. Eine besonders skurrile Variante besteht darin, die Meinungs- und Redefreiheit bei Themen einzuschränken, zu den die Parteigremien noch gar nichts beschlossen haben. Das gilt zum Beispiel für weite Bereiche der Ausländerpolitik. Über die Gesellschaft von morgen mit acht oder neun Millionen ausländischen Mitbürgern oder über das Verhältnis von Demographie und Zuwanderung ist noch nie intensiv debattiert worden.

Friedbert Pflüger äußerte seine abweichende Meinung zu Heitmann schon, bevor sich die Fraktion mit der Kandidatur befaßt hatte. Kritiker meinen, er hätte die Diskussion intern führen müssen. Da die Kandidatur öffentlich war, mußte auch die Debatte öffentlich sein. Außerdem kann nicht von oben deklariert werden, was öffentlich ist und was nicht. Das muß jeder Abgeordnete selbst verantworten. Jede Volkspartei braucht eine Diskussionskultur, in der kritische Meinungen nicht nur angehört und ertragen, sondern auch ernst genommen werden.

Eine Volkspartei, und das gilt auch für die Fraktion, verfehlt sonst ihren verfassungspolitischen Auftrag. Man kann nicht an der Willensbildung des Volkes mitwirken, wenn man die Bevölkerung von der Diskussion ausschließt und verhindert, daß die Menschen die Argumente kennenlernen. Debatte und Streit gehören konstitutionell zur Demokratie. Das heißt auch, daß Diskussionsprozesse öffentlich gemacht werden und ein Klima der Diskussions- und Redefreiheit vorhanden ist, das verhindert, daß im vorauseilenden Gehorsam jede mögliche abweichende Meinung gar nicht erst geäußert wird, weil die Angst verbreitet ist, man könne negativ auffallen, wenn man etwas anderes sagt als das, was die offizielle Meinung ist.
Die Kritik an Friedbert Pflüger war deshalb nicht nur vordergründig, sondern auch ungerecht. Er hatte den Mut, für eine Sache, die er für richtig hielt, sein Mandat aufs Spiel zu setzen. Er hat einen für die CDU kaum gewinnbaren Wahlkreis in Hannover, und in seinem niedersächsischen Landesverband gab es starke Bestrebungen, ihm einen sicheren Listenplatz für den 13. Deutschen Bundestag zu verwehren, weil er die Heitmann-Kandidatur kritisiert hatte. Aber es gab unter den niedersächsischen Abgeordneten und in der Führung der Landespartei genügend Leute, wie Christian Wulf, Josef Stock und Jürgen Gansäuer, die einen solchen

Unfug zu verhindern wußten. Solidarisches Handeln kann sich auch darin zeigen, daß jemand Irrtümer bekämpft, seine Meinung äußert und dafür eintritt, unabhängig davon, ob es für ihn bedrohlich wird oder nicht.

Carl von Ossietzky schrieb einmal über die Weimarer Republik: »Im übrigen gilt ja hier derjenige, der auf den Schmutz hinweist, als viel gefährlicher als der, der den Schmutz macht.« Es sollte in Deutschland endlich umgekehrt sein. Kritiker zu verteufeln ist genauso intelligent, wie das Barometer zu zerschlagen, wenn das Wetter zu schlecht ist.

Ein von der Partei oder der Fraktionsführung erzeugter Meinungsdruck kann für eine politische Gemeinschaft schwere Nachteile bringen. Das hat die Union im Fall Heitmann und die SPD im Fall Johannes Rau merken müssen.

Ohne Mut kann man keine Politik machen. Als ich noch Generalsekretär der CDU war, kam eines Tages ein Regierungschef zu mir, der gerade erst ins Amt gewählt und relativ unbekannt war. Er fragte mich, wie er denn bekannter werden und ein politisches Profil erwerben könne. Ich sagte ihm, dafür gebe es nur einen dornigen Weg: Du mußt Streit anfangen, und zwar wegen einer wichtigen Sache mit dem politischen Gegner. Wenn das nicht geht, dann fange Streit an wegen einer weniger wichtigen Sache mit dem politischen Gegner. Wenn dies im Moment auch nicht möglich ist, mußt du Streit beginnen wegen einer wichtigen Sache im eigenen Lager. Schlecht ist, wegen einer weniger wichtigen Sache zu streiten und mit den eigenen Leuten, aber am miserabelsten ist es, gar nicht zu streiten und nichts zu tun. In der Politik ist es wie mit der Nächstenliebe: Wo diese nur darin besteht, nichts Böses zu tun, ist sie von der Faulheit kaum zu unterscheiden.

Auch Streit in den eigenen Reihen muß der Union nicht

schaden, wenngleich immer wieder behauptet wird, daß es in der Union keine Richtungskämpfe gebe. Natürlich gibt es Richtungskämpfe in der Union, und dies ist gut so. Sie hängen mit dem Charakter einer Volkspartei zusammen, die nach dem Krieg erfolgreich versucht hat, die christlich-sozialen, liberalen und konservativen politischen Strömungen zusammenzufügen und die konfessionell begründete politische Spaltung Deutschlands zu überwinden. Daraus ist eine Partei neuen Typs entstanden, die nicht ein Sammelsurium aus Konservativen, Liberalen und Christlich-Sozialen darstellt, sondern ein eigenes christlich-demokratisches Profil und eigene Inhalte hat. Ihre Politik kann nicht losgelöst gesehen werden von den unterschiedlichen Quellen, aus denen die Union entstanden ist. Deshalb ist es nicht verwunderlich, daß es immer wieder zum Teil heftige Auseinandersetzungen zwischen den Sozialausschüssen auf der einen Seite und dem Wirtschaftsrat und der Mittelstandsvereinigung auf der anderen Seite gibt: Streit um die Familienpolitik, die Mitbestimmung oder um Antworten auf die Neue Soziale Frage; lebhafte Diskussionen über eine moderne Frauenpolitik und Kampf um die gerechte Verteilung des Bruttosozialprodukts; heiße Debatten über den Inhalt des »Konservativen« und die Bedeutung des »Nationalen« in der Politik der Union.

Diese Richtungskämpfe müssen nicht gefürchtet werden, wenn bei Auseinandersetzungen das christliche Menschenbild verbindlich bleibt. Wenn es tatsächlich einmal so weit kommen sollte, daß Sozialausschüsse und Mittelstandsvereinigung, Junge Union und Senioren-Union, CDU und CSU, Stoiber und Geißler, Beckstein und Eylmann, Gerhard Mayer-Vorfelder und Rita Süssmuth von Anfang an in allen Fragen und ohne Nuancen die gleiche Meinung verträten, dann könnte man den Sargdeckel über der Union zuklappen und gemeinsam zur Gruft schreiten. Ohne Streit wird man zuerst uninteressant, dann langweilig, schließlich einschläfernd und am Schluß ein Fall für das Betäubungsmittelgesetz. Konform, uniform, chloroform. Wo alle dasselbe denken, wird nicht mehr viel gedacht.

# Die Zitterpartie - das Schicksal der FDP

*Liberale Kyniker - FDP ohne Botschaft - eine Partei verschwindet von der Bildfläche - der Irrtum des Neoliberalismus - Soziale Marktwirtschaft oder Kapitalismus? - ordnungspolitischer Stumpfsinn - Subsidiarität statt Zentralismus - Menschenrechte oder Wirtschaftsinteressen - ein Graf Lambsdorff der Bürgerrechte?*

20. *Dezember 1994:*
In einem Gespräch zwischen Sozialpolitikern der Union wird die Sorge geäußert, daß die Liberalen versuchen könnten, sich auf Kosten der Sozialpolitik innerhalb der Koalition zu profilieren. Der Schrecken über den Ablauf des Bundesparteitages der FDP in Gera sitzt noch allen in den Knochen. Die Delegierten hatten den eigenen Parteivorsitzenden, Außenminister Kinkel, während dessen Rede durch höhnisches Gelächter und demonstrativen Beifall an der falschen Stelle lächerlich gemacht und die Partei in eine existentielle Krise gestürzt. Wo werden die Liberalen ihre Akzente setzen? Politische Parteien können sich auch selbst umbringen.
In der griechischen Philosophiegeschichte waren die Kyniker, eine philosophische Richtung aus dem fünften und vierten Jahrhundert vor Christus, dafür bekannt, daß sie über den Selbstmord philosophiert und auch konkrete Vorschläge gemacht haben, wie man sich ums Leben bringen kann. Der Philosoph Metrokles etwa starb im hohen Alter,

indem er sich selbst mit den Händen erwürgte. Ähnliches hat die SPD lange Zeit praktiziert. Andere Kyniker töteten sich, indem sie den Atem anhielten. Der Philosoph Demonax setzte seinem Leben ein Ende, indem er einfach aufhörte zu essen. Der Philosoph Straton aus derselben Generation war so abgezehrt, daß er starb, ohne es zu merken. In diesem Zustand befindet sich zur Zeit die FDP.

Diese Geschichte erzähle ich hin und wieder in Vorträgen und Diskussionen, um die Stimmung zu testen. Die Leute klatschen meistens begeistert: ein schlimmes Zeichen für die Liberalen.

Aus den Koalitionsverhandlungen weiß man, daß Klaus Kinkel immer wieder behauptet hat, die Liberalen hätten ihre Wähler verloren, weil sie der Gesundheitsstrukturreform und der Pflegeversicherung zugestimmt hätten. In Wirklichkeit war schon während des Wahlkampfes erkennbar, daß nichts den Liberalen so geschadet hat wie ihre Behauptung, sie seien die »Partei der Besserverdienenden«. Die nachträgliche Korrektur hat nichts mehr genutzt.

Es ist höchste Zeit, sich mit der FDP und der Zukunft des Liberalismus auseinanderzusetzen. Die FDP ist zwar schon oft totgesagt worden, und sie erinnert an Machiavelli, von dem es zu seiner Zeit hieß: »Gerüchte vom Ableben des Reformers laufen freilich jeden Sommer um, seit der dreimal kaltgestellte Machiavellist vor sechzehn Jahren die Macht zum viertenmal an sich riß. Meist sind sie falsch.« Dennoch scheint sich etwas grundsätzlich verändert zu haben. Die Liberalen sind in Ostdeutschland de facto von der Bildfläche verschwunden, und dies sowohl in der Kommunalpolitik wie auch auf Landesebene. Sogar in Sachsen-Anhalt und in Halle, wo der dort gebürtige Hans-Dietrich Genscher noch im Jahr 1990 dazu beigetragen hatte, daß die Liberalen im Bundestagswahlkampf ein Direktmandat erringen konnten, tendiert die Akzeptanz der FDP gegen Null. Bei den Kommunalwahlen in Nordrhein-Westfalen am 16. Oktober ist sie nahezu vom Erdboden verschwunden und somit auch als Koalitionspartner in vielen Kommunen für die CDU nicht mehr vorhanden, weshalb mehrheitlich rot-grüne Koalitionen, aber auch in beachtlicher Menge schwarz-grüne Koalitionen in Städten und Gemeinden gebildet worden sind. Bei den zurückliegenden Landtagswahlen und der Europawahl ist es der FDP nicht besser ergangen. Das letzte Mal wurden sie im April 1992 in Baden-Württemberg in ein Landesparlament gewählt.

Die Krise der FDP erklärt sich zunächst einmal parteiorganisatorisch daraus, daß sie keinen Unterbau mehr besitzt. Eine Partei, die in den Kommunen so gut wie nicht mehr vertreten ist, leidet an Auszehrung.
Hinzu kommt die inhaltliche Schwäche. Sie ist die Hauptursache für das bundesweite Desaster der FDP. Brauchen wir überhaupt noch eine liberale Partei? Was ist Liberalismus? Immer weniger Menschen scheinen die Liberalen als Partei für notwendig zu halten. Ein Beispiel aus meinem Wahlkreis zeigt, wie weit es mit der FDP gekommen ist. In Oberschlettenbach, einem Dorf im Pfälzer Wald, hat der FDP-Kandidat bei der letzten Bundestagswahl keine einzige Stimme bekommen.
Die Wiederauferstehung der FDP, wenn sie überhaupt glücken soll, ist keine organisatorische und in erster Linie personelle, sondern eine inhaltliche Frage. Darum ging auch die Debatte nach der Bundestagswahl, wobei interessant ist, daß die eigentlich interessanten und intelligenten

Auseinandersetzungen außerhalb der Partei geführt wurden: in der »FAZ« und in der »Zeit« zum Beispiel. Was innerhalb der FDP von Möllemann bis Alexander von Stahl zu hören war, klang eher wie eine Kakophonie, auf die eine Überschrift aus der »Neuen Züricher Zeitung« paßt: »Brahms' Totenmesse – lebendig gestaltet«.

Den aufmerksamen Zuschauer und Zuhörer wundert dies nicht. Man muß sich das einmal vorstellen: Im Wahlkampf plakatiert die FDP mit dem Bild ihres Parteivorsitzenden: »Diesmal geht's um alles«. Der interessierte Zeitgenosse, der Wechselwähler, der bis zur letzten Minute noch wägt und überlegt, wen er wählen soll, fragt sich bei dieser Aussage, worum es denn eigentlich der FDP geht. Bei der Nachfrage, auch in den Diskussionen, mußte der potentielle FDP-Wähler dann erfahren, daß es nicht um Europa oder die Menschenrechte oder die Arbeitsplätze oder die internationale Wettbewerbsfähigkeit geht, sondern um das Überleben der FDP. Und gleichzeitig wirbt die FDP ungeniert mit dem CDU-Bundeskanzler Helmut Kohl. Das heißt, in diesem Wahlkampf geht es der FDP nicht um die großen Fragen der Zukunft, sondern darum, mit Hilfe der Zweitstimmen von CDU-Anhängern wieder in den Bundestag zu kommen.

Das ist zuwenig. Die Frage ist, ob es hätte mehr sein können. Um sie zu beantworten, meldeten sich viele zu Wort. Möllemann mit seiner Kritik an Kinkel, von Stahl mit rechtslastigen Entwürfen, so sprachlos wie langatmig der Wirtschaftsflügel der FDP, deutlicher und lauter der sogenannte Freiburger Kreis um die Justizministerin Sabine Leutheusser-Schnarrenberger, die wieder an die soziallibieralen Inhalte der »Freiburger Thesen« von 1971 anknüpfen will. Dabei wird als Parole ausgegeben: Sprachlosigkeit zwischen Wirtschafts- und Bürgerrechtsliberalen überwinden. Geht es wirklich darum, wie auch Hans D. Barbier in seinem Artikel in der »FAZ« vom 14. November meint, Marktliberale und Bürgerrechtsliberale inhaltlich miteinander zu versöhnen? Kann es gelingen, die »Axiome des klassischen Liberalismus - Respekt vor dem Individuum, Schutz des einzelnen vor Übergriffen des Staates, Eigenverantwortung, Wettbewerb der Problemlösungen und Offenheit für neue Ideen« auf die ganze Gesellschaft, auf die Marktwirtschaft und auf die innere Ordnung lupenrein zu übertragen und daraus eine akzeptable liberale Programmatik zu machen? Oder gewinnen sogar die »Nationalliberalen« die Oberhand, die behaupten, »links« von der CDU sei neben SPD, Grünen und PDS für eine weitere Partei kein Platz? Geradeso, als ob die Leute die FDP nicht ohnehin schon rechts von der Mitte einstuften, wie Allensbach ermittelt hat, und es auf die politische Gesäßgeographie und nicht auf die Inhalte ankäme. Es ist allerdings auch nicht zu bestreiten, daß mancher mittelständische Unternehmer in der FDP nicht nur die Lohnnebenkosten gesenkt, sondern auch die Verbrechen besser bekämpft haben will.

Die Probleme der FDP liegen aber tiefer. Jede zivilisierte Gesellschaft braucht ein ethisches Fundament und baut auf Grundwerten auf, die im Kern Emanationen der Menschenwürde sind, nämlich auf den Grundwerten der Freiheit, Solidarität und Gerechtigkeit. Im Vorfeld des Ludwigshafener CDU-Parteitags 1978, auf dem das Grundsatzprogramm der Union verabschiedet wurde, wurde in der Partei diskutiert, ob einer dieser Grundwerte Vorrang habe. Manche, wie zum Beispiel Gerhard Stoltenberg und die CDU-Landesverbände in Schleswig-Holstein und Hamburg, vertraten die Meinung, daß der Grundwert der Freiheit Vorrang habe vor Solidarität und Gerechtigkeit. Der Parteitag hat aber eine solche Prioritätenfestlegung abgelehnt, und zwar zu Recht, denn alle drei Grundwerte sind gleichwertig. Es kann jedoch in der geschichtlichen Entwicklung so sein, daß der eine Grundwert gefährdeter ist als der andere. In einer Periode kann es die Freiheit, in einer anderen die Solidarität oder die Gerechtigkeit sein. Je nachdem müssen die politischen Schwerpunkte gesetzt werden.

Die große Zeit des politischen Liberalismus war vor hundert Jahren, als die Freiheit gefährdet war durch Restauration, Reaktion, Wilhelminismus, Staatsallmacht und Nationalismus. Der politische Liberalismus hat versucht, die damals notwendige Priorität der Freiheit bis heute fortzuschreiben. Er tut so, als ob im letzten Jahrzehnt dieses Jahrhunderts der Grundwert der Freiheit in Deutschland der eigentlich gefährdete sei. Die Realität ist aber eine andere. Sicher muß auch heute der Bürger geschützt werden gegen die Übermacht der Bürokratie. Aber wir leben in Deutschland in einem funktionierenden Rechtsstaat, ja sogar in einem Rechtswegestaat, in dem die individuellen Rechte des Bürgers dominieren und sogar notwendige gesellschaftliche und wirtschaftliche Entwicklungen behindern können, wie die Masse der Einsprüche beim Bau von Umgehungsstraßen oder von Fabriken immer wieder beweist.

In Wirklichkeit sind heute die Grundwerte der Gerechtigkeit und der Solidarität massiv gefährdet. Immer mehr Menschen verlieren ihren Arbeitsplatz, haben ein sinkendes Realeinkommen, und diese Ungerechtigkeit wird noch gesteigert, wenn sie Kinder haben. In der Gesellschaft wächst ein enormes Sicherheitsbedürfnis. Es wird nach immer neuen Mitteln gerufen, um die moderne Kriminalität zu bekämpfen. Die Risiken, die aus der Großtechnik erwachsen, erschrecken die Menschen. Barbara Bludau, Hamburger Staatsrätin für Wissenschaft und Forschung, weist darauf hin, daß die Gentechnik in zehn Jahren das menschliche Genom entschlüsselt haben wird und daß man dieses dann steuern kann. Die Menschheit hat längst die Grenze erreicht, an der entschieden werden muß, ob alles, was dem Menschen möglich ist, auch dem Menschen gemäß ist.

Der Liberalismus mit seinen Axiomen ist hilflos, wenn es darum geht, überzeugende Antworten auf diese Herausforderungen zu finden. Freiheit und Sicherheit sind nicht gleichzeitig zu maximieren, sagt der Bundesverfassungsrichter Dieter Grimm. Bekämpfung der Kriminalität, Technologiefolgensicherheit und Schutz und Begrenzung der Gen- und Biotechnik haben einen Freiheitspreis, den die Menschen auch zu zahlen bereit sind. Eine Partei, die der ungehemmten technologischen Entwicklung prinzipiell, ungeachtet ihrer Folgen für Mensch und Natur, das Wort redet, oder zumindest diesen Eindruck erweckt, wird von Monat zu Monat Konsens verlieren. Hört man Liberale über die Wirtschaftspolitik sprechen, so fällt auf, daß sie ständig von freier Marktwirtschaft oder liberaler Marktwirtschaft oder Wettbewerbswirtschaft oder überhaupt nur von Wirtschaft reden oder vom Markt, aber daß ihnen das Wort »Soziale Marktwirtschaft« oder gar »Ökologische Marktwirtschaft« nicht über die Lippen kommt.

Richtig ist, daß am Markt die Leistungsgerechtigkeit gilt und daß die Leistung am Arbeitsplatz einen entsprechenden Preis hat, den der Unternehmer als Lohn für den

Arbeitnehmer bezahlt. Aber dieser Lohn kann nicht berücksichtigen, daß der Arbeitnehmer möglicherweise eine Frau und zwei Kinder oder eine schwerbehinderte Mutter im Haus hat. Infolgedessen muß es eine sekundäre Einkommensverteilung geben, für die der Staat verantwortlich ist. Das kann kein Almosenunternehmen sein oder das Ergebnis einer Barmherzigkeitsphilosophie, sondern darin verwirklicht sich der Grundwert der Gleichheit, manifestieren sich Brüderlichkeit und Solidarität, man könnte auch sagen christliche Nächstenliebe. Sie drückt sich heute nicht mehr aus in Lazaretten und warmen Suppen, sondern in der sozialen Sicherung gegen die Grundrisiken des menschlichen Lebens, nämlich Alter, Krankheit, Unfall, Arbeitslosigkeit und Pflegebedürftigkeit. Wirtschafts- und sozialgeschichtlich war dies der Inhalt der Auseinandersetzung zwischen Kapitel und Arbeit, die die Industriestaaten in den vergangenen 150 Jahren seit Beginn der industriellen Revolution in ihren Bann geschlagen hat. Die beiden zunächst vorherrschenden Antworten, nämlich der Kapitalismus und der Sozialismus, sind von der Wirklichkeit widerlegt. Der Kapitalismus wollte den Konflikt lösen, indem er versuchte, den Produktionsfaktor Arbeit, auf deutsch gesagt: die Arbeitnehmer, nach Rentabilitätsgrundsätzen klein zu halten. Der Kommunismus versuchte das Problem zu lösen, indem er den Produktionsfaktor Kapital enteignete und die Kapitaleigner eliminierte. Die Kommunisten glaubten, damit das Problem gelöst zu haben, in Wirklichkeit sind sie daran gescheitert. Durch die Demokratisierung unserer Gesellschaft ist ein dritter Weg entstanden, der die beiden Konfliktpole Kapital und Arbeit nicht jeweils zu minimieren oder auszuschalten versucht, sondern miteinander versöhnt, nämlich die Soziale Marktwirtschaft. Sie ist prinzipiell etwas anderes als Kapitalismus und Sozialismus. Das Problem der Neo- und der Wirtschaftsliberalen besteht darin, daß sie diese gesellschaftspolitische Entwicklung bis auf den heutigen Tag nicht begriffen haben.

Das drückt sich schon in der Terminologie aus. Ralf Dahrendorf, einer der führenden Vertreter des alten Liberalismus, redet daher, wo er von der Sozialen Marktwirtschaft sprechen sollte, von der »Sozialdemokratisierung des Kapitalismus«. Er kommt von diesem Schematismus so wenig weg, wie dies Ronald Reagan, Margaret Thatcher oder auch Helmut Schmidt gelungen ist. Sie tun so, als ob die Wirtschafts- und Sozialpolitik der westlichen Industrieländer nichts anderes seien als eine Variante des Kapitalismus. Wer so argumentiert, kapituliert vor der geistigen Anstrengung, in der Wirtschafts- und Sozialpolitik das uralte Schwarzweißschema des letzten Jahrhunderts zu überwinden.

Daß die Sozialdemokraten diese simple Zweiteilung auch lieber haben, macht die Sache nicht besser. Sie haben ja bis zum Jahr 1989 gebraucht, bis der Begriff »Soziale Marktwirtschaft« in einem Programm der SPD, nämlich »Fortschritt '90«, überhaupt aufgetaucht ist. Bei Ralf Dahrendorf sind die Motive wieder anders. Er ist ein Liberaler, der nie verwunden hat, daß nicht er die Soziale Marktwirtschaft erfunden hat, sondern ein Christlicher Demokrat, nämlich Ludwig Erhard.

Den Begriff »Sozialdemokratisierung des Kapitalismus« oder »Sozialdemokratisierung der Wirtschaftspolitik« haben auf der anderen Seite Rechtskonservative in der CDU nachgebetet, um die Sozialpolitiker innerhalb der CDU zu diffamieren. Bei Dahrendorf ist es Volksverdummung auf akademischem Niveau, bei den anderen nur Verdummung.

Seine Thesen sind typisch professoral-soziologisch, weil die Ideengeschichte zu kurz kommt.

Die Existenz von politischen Organisationen steht und fällt mit ihren Ideen. Ideen bewegen die Welt und prägen die Politik der Nachkriegszeit und nicht ideenlose Pressure-groups. Im Gegensatz zu den anderen Parteien ist die CDU nach 1945 als eine neue politische Kraft entstanden mit einer neuen Ideenwelt, mit christlichem Menschenbild, Europagedanken, Sozialer Marktwirtschaft. Das Problem der Liberalen besteht darin, daß sie dieses Erfordernis der Integration von Freiheit und Brüderlichkeit nicht erkannt haben. Sie meinen, soziale Gerechtigkeit ergebe sich unmittelbar aus dem Markt.

Das war auch der große Irrtum im Jahr 1990, der ein verhängnisvolles Ergebnis hatte. Nachdem die Wirtschafts-, Sozial- und Währungsunion beschlossen war, haben Neoliberale und Ordnungspolitiker die Parole ausgegeben, jetzt werde der Markt schon alles richten. Dem lag eine falsche Beurteilung der Ziele der Revolution zugrunde, die von den Menschen in den neuen Ländern ausgegangen war. Der erste Ruf hatte ja gelautet: »Wir sind das Volk« und nicht »Wir sind ein Volk«. Das kam erst später. »Wir sind das Volk«, das war ein demokratischer Urschrei, geboren aus einer angestauten Sehnsucht nach Demokratie. Die Menschen wollten Freiheit, Gleichheit und Gerechtigkeit. Die deutsche Einheit wollten sie auch, aber als Garantie dafür, daß Freiheit, Gleichheit und Gerechtigkeit ihnen weder von der sowjetischen Armee noch von kommunistischen Funktionären wieder weggenommen werden konnten.

Mit der Wirtschafts-, Währungs und Sozialunion vom 1. Juli 1990 und der deutschen Einheit am 3. Oktober 1990 sind zwei Dinge erreicht worden: Die Deutschen sind alle frei, und die Einheit haben sie auch. Weil diese beiden Ziele erreicht waren, wurde verdrängt, warum die Leute überhaupt auf die Straße gegangen waren. Die anderen Ziele, nämlich Gerechtigkeit und Solidarität gerieten ins Abseits. Stasi- und Eigentumsfragen, fremde Rechtsnormen, Etablierung der alten Seilschaften, die Praxis der Treuhandanstalt, die Lohnabstände zum Westen bei gleichzeitigem Westniveau der Preise, Massenarbeitslosigkeit, westdeutsche Arroganz, Mauerschützenprozesse und die Gerichtsfarce um Honecker – das alles bewirkte, daß viele Ostdeutsche bald nicht mehr glauben konnten, in einer gerechten und solidarischen neuen Gesellschaft zu leben. Im Sozialismus wird der Mensch durch den Menschen ausgebeutet. Das hatten sie am eigenen Leib erfahren. Und jetzt bekamen viele den Eindruck, im »Kapitalismus« sei es nur umgekehrt.

Wegen der angekündigten Schließung der Kalibergwerke in Bischofferode gab es Mitte 1993 einen Hungerstreik, der die Nation beschäftigte. Da wurde das ursprüngliche Transparent wieder hochgehalten: »Wir sind das Volk«. Was die Menschen so empfanden, war die Folge des neoliberalen ordnungspolitischen Stumpfsinns, der sich Mitte 1990 durchgesetzt hatte: Jetzt läuft es von selbst, der Markt wird es schon richten, alles wird privatisiert, dann gibt es automatisch ein zweites Wirtschaftswunder. Die falsche Bewertung der Revolution erklärt die Schwierigkeiten, die in den neuen Ländern entstanden sind. Es rächt sich, daß die CDU die politische Verantwortung für die Wirtschaftspolitik den Liberalen überlassen mußte. Daß in dieser einmaligen historischen Phase deutscher Geschichte achtenswerte, meinetwegen auch trickreiche, aber in jedem Fall phantasielose Leute die Ressortkompetenz für den schwierigsten Teil der Einheit besaßen, ist – auch für Helmut Kohl – fast tragisch zu nennen. Die Renaissance des Wirtschaftsliberalismus im Westen kam zum falschesten Moment, der überhaupt denkbar war. Die Wirtschaftsminister sind bis heute liberale Marktfetischisten, die nicht erkannt haben, daß der Wirtschaftsliberalismus ein Rückfall ist hinter Alfred Müller-Armack, der den Begriff »Soziale Marktwirtschaft« geprägt hat. Nicht mehr Ludwig Erhard ist maßgeblich, sondern der Wirtschaftsteil einiger überregionaler Zeitungen.

Die Soziale Marktwirtschaft ist ein integriertes Konzept. Die Liberalen sehen aber im Sozialen eher einen Appendix, einen Verteilungsmechanismus, der sich nur auswirken darf, wenn die Kuh Milch im Überfluß gibt. Als wäre die Soziale Marktwirtschaft eine Veranstaltung nur für die fetten Jahre, und das Soziale beschränkte sich auf das Verteilen und umfaßte nicht die staatliche Verantwortung für geordneten Wettbewerb und Vollbeschäftigung. Gerechtigkeit und Freiheit bringt man nicht auf einen Nenner, indem man dereguliert und privatisiert. Richtig ist: Marktwirtschaft hat etwas mit Deregulierung zu tun. Aber alles dem Markt anzuvertrauen ist Kapitalismus und nicht Soziale Marktwirtschaft, zu der eben auch Kartellgesetz, Kartellamt und Fusionskontrolle, Kündigungsschutz, Sicherheitsvorschriften und Arbeitsmarktpolitik gehören. Ludwig Erhard hatte nie von einer freien Marktwirtschaft geredet. Er ging immer von einem geordneten Wettbewerb aus. Den haben allerdings viele in den neuen Ländern vermißt.

Der Mangel an inhaltlicher Klarheit produziert die Gefahr des Rückfalls in den Wirtschaftsliberalismus. Man kann den Fehler auch personifizieren. Er heißt Rexrodt und Lambsdorff. Der Wirtschaftsliberalismus gerät in ein immer stärker werdendes Spannungsverhältnis zum politischen Liberalismus. Je stärker der reine Wirtschaftsliberalismus betont wird, desto mehr werden die Eliten nach dem Geld beurteilt, nach ihrem Einkommen. Werte jenseits von Angebot und Nachfrage verlieren ständig an Wert. Marion Gräfin Dönhoff hat in einem Interview zu Recht die These »So viel produzieren wie möglich, so viel konsumieren wie möglich« kritisiert. Wenn es nur noch um Wirtschaft geht, bleiben Kultur, Geist, Tradition, Freisinnigkeit, Menschenrechte auf der Strecke - und die Ethik und die Moral als Grundlage einer solidarischen Gesellschaft.

Es gibt einen weiteren Bereich, in dem der klassische Liberalismus versagt. Der Schutz der Grundrechte und der Menschenrechte gegenüber dem Staat, auch dem autoritären Staat, ist seit jeher eine zentrale Forderung des Liberalismus. Aber heute hat sich das Schutzbedürfnis verändert. Die Bürgerinnen und Bürger werden nicht mehr in erster Linie vom Staat in ihren Rechten beeinträchtigt, dafür um so mehr von der Übermacht der Verbände, von einer allgegenwärtigen Telekommunikationsindustrie, von übermächtigen Organisationen, vom Einfluß der Werbung. Hier versagt der Liberalismus in seiner sich selbst gestellten Aufgabe, die Individualrechte zu schützen.

Die alte soziale Frage der Auseinandersetzung zwischen Kapital und Arbeit ist inzwischen weitgehend gelöst. Heute findet das Gegenteil statt: Im inflationären Kampf um das Bruttosozialprodukt einigen sich die in Großorganisationen zusammengeschlossenen Vertreter von Kapital und Arbeit, die Arbeitgeberverbände auf der einen und die Gewerkschaften auf der anderen Seite, oft auf dem Rücken derer, deren Interessen nicht organisierbar sind. Sie verschlingen gemeinsam das, was erwirtschaftet wurde, und die anderen stehen draußen vor der Tür und können sehen, wo sie bleiben. Das ist die Neue Soziale Frage.

Die Liberalen sehen an diesem Problem vorbei und stellen sich infolgedessen gegen die Anwälte derjenigen, die nicht über die Droh- und Störpotentiale von Großorganisationen verfügen, also Behinderte, Kinder, Frauen, Familien, Pflegebedürftige. Das Verhalten der FDP in der Familienpolitik oder bei der Pflegeversicherung ist das beste Beispiel dafür, daß in dieser Partei nach wie vor der nackte Neoliberalismus dominiert.

Die Liberalen standen bisher auf der Bremse, wenn es darum ging, für die Familien mehr Gerechtigkeit zu schaffen. Es gibt eine Faustregel: Immer wenn es darum geht, für Behinderte, alte Menschen, Familien mit Kindern etwas zu erreichen, findet man die Liberalen eher auf der anderen Seite. Mit Ausnahmen: Hans-Dietrich Genscher, Klaus Kinkel, Hermann Otto Solms und Gisela Babel haben in der Pflegeversicherung geholfen.

Man kann zusammenfassend sagen: Die heutigen gesellschaftlichen Verhältnisse und die Interessen der Menschen verlangen eine Integration der Wirtschafts-, Finanz-, Umwelt- und Sozialpolitik. Das heißt: Partnerschaft statt Klassenkampf, Soziale und Ökologische Marktwirtschaft statt Neoliberalismus.

Auch in einer anderen Hinsicht haben die Liberalen den Anschluß an die moderne Zeit verpaßt. In den vergangenen zwanzig Jahren hat eine Reihe von Veränderungen in unserer Gesellschaft stattgefunden, die das Leben entscheidend geprägt haben: die Revolution von 1968 mit ihrer Umwandlung der Beziehung zwischen den Geschlechtern, eine neue Bewertung des Generationenvertrags und der damit ver-

bundene Jugendkult, die ökologische Revolution, die Dominanz der Elektronik mit der Folge der Rationalisierung, der Arbeitsplatzvernichtung, aber auch der weltweiten Telekommunikation, die gentechnische Revolution und natürlich die Revolution, die vor fünf Jahren in Europa mit globalen Auswirkungen stattgefunden hat. In Verbindung mit den Ereignissen, die die Menschen jeden Tag auf dem Bildschirm sehen, von den Bürgerkriegen bis zu den Öko-Katastrophen, von der Hungersnot bis zum islamischen Fundamentalismus, suchen die Menschen nach Sicherheit und Orientierung. Sicherheit und Orientierung entstehen aus der ethischen Begründung der Politik und dadurch, daß das Ordnungsprinzip der Subsidiarität in der Politik durchgesetzt wird, wonach die kleinen Einheiten wichtiger genommen werden als die großen. Dazu gehören das Dorf, die Gemeinde, die Familie. Die Verschiebung in der Bewertung der Lebensformen der Menschen von oben nach unten, von der Zentrale zu den Individuen und ihren Gemeinschaften ist eine Werteverschiebung, die zwischen Christlichen Demokraten und Grünen wesentlich mehr Gemeinsamkeiten schafft als zwischen Christlichen Demokraten und Liberalen oder Sozialdemokraten.
Den beiden letzteren ist eher der Zentralstaat von Bedeutung. Das kann man auch verstehen, weil die Liberalen auf der kommunalen Ebene ohnehin politisch schwach sind. Aber ihre Philosophie ist schon immer eher auf eine Zentrale ausgerichtet gewesen als auf die Dezentralisierung. Deswegen haben die Liberalen immer gegen die Zwergschule im Dorf und für eine zentralistische Bildungspolitik gekämpft, gegen die Kulturhoheit der Länder und für ein Bundesbildungsministerium mit umfassenden Zuständigkeiten. Nicht umsonst haben die Liberalen immer Wert

darauf gelegt, daß sie die Ressortkompetenz für die Bildungspolitik im Bund erhalten.
Der Wirtschaftsliberalismus in Reinkultur, wie er von den Liberalen vertreten wird, früher machtvoll, eloquent und argumentativ repräsentiert durch Graf Lambsdorff, ist obsolet geworden. In diesem Wirtschaftsliberalismus kann die Rettung der FDP nicht liegen, die Zeit ist über ihn hinweggegangen. Auch die mittelständischen Aufsteiger, die Angehörenden der technischen Intelligenz zum Beispiel, wollen keine Partei, die soziales Engagement und Verantwortung für andere ablehnt. Die Frage, ob die FDP als liberale Partei eine Zukunft hat, hängt also von anderen Inhalten ab.
Wie steht es aber mit dem Liberalismus der Bürgerrechte? Die Frage ist, ob dieser Liberalismus noch eine eigene Partei braucht. Das Thema Bürgerrechte, das alle Grundwerte umfaßt, die Freiheit des einzelnen Bürgers, seine soziale Verantwortung, aber auch seine ökologischen Pflichten, die Erhaltung des Freiheitsspielraumes nicht nur gegenüber dem Staat, sondern ebenso gegenüber mächtigen Verbänden, Einsatz für die Menschenrechte, Kampf für Frauenrechte und für die Einbürgerung von Ausländern – das alles ist hochaktuell und interessant. Für eine Partei, die sich für diese Themen engagieren will, bedeutet es harte Arbeit und Streit, aber auch die Möglichkeit, sich zu profilieren. Ein Blick über die Grenzen zeigt, daß es in einer Reihe von Ländern keine liberalen Parteien gibt, die sich diesen Zielen verschreiben könnten, daß aber gleichzeitig ein Potential vorhanden ist, das sich mobilisieren läßt, wenn es um wichtige Auseinandersetzungen über Liberalität geht, wie zum Beispiel in Frankreich in der Bildungspolitik, wo innerhalb einer Woche Millionen von Menschen mobilisiert werden konnten, auf der Straße zu demonstrieren. Dies scheint mir

in Deutschland nicht möglich zu sein. Infolgedessen ist es nicht schlecht, wenn eine politische Partei vorhanden ist, die diese Ziele verfolgt und die sich für die Bürgerrechte nicht nur in Deutschland und Europa, sondern auch weltweit einsetzt. Die Liberalen werden aber auch diese Chance verspielen, wenn sie Rexrodt wichtiger nehmen als Leutheusser-Schnarrenberger, Walter Döring bedeutender ist als Cornelia Schmalz-Jacobsen, Mittelstandslyrik auf FDP-Parteitagen mehr gefällt als der weltweite Einsatz für die Menschenrechte.

Im April 1994 hat der FDP-Vorsitzende und Bundesaußenminister Klaus Kinkel mit allen Mitteln erreicht, daß der Dalai Lama nicht vor dem Auswärtigen Ausschuß des Bundestags reden konnte. Die Behandlung des Dalai Lama durch den Vorsitzenden der Liberalen entspricht seinem Verhalten gegenüber dem von den islamischen Fundamentalisten zum Tode verurteilten iranischen Schriftsteller Salman Rushdie, den Kinkel nach einem ersten Treffen aus fadenscheinigen Gründen nicht mehr empfangen hat. Der Außenminister hat dafür eindeutige Motive: Die Wirtschaftsbeziehungen mit dem Iran und mit China dürfen nicht gestört werden. Das beweist, daß der Wirtschaftsliberalismus in der FDP wichtiger ist als der Bürgerrechtsliberalismus. Auch den Nationalliberalen wird das nicht schlecht gefallen. Wenn sich der liberale Außenminister auf Kosten der Menschenrechte vor den Karren der ökonomischen Interessen deutscher Exportfirmen spannen läßt, wird er die Wählerbasis für die FDP nicht vergrößern, sondern verkleinern.

Wenn man die deutsche Botschaft in Teheran besucht, dann kann man nächtens die Schreie der Menschen hören, die im benachbarten Gefängnis gefoltert werden. Liberales

Profil könnte die FDP gewinnen, wenn der Bundesaußenminister dafür werben würde, daß jeder Politiker und Wirtschaftsmanager, der nach Teheran kommt und mit der dortigen Regierung verhandelt, die Frage der Menschenrechte anspricht, bevor er das Wort »D-Mark« in den Mund nimmt, genauso wie Christliche Demokraten dafür eintreten sollten, daß die Verantwortung für die weltweite Durchsetzung der Menschenrechte nicht auf dem Altar der Diplomatie oder des Profits geopfert werden. Das machtvolle Eintreten für liberale Ideen – nicht zuletzt in Erinnerung daran, daß die großen Liberalen immer auch Weltbürger gewesen sind, Liberalismus mit Weltbürgertum zusammenhängt –, Einsatz für die Frauen und ihre Rechte, für ein liberales Staatsbürger- und Einwanderungsrecht: das sind die politischen Inhalte, mit denen die Liberalen Stimmen gewinnen könnten.

Heute gelten die Grünen bei den Bürgerinnen und Bürgern, denen diese Ziele wichtig sind, als die besseren Interpreten des Liberalismus. Die Freiburger Arbeitsgruppe Wahlen um Dieter Oberndörfer hat in ihrer Bundestagswahlanalyse festgestellt, daß die FDP vor allem Verluste in ihren durch Dienstleistung und Handel geprägten früheren großstädtischen Hochburgen erlitten hat, wobei die Grünen zur immer stärkeren Konkurrenzpartei werden, wie die Freiburger sagen. Sie weisen darauf hin, daß die strategisch bedeutsame Position der Liberalen in den sechziger und siebziger Jahren zwischen der Union und den Sozialdemokraten auf dem innerparteilichen Potential beruhte, für beide großen Parteien sinnvolle Koalitionsofferten zu machen. Zu diesem Zweck hatten die politischen Inhalte der FDP immer eine wirtschaftsliberale, aber auch eine freisinnig-aufklärerische, sozialliberale Komponente. Seit 1983 ist der Liberalismus der Bürgerrechte und der Aufklärung aber immer mehr verlorengegangen, so die Analyse. Die FDP wurde zu einer rein neoliberalen Wirtschaftspartei, während die Grünen das andere Spektrum immer mehr besetzt und die Rolle der Bürgerrechtler im Parteienspektrum übernommen haben. Sie sind, so sagt die Arbeitsgruppe Wahlen des Freiburger Bergstraesser-Instituts, schon lange nicht mehr eine Partei des jugendlichen radikalen Systemprotests, sondern haben in den Themenfeldern Umwelt, Frauen und Multikulturalismus die aktuellen freisinnig-liberalen Streitfragen besetzt.

Wenn man es mit den Liberalen gut meint, dann wünscht man sich liberale Frauen und Männer, die auch mit der Kraft der Sprache ihre Ideen vertreten können. Man erinnert sich an einen wie Reinhold Meier, der gegen den Klerikalismus zu Felde zog – aus der Sicht eines Christdemokraten allerdings ein falsches Thema –, und der werbewirksam und wortgewaltig forderte, daß man diesem Gewürm auf Kopf, Schwanz und Bauch treten müsse.

Lambsdorff ist einer, der es kann. Ein Mann mit großen intellektuellen Fähigkeiten, einer nicht minder großen rhetorischen Begabung, einer mit einem mutigen Herzen, ein Liberaler, der viel erreicht hat. Ich habe ihn erst nach dem Oktober 1982 im Kabinett und in ungezählten Koalitionsverhandlungen und Gesprächen richtig kennengelernt. Er hat die achtziger Jahre mitgeprägt wie kaum ein anderer, die Koalition und die von ihr getragene Regierung mit ihren großen Erfolgen, aber auch mit ihren Fehlern. Das Geheimnis seines Durchsetzungsvermögens liegt in der Addition seiner Argumente, falscher wie richtiger, mit einer blendenden Rhetorik. Lambsdorff besticht dadurch, daß er den Eindruck erweckt, als habe er seine Sache verstanden, was meistens stimmt. Aber er hat seine Talente für den Wirtschaftsliberalismus eingesetzt. Jeder, der es ihm in diesem Bereich gleichtun will, hat es schwer. Aber seine Wortgewalt und seine Intelligenz wären einer besseren Sache würdig gewesen. Die FDP braucht einen Grafen Lambsdorff für den Liberalismus der Bürgerrechte. Dann hat sie auch eine Chance, zu überleben.

# Die gespaltene Arbeiterklasse - SPD und PDS

*Kommunismus gleich Nationalsozialismus? - Sozialismus mit menschlichem Antlitz - Psychoanalyse der SPD - sozialdemokratischer Pazifismus und sowjetische Außenpolitik - SPD und SED - die PDS-Versuchung - Versöhnung mit den Kommunisten? - eine neue sozialistische Einheit?*

*21. September 1994:*
Im Deutschen Bundestag findet die letzte Debatte vor den Bundestagswahlen statt. Die Stimmung ist aufgeheizt. Norbert Blüm hält die Schlußrede für die CDU/CSU-Bundestagsfraktion. Unsere Abgeordneten sind begeistert. Er geht am Ende seiner Rede auf das Verhältnis von SPD und PDS und die von der PDS tolerierte rot-grüne Regierung des sozialdemokratischen Ministerpräsidenten Reinhard Höppner in Sachsen-Anhalt ein. Er wirft den Sozialdemokraten vor, die beste Tradition der SPD zu verraten, die großen Männer - Heinrich Gutermuth, Georg Leber und Hermann Rappe - zum Beispiel hätten in der ganzen Nachkriegszeit nur eine Orientierung gehabt: keine Zusammenarbeit mit den Kommunisten. Dafür seien viele Sozialdemokraten ins Gefängnis gegangen. Und dann sagt er wörtlich zu dem anwesenden saarländischen Ministerpräsidenten:

»Herr Lafontaine, es geht nicht darum, daß jemand einmal SED-Mitglied war. Es geht nicht darum, unter welchen Bedingungen er gezwungen wurde.

(Zurufe von der SPD: Blockflöten!)

Es geht darum, ob man sich 1994, unter den Bedingungen der Freiheit, noch zum Kommunismus bekennt.

(Beifall bei Abgeordneten der CDU/CSU)

Schlimm war es, wenn einer 1945 Nazi war. Schlimmer war es, wenn er 1949 immer noch Nazi war. Noch schlimmer wäre es gewesen, wenn eine Nachfolgeorganisation der Nazis in diesem Bundestag gesessen und einer Regierung die Mehrheit beschafft hätte.

(Beifall der CDU/CSU und der F. D. P.)

Mein Thema ist nicht das Schicksal des einzelnen. Ich weiß auch gar nicht, wie heldenhaft ich gewesen wäre. Ich überhebe mich nicht. Man kann sich ja auch ändern. Aus einem Saulus ist auch ein Paulus geworden; der hatte allerdings nicht nur seinen Namen geändert, sondern auch seine Gesinnung.«

Ich habe diese Argumentation des Vergleiches zwischen Kommunisten und Nationalsozialisten auch im Wahlkampf immer wieder unter großem Beifall der Zuhörer verwendet. Ich glaube aber, daß dieser Vergleich intellektuell nur dann redlich ist, wenn man, wie Norbert Blüm es getan hat, das Tertium comparationis deutlich benennt, nämlich wie diejenigen zu beurteilen sind, die unter den Bedingungen der Freiheit sich zum Kommunismus bekennen oder, ich füge jetzt hinzu, zum Nationalsozialismus bekannt haben. Läßt man den Vergleichspunkt weg, setzt man sich leicht dem Vorwurf aus, aus Mangel an Differenzierungsfähigkeit Nationalsozialismus und Sozialismus/Kommunismus auf eine Stufe zu stellen.

Damit sind wir beim Kern der Sache: Sind die PDS-Leute »rotlackierte Faschisten«, wie Helmut Kohl in schöner Eintracht mit Kurt Schumacher gesagt hat, oder sind sie, wie Erhard Eppler meint, verwirrte und gedemütigte Kommunisten, die sich in der neuen demokratischen Gesellschaft ihrer Haut wehren wollen, Menschen, denen das Wort Sozialismus mehr bedeutet als ein Knüppel gegen alle Kritiker, und anhängliche Mitglieder der alten SED? Es macht die Sache nicht einfacher, daß wahrscheinlich beide insoweit recht haben, als alle diese Sorten von ehemaligen SED-Mitgliedern und -Sympathisanten in der PDS vertreten sind.

Eppler hat in einem »Spiegel«-Essay Nazis und DDR-Kommunisten wie folgt unterschieden: »Das NS-Reich hat Berge von Leichen hinterlassen. Die SED hat Berge von Akten hinterlassen, unappetitliche oft, aber eben Akten. Als das Dritte Reich unterging, sprach Hitler seinem unterlegenen Herrenvolk die weitere Existenzberechtigung ab. Es hatte nichts Besseres verdient, als mit ihm zu sterben. Als die Kommunisten ihr System zusammenbrechen sahen, begannen Millionen von ihnen darüber nachzudenken, was sie falsch gemacht hatten.«

War das alles? Es klingt zu schön, um wahr zu sein. Und es ist eine gefährliche Argumentation, denn sie liefert der neuen Rechten in Deutschland die Gegenargumente frei Haus: Hinterließ nicht auch Stalin Berge von Leichen? Wie viele Juden haben die Kommunisten auf dem Gewissen? Gab es keinen Archipel Gulag? Ernst Nolte läßt grüßen. Und sind Stacheldraht, Minen, Todesschüsse, Mauerleichen, Stasi-Folter zwar unappetitlich, aber eben nur Akten?

Der PDS-freundliche Flügel der Sozialdemokraten wiederholt die Fehler der Geschichte der SPD und beherrscht sie deshalb besonders gut.

Würde ein Psychoanalytiker die Seele der SPD untersuchen, entdeckte er hinter Epplers Verharmlosung den quälenden Wunsch, einen »Sozialismus mit menschlichem Antlitz« zu retten. Der im Marxismus begründete Glaube an eine humane Revision des real existierenden Sozialismus verbietet es, diesen auf eine Stufe mit dem Nationalsozialismus zu stellen. Sozialismus mit menschlichem Antlitz – das kann man wenigstens denken, auch wenn es ihn nie gegeben hat. Nationalsozialismus mit menschlichem Gesicht – das ist schon gedanklich ein Widerspruch in sich.

Aber bei dem Verhältnis zwischen Sozialdemokraten und Kommunisten geht es nicht um die Ideale von Karl Marx, Friedrich Engels, Ferdinand Lassalle, August Bebel, Rosa Luxemburg, Wilhelm und Karl Liebknecht, Millionen von Intellektuellen, Arbeiterinnen und Arbeitern, die diesen Zielen gefolgt sind. Es geht vielmehr um das Verhältnis der SPD zum real existierenden Sozialismus in der ehemaligen DDR und zur PDS. Die SED hat eben nicht nur Akten produziert, sondern auch Leid, Unrecht, Tote, Unterdrückung, Folter, Tränen, Trennung von Familien und, genauso schlimm, geistige Indoktrination, Meinungsterror, soziale Ungerechtigkeit. Man kann nicht gerecht und vernünftig urteilen, wenn gedankliche Schludrigkeit und moralische Inkompetenz die Feder führen. Auch der real existierende Sozialismus in der DDR genauso wie in der Sowjetunion war eine antifreiheitliche Diktatur.

Das Verdrängen des totalitären Charakters dieser Form des Sozialismus hat in der Vergangenheit fast tragische Irrtümer

der SPD verursacht, aber auch der Sozialistischen Internationale. Die Sozialdemokraten richteten in den letzten Jahren des realen Sozialismus ihre internationale Politik nicht in erster Linie an der Freiheit und den Menschenrechten aus, sondern eher an wertneutralen Zielen wie Erhaltung des Status quo und Sicherheitspartnerschaft. Die SPD hat in den letzten Jahren und Jahrzehnten vor der Revolution 1989 sozialistischen Bewegungen in der Dritten Welt, aber auch dem real existierenden Sozialismus in Europa immer mehr zugetraut als dem Freiheitswillen der Völker. Gunter Hofmann hatte recht, als er in der »Zeit« schrieb, daß die Sozialdemokraten die deutsche Frage nicht als eine Freiheitsfrage, sondern fast ausschließlich als Sicherheitsfrage betrachtet hätten. Die SPD gehörte zu den Kreisen im Westen, die den Stalinismus ignorierten, von Jean-Paul Sartre und Norman Mailer bis hin zum Nobelpreiskomitee in Oslo, das den Friedensnobelpreis 1985 an die »Internationalen Ärzte zur Verhinderung des Atomkriegs« verliehen und deren Ko-Präsidenten Jewgenij Tschasow ausgehändigt hat. Tschasow war ein Mann des KGB und als Minister verantwortlich für die in der Sowjetunion verbindlichen Richtlinien zur psychiatrischen Behandlung von Dissidenten. Auch Erhard Eppler und andere Sozialdemokraten haben unter souveräner Mißachtung der totalitären Drohkulisse des Kommunismus einen geistigen Prozeß eingeleitet, an dessen Ende diese Leute nicht mehr wußten oder wissen wollten, von welcher Seite eigentlich die Mauer gebaut worden war.
Die Sozialdemokraten sind in ihrem gestörten und widersprüchlichen Verhältnis zur PDS bis auf den heutigen Tag das Opfer einer Änderung der politischen Moral, die Ende der sechziger, Anfang der siebziger Jahre darin bestand, daß

der Antagonismus Freiheit/Totalitarismus abgelöst wurde durch den Gegensatz Sozialismus/Faschismus mit der Folge, daß jeder, der nicht für den Sozialismus war, zum Faschisten gestempelt werden konnte. Umgekehrt waren diejenigen, die Antifaschisten waren, fast automatisch gute Sozialisten. Der PDS-freundliche Teil der Sozialdemokraten muß endlich anerkennen, daß die PDS die Nachfolgepartei einer antifreiheitlichen, totalitären Staatspartei ist, die durch antifaschistische und pazifistische Lippenbekenntnisse nicht ihren diktatorischen und antidemokratischen Charakter verloren hatte.
Ist dies klar, kann man sich in der politischen Auseinandersetzung in der Bundesrepublik Deutschland des Jahres 1995 mit der PDS, mit ihren Mitgliedern und ihren Wählern so befassen, wie dies in einer rationalen und humanen Gesellschaft notwendig ist und wie dies ja auch gegenüber den Nationalsozialisten nach 1945 geschehen ist.

*5. Dezember 1994:*
Es sieht nicht so aus, als ob bei der SPD die notwendige Klarheit vorhanden wäre. Die Auseinandersetzungen in der SPD wegen der Zusammenarbeit mit der PDS nehmen kein Ende. Der SPD-Bundesvorstand beschließt ein Papier, in dem sich die Sozialdemokraten gegenüber der PDS abgrenzen. Dem Beschluß zufolge darf es Koalitionen und gemeinsame Bündnisstrategien mit der PDS nicht geben. Am Tag darauf wird dieser Beschluß vom SPD-Parteirat zustimmend zur Kenntnis genommen. Doch der Vorsitzende des Parteirats, der SPD-Landesvorsitzende in Mecklenburg-Vorpommern, Harald Ringstorff, sagt am selben Tage, er wisse nicht, ob die Debatte beendet sei. Er bezweifle auch den Nutzen immer neuer Abgrenzungsbeschlüsse. Er

spricht sich gegen eine »Wagenburgmentalität« aus, die eine »Solidarisierung bei der PDS und ihren Wählern hervorrufen« könne. Außerdem könne man nicht von *der* PDS sprechen.

Ministerpräsident Höppner sagt am Tag des Vorstandsbeschlusses, dem 6. Dezember, in der »Leipziger Volkszeitung«, er wünsche sich, »nachdem uns der Westen den Staat, die Wirtschaft und alles sonst übergestülpt hat: laßt uns das mit der PDS doch wenigstens allein machen.« Und er interpretiert auch sofort den Abgrenzungsbeschluß des Vorstandes im Sinn von Ringstorff dahingehend, daß er sich nicht auf die PDS insgesamt, sondern nur auf den kommunistischen Teil der Partei beziehe.

Dem widerspricht wiederum der Bundesgeschäftsführer der SPD, Verheugen. Das Verhältnis der SPD zur PDS sei nicht allein eine Angelegenheit der ostdeutschen Landesverbände, sondern betreffe die gesamte Partei. Im Gegensatz zu Ringstorff hält er Koalitionsgespräche, wie sie in Mecklenburg-Vorpommern mit der PDS geführt worden waren, für nicht vereinbar mit dem Abgrenzungsbeschluß.

Der Zeitgenosse fragt sich, was eigentlich weiter hinter diesen Auseinandersetzungen steckt. Die Psychoanalyse der Seele der SPD, zweiter Teil, führt den Betrachter der Szene zu der Erkenntnis, daß weite Teile der Sozialdemokratischen Partei auch deswegen eine gewisse Affinität zur alten SED empfinden, weil sie die Spaltung der deutschen und der europäischen Arbeiterklasse in Sozialdemokraten und Kommunisten nicht verwunden haben. Erhard Eppler hat das Ziel der Annäherung der SPD an die PDS mit schöner Offenheit genannt: »Auch der Teil der Linken, der sich seit 1917 immer hoffnungsloser verrannte, dessen Experiment nach sieben Jahrzehnten 1989 sein unrühmliches, aber auch unblutiges Ende fand, soll wieder seinen Platz finden in einer demokratischen Gesellschaft.« Die SPD hat in diesem Jahrhundert unter dieser Spaltung gelitten. Es gab in allen europäischen Ländern starke sozialdemokratische und starke kommunistische Parteien. Jahrzehnte waren bürgerlich-konservative Regierungen an der Macht, weil die linke Seite gespalten war. Die Weimarer Republik ist auch an dieser Zwietracht zugrunde gegangen.

Es war insoweit konsequent, daß nach 1945 die Kommunisten den erfolgreichen Versuch unternahmen, diese Spaltung wieder rückgängig zu machen – natürlich in ihrem Sinne. Die SPD ging in der Sozialistischen Einheitspartei Deutschlands auf. Auch das haben die Sozialdemokraten nie verwunden. So zitiert Egon Bahr in einem »Spiegel«-Interview Kurt Schumacher, der die kommunistischen Vereinigungsbestrebungen mit dem Vorwurf kritisiert hatte, die SPD solle »Blutspender sein für die Kommunisten«. Und dann Bahr wörtlich: »Ich möchte das gespendete Blut zurück. Ich möchte denjenigen, die damals – ob aus Überzeugung oder aus Zwang – den Weg in die SED gegangen sind, den Weg zurück leichtmachen. Sie und auch ihre Kinder sollen zurück zur großen Mutterpartei.«

Schon in den siebziger Jahren, als der Eurokommunismus in der Sozialistischen Internationale heftig diskutiert wurde, gab es eine Bewegung innerhalb der SPD, die ihn, was auch immer man darunter verstehen mochte, als eine Chance begriff, die gespaltene europäische und deutsche Arbeiterklasse wieder zu vereinigen. Viele sehen heute in der Zusammenarbeit zwischen der SPD und der PDS die Chance, die Zwangsvereinigung von KPD und SPD des Jahres 1946 in einem demokratischen Sinne zurückzudrehen. Sie wol-

len sie unwirksam machen, um dennoch zu einer neuen Einheit zu gelangen, allerdings mit dem sozialdemokratischen Stempel.
Ich empfinde diese Diskussion als künstlich. Es gibt aus der PDS keine einzige Äußerung, die erkennen ließe, daß ihre Mitglieder sich als verlorene Söhne und Töchter der Sozialdemokratischen Partei verstünden. Die Sozialdemokraten verkennen auch, daß die deutschen Arbeiter, fast alle im Westen und die meisten im Osten, sich nicht als Mitglieder einer gespaltenen Klasse verstehen, die durch die Einheit von SPD und PDS wiedervereinigt werden müßte, sondern als Bürgerinnen und Bürger einer sozial gefestigten Demokratie. Sie wissen auch, daß die Wirtschafts- und Sozialordnung, die wir in Deutschland haben, von den Sozialisten auf der ganzen Welt nie nachgemacht werden konnte, obwohl sie lange genug, nämlich über siebzig Jahre, Zeit dazu hatten.

Die Psychoanalyse, dritter Teil, führt in die neueste deutsche Geschichte. Die Sozialdemokraten gaben Anfang der achtziger Jahre die Sicherheits- und Außenpolitik von Fritz Erler, Herbert Wehner und Helmut Schmidt auf und begingen den historischen Irrtum, ein Bündnis mit der Friedensbewegung einzugehen. Dieses Bündnis, vereint im Kampf gegen den von Helmut Schmidt initiierten NATO-Doppelbeschluß, brachte die Sozialdemokratische Partei unter Führung von Willy Brandt, Hans-Jochen Vogel, Egon Bahr in eine immer größere Distanz zur NATO und zu den Vereinigten Staaten mit ihrem Präsidenten Ronald Reagan, während sie sich gleichzeitig an die sowjetische Europa- und Deutschlandpolitik annäherte.
Egon Bahr sprach damals im Zusammenhang mit SDI, also

der amerikanischen Weltraumabschreckung, von einem perversen Denken. Das will ich gar nicht kritisieren. Aber die eigentliche Perversion bestand darin, daß die Sozialdemokraten in den achtziger Jahren die Vereinigten Staaten und die NATO für die Gefährdung des Friedens verantwortlich machten und die militärische Bedrohung durch die Sowjetunion in der innenpolitischen Auseinandersetzung ausblendeten. Der Grundirrtum der SPD bestand in einer falschen Werteorientierung. Sie proklamierten den Frieden als obersten Grundwert. Der Frieden ist aber kein oberster Grundwert, sondern ein politischer Zustand, der dann erreicht wird, wenn die wirklichen Grundwerte, nämlich Freiheit, Gleichheit, Gerechtigkeit verwirklicht sind: Opus justitiae pax. Gerechtigkeit schafft Frieden, Freiheit schafft Frieden. Dort, wo es keine Freiheit, Gleichheit und Gerechtigkeit gibt, ist auch kein Frieden vorhanden und möglich. Wenn der Frieden der oberste Grundwert wäre, dann hätten die Nazis ihr Unrechtsregime auf der ganzen Welt ausbreiten können, ohne Widerstand finden zu dürfen.

Die Friedensillusionen und die falsche Wertordnung brachten die Sozialdemokraten auf eine weitere Schiene, die zur SED führte. Sie gingen in den achtziger Jahren dazu über, auf der Parteiebene eine eigene Außen- und Deutschlandpolitik zu betreiben und gemeinsame Papiere mit der SED zu unterschreiben. Die Geraer Forderungen Erich Honekkers, unter anderem nach Anerkennung einer eigenen DDR-Staatsbürgerschaft, wurden rasch übernommen; ein schwerer Fehler, wie sich später herausstellen sollte. Die Menschen aus der DDR, die im Sommer 1989 zu Tausenden vor den Toren der bundesdeutschen Botschaften in Prag und Budapest warteten, hätten, wenn es nach der SPD gegangen wäre, dort keinen Einlaß finden können.

Die CDU hat immer an der einheitlichen deutschen Staatsangehörigkeit festgehalten und damit an der Auffassung, daß die Deutschen in Magdeburg und in Frankfurt an der Oder genauso Deutsche seien und bleiben müßten wie die Deutschen in Köln und Frankfurt am Main. Die westdeutschen Botschaften mußten ihre Tore für die Sachsen, Thüringer und Brandenburger öffnen, weil sie als deutsche Staatsbürger und nicht als DDR-Bürger anerkannt wurden, und die kommunistischen Regierungen in der Tschechoslowakei und in Ungarn mußten deswegen diese Menschen herauslassen. Grundsätze sind in der Politik wichtig, aber es müssen solche sein, die auf einer richtigen Werteordnung aufbauen. Die De-facto-Identität von SPD und SED war keine Identität in der Motivation und in der Zielrichtung, sondern eine Werte- und Geschichtsidentität.

Wie ist heute die PDS personell und inhaltlich zu beurteilen? Es wird behauptet, daß auch Gregor Gysi und Lothar Bisky gleichberechtigte demokratische Partner und möglicherweise auch Minister in einer demokratischen Regierung in Deutschland werden können müßten, weil das NSDAP-Mitglied Kurt-Georg Kiesinger Bundeskanzler, die HJ-Führer Jockl Fuchs und Heinz Oskar Vetter Oberbürgermeister und DGB-Vorsitzende werden konnten. Dieses Argument hinkt deswegen, weil die Genannten ihre Ämter nicht als Mitglieder einer neonazistischen Nachfolgeorganisation der NSDAP erhielten, sondern als Mitglieder demokratischer Parteien und Organisationen. Sie waren überzeugte Demokraten geworden. Wären Bisky und Gysi Mitglieder zum Beispiel der SPD, wäre die Sachlage eine andere. Sie sind aber Mitglieder einer Nachfolgeorganisation der SED.

Hat Eppler recht, wenn er sagt, man müsse diese Partei entmythologisieren: Nicht zielbewußte Totalitaristen seien hier beisammen, sondern ein buntes Gemisch aus Leuten, die auf unterschiedliche Weise mit dem endgültigen Scheitern des Marxismus-Leninismus fertig werden wollten. Dabei gebe es sogar Biographien, die Achtung abnötigten.

Die PDS ist keine neue Partei, sondern versteht sich als Nachfolgepartei der SED. Auf dem Parteitag im September 1990 nannte Gregor Gysi drei Hauptgruppen unter den Mitgliedern der PDS: »Das sind zum ersten die alten treuen GenossInnen, zweitens nenne ich die Gruppe junger GenossInnen (...), und drittens gibt es nach wie vor ehemalige hauptberufliche Funktionäre des Partei- und Staatsapparates.« Der französische Politikwissenschaftler Patrick Moreau, der sich intensiv mit der PDS beschäftigt hat, behauptet, daß die ehemaligen Staats- und Wirtschaftsfunktionäre, die früheren Angehörigen der bewaffneten Organe und hauptamtlichen Funktionäre der SED ein Drittel der PDS-Mitgliedschaft ausmachen. Die Führung der Partei wird nach wie vor von Ex-SED-Genossen dominiert. Im siebzehnköpfigen Parteivorstand saßen 1994 neun ehemalige SED-Mitglieder: Lothar Bisky, Silvia Yvon Kaufmann, Kerstin Kaiser-Nicht, Dietmar Bartsch, Katrin Dörre, Sahra Wagenknecht, Eva Mendl, Michael Schumann und André Brie. André Brie war neben Bartsch, Dörre und Schumann Schüler der berühmten und berüchtigten Kaderschmieden des SED-Regimes.

Der Bundesgeschäftsführer der PDS, Martin Harnack, war Sekretär für Agitation und Propaganda bei der SED-Kreisleitung Grimma und studierte an der Moskauer Akademie für Gesellschaftswissenschaften. Dietmar Bartsch ist ebenfalls Absolvent der Moskauer Akademie. Der Wahlkampfmanager André Brie, ein promovierter Politikwissenschaftler, war seit 1970 inoffizieller Mitarbeiter der Stasi und bespitzelte bis 1989 seine Landsleute. Die sechs Vorsitzenden der ostdeutschen Landesverbände der PDS entstammen sämtlich den Reihen der SED: Roland Claus (Sachsen-Anhalt), Helmut Holter (Mecklenburg-Vorpommern), Helmuth Markov (Brandenburg), Petra Pau (Berlin), Peter Porsch (Sachsen) und Gabriele Zimmer (Thüringen). Auch Fraktionsvorsitzende der PDS in den Landtagen kommen aus den SED-Parteihochschulen und bekleideten führende Positionen im DDR-Regime. Christine Ostrovsky, Vorsitzende der Dresdner PDS-Organisation, war Parteisekretärin und Abteilungsleiterin für Agitation und Propaganda in der SED-Stadtbezirksleitung.

Aus den westlichen Ländern sind eindeutige Kommunisten oder Autonome in den Vorstand gekommen wie zum Beispiel Andrea Lederer vom Kommunistischen Bund, Heidi Knake-Werner von der DKP, Jakob Moneta von der trotzkistischen »Vierten Internationale«, ferner Joachim Bischof vom SDS und Claudia Gode.

Die PDS sieht ihren Schwerpunkt in der außerparlamentarischen Arbeit und versucht ein Bündnis mit Gleichgesinnten in anderen Parteien zu schaffen. Sie spekuliert dabei in erster Linie auf SPD-Mitglieder und SPD-Wähler. Sie identifiziert den Staat mit Kapitalinteressen und »setzt sich dafür ein, daß die Bewegungen Betroffener zu wirksamen Gegenmächten gegen Kapital, Markt und Staat werden.« (Programm vom Januar 1993) Dementsprechend realisiert die PDS die Idee der offenen Liste. Mit ihr will sie an Attraktivität gewinnen, aber es sollen auch Wählerinnen und

Wähler erreicht werden, die mangels Alternative bisher vor allem die SPD gewählt haben. Der bekannte Dichter, der Gewerkschaftsfunktionär, der evangelische Pastor, der adelige Enkel Bismarcks – sie sollen der PDS eine breite Basis schaffen und das Ansehen auch der kleinen und mittleren Einkommensempfänger eintragen. Im PDS-Vorstand ist auch die sogenannte Kommunistische Plattform (KPF) vertreten, eine vom Verfassungsschutz als linksextremistisch eingestufte Gruppe. Sie hat etwa 4.000 Mitglieder und wird im Vorstand durch Sahra Wagenknecht vertreten. Die 25jährige verteidigt noch heute den Mauerbau als »Maßnahme zur Grenzbefestigung, die dem lästigen Einwirken des feindlichen Nachbarn ein Ende« gesetzt habe. Der PDS-Vorsitzende Bisky sagte 1993, er habe keine Lust, sich »von der Kommunistischen Plattform in der PDS in irgendeiner Weise abzugrenzen«.

Ob Eppler das alles weiß, wenn er prognostiziert, daß sich unter bestimmten Voraussetzungen die PDS zu nichts anderem entwickle als zu einer »entbehrlichen Spielart der Sozialdemokratie«? Ob sie entbehrlich wird, werden die Ostdeutschen aus einem anderen Blickwinkel beurteilen. Die Wählerschaft erreicht die PDS durch ihre nach wie vor vorhandenen Kader, nicht nur in Ostberlin, sondern auch in den Ländern. Nicht so sehr als politische Partei, sondern als Diakonie. Wenn die beiden großen Volksparteien dem nichts Entsprechendes entgegensetzen, wird uns die PDS noch lange erhalten bleiben.

In der Tat, die PDS-Leute müssen dieselben demokratischen Chancen haben wie früher Nationalsozialisten. Man darf sie im Prinzip auch nicht negativer bewerten als die Altkommunisten Michail Gorbatschow oder Gyula Horn. In den anderen osteuropäischen Ländern haben die

Nachfolgeparteien der Kommunisten an politischem Einfluß gewonnen. Es kommt hier wie bei allem anderen auf die Inhalte und die demokratische Zuverlässigkeit an. Gorbatschow hat Glasnost und Perestroika durchgesetzt, Bücher geschrieben, die ihn als einen Reformer ausweisen, und Gyula Horn bekennt sich zu den westlichen Demokratien und möchte, daß sein Land in die NATO aufgenommen wird. Es hat den Eindruck, daß die PDS mit ihren Inhalten und ihren Personen den Weg vom Saulus zum Paulus erst noch vor sich hat. Bis sie dieses Ziel erreicht hat, darf es keine Kooperation oder gar Koalition geben. Die Aufarbeitung des SED-Unrechts ist notwendig und muß weitergehen.

Die SPD läuft wegen der genannten Affinitäten wieder Gefahr, den historischen Fehler der achtziger Jahre zu wiederholen: Anstatt die PDS zu bekämpfen, will sie sie umarmen. Mit der Methode hat sie die Grünen groß gemacht. Die Union dagegen hat die Republikaner bekämpft und auf Null gebracht.

Der ständige Wechsel der Parteivorsitzenden und Kanzlerkandidaten innerhalb eines Jahrzehnts, von Willy Brandt über Hans-Jochen Vogel, Johannes Rau, Oskar Lafontaine und Björn Engholm bis zu Rudolf Scharping, ist auch Ausdruck der programmatischen Unsicherheit, sogar der Zerrissenheit der Sozialdemokraten. Es gibt in der SPD massive Gegensätze in vielen Grundsatzfragen. Dies gilt vor allem für die Wirtschaftspolitik und für die Außenpolitik. Die Sozialdemokraten haben in den letzten zwanzig Jahren eine Reihe von politischen Grundsatzäußerungen produziert: Orientierungsrahmen '85, Irseer Entwurf, Berliner Grundsatzprogramm, Fortschritt '90. Wenn man die Aussagen darin untersucht, wird man leicht feststellen, daß in ihnen vor allem Formelkompromisse enthalten sind, die die eigentlichen Streitfragen verdecken und keine Antworten erkennen lassen auf die Herausforderungen dieser Zeit. Der Philosoph und Politologe Hermann Lübbe spricht vom sozialdemokratischen »Moratoriums-Nein«. Das, worauf sich die SPD am leichtesten einigen kann, ist das Nein: zum sparsamen Haushalt, zur europäischen Einigung, zur Bundeswehr, zur NATO, zur deutschen Einheit, zur Treuhand. Das reicht nicht, um die Zukunft zu gestalten. Deshalb geht die geschichtliche Entwicklung über die SPD hinweg. Die besten Beispiele sind das Versagen der Sozialdemokraten bei der deutsch-deutschen Einigung, aber auch bei der Asylfrage und beim Bundeswehreinsatz im Rahmen der UNO.

Scharping hat dies erkannt. Er ist aber mit seinem Versuch der Christdemokratisierung der SPD vorläufig gescheitert. Die Anbiederung ist auch für modernisierungswillige Sozialdemokraten zu weit gegangen. Ein Sozialdemokrat braucht nicht den Begriff »Sozialmißbrauch« zu übernehmen, um modern zu werden. Mit dieser Anbiederung an den Neoliberalismus blockiert er im eigenen Lager den Konsens für eine moderne Industriepolitik genauso wie für ein Öko-Steuersystem. So gesehen, wäre das Bündnis zwischen SPD und PDS inhaltlich ein Pakt zwischen den Grufties der deutschen Politik.

# Elefantenhochzeit – die große Koalition und die Alternativen

*Dissens in der SPD-Spitze – Parteienzusammenarbeit in den Ländern – Gefahren einer großen Koalition – absolute Mehrheit oder Opposition? – Selbstblockade der Union – Krisenszenario für die FDP – Regieren ohne die Liberalen – Neuwahlen?*

*15. Oktober 1994:*
Auf dem Weg zum Infostand der CDU in der Landauer Fußgängerzone komme ich am Canvassingstand der SPD vorbei. Mein Gegenkandidat Heinz Schmitt, der dann über die Landesliste der SPD in den Bundestag gewählt wird, begrüßt mich mit einer politischen Ansprache und überläßt mir dann fairerweise für einige Minuten das Mikrophon. Die SPD hatte zwei Tage zuvor in der »Rheinpfalz«, meiner Heimatzeitung, eine Anzeige geschaltet mit dem Versprechen des SPD-Bundestagskandidaten, sich als Abgeordneter für die Menschen einzusetzen, die von der »Kohl-Regierung mit ihren Problemen allein gelassen« worden seien. Als Beispiel wurde eine Winzersfrau genannt, die mit 600 Mark Rente auskommen müsse, aber allein 100 Mark davon in die Apotheke trage, weil sie Spritzen brauche. Ich polemisiere gegen diese Falschmeldung und informiere über die Härte- und Überforderungsklausel nach dem Gesundheitsreformgesetz, das in dem Gesundheitsstrukturgesetz aufgegangen sei, welches CDU/CSU, FDP und SPD gemeinsam verabschiedet haben. Ich füge hinzu, daß man eigentlich von der SPD auch auf der lokalen Ebene erwarten könne,

daß sie die Menschen richtig informiere, anstatt ihnen angst zu machen. Schweigen auf der anderen Seite. Ich verabschiede mich von den SPD-Leuten in Richtung CDU-Infostand. Sie bleiben wahrscheinlich mit dem mulmigen Gedanken an eine große Koalition zurück, die es ihnen unmöglich macht, im Wahlkampf so richtig gegen den politischen Gegner zu argumentieren.
Der niedersächsische Ministerpräsident, Gerhard Schröder, hatte einen Tag vorher das Wahlkampfdrehbuch der SPD durcheinandergebracht. Er hatte seine Bereitschaft signalisiert, als Wirtschaftsminister in einer großen Koalition mitzuarbeiten. Ins Wahlkampfkonzept der Sozialdemokraten paßt dies nicht, denn sie hatten in der Schlußphase des Wahlkampfs in ganz Deutschland den »Kanzlerwechsel« plakatiert.

*16. Oktober 1994:*
Schröder liegt mit seiner »Prognose« einer großen Koalition näher am Wahlergebnis als das SPD-»Kanzlerwechsel«-Plakat. Der niedersächsische Ministerpräsident spricht sich noch in der Wahlnacht in der SPD-Führungsspitze dafür aus, daß seine Partei angesichts des knappen Ergebnisses mit der Union Verhandlungen über die Bildung einer großen Koalition aufnehmen solle. Scharping ist anderer Auffassung. Schröder setzt sich ein, Scharping setzt sich durch. Hätten Union und FDP jedoch den hauchdünnen Vorsprung von 0,3 Prozent gegenüber SPD, Grünen und PDS nicht erzielt, wäre die Entscheidung wahrscheinlich eine andere gewesen. Scharping ist insofern konsequent, als er erkennt, daß auch knappe Mehrheiten den Auftrag zur Regierungsbildung bedeuten, während Schröder, der in Niedersachsen mit gerade einem

Sitz Mehrheit im Landtag regiert, konsequenterweise auch dort die große Koalition schon längst hätte anbieten müssen.
Die strategischen Überlegungen in der SPD-Spitze gehen offenbar in verschiedene Richtungen: Manche scheinen darauf zu setzen, die Sozialdemokraten über eine große Koalition so schnell wie möglich wieder in die Regierung zu bringen, andere spielen auf Zeit und hoffen, die Regierungskoalition über kurz oder lang sturmreif schießen zu können und durch eine neue kleine Koalition unter Führung der SPD abzulösen, Ampel nicht ausgeschlossen.
Festgehalten werden muß an dieser Stelle noch einmal, daß die Union gemeinsam mit der FDP zwar die Mehrheit hat, aber auf Bundesebene kurz- oder mittelfristig keine Alternative zur FDP. Die SPD dagegen hat keine regierungsfähige Mehrheit, aber eine größere Zahl von Optionen. Nichts ist präjudiziert, aber auch fast nichts ausgeschlossen. Das ist die Lage seit dem gefährlichen Sieg am 16. Oktober 1994, dem Verlust der strategischen Mehrheit der Union.
Damit ist aber noch nicht das ganze Bild gemalt. Denn eine Option haben Union und SPD gemeinsam: die Elefantenhochzeit, die Bildung einer großen Koalition. Aber entspräche sie der Interessenlage einer der großen Parteien? Die Gründe gegen eine große Koalition überwiegen auf beiden Seiten. Die Sozialdemokraten müßten in einer Regierung mitarbeiten, die von derselben Union geführt würde, deren Politik sie seit Jahren bekämpfen, von Ausnahmen abgesehen. Die Union bliebe in der Regierungsverantwortung. Interessant für die SPD wäre dagegen die Möglichkeit, sich mit guten Leuten im Kabinett als Regierungspartei zu profilieren und aus der Regierungsverantwortung heraus im nächsten Wahlkampf einen Anspruch auf das Kanzleramt zu vertreten.

Viele in der Union haben noch in schlechter Erinnerung, daß es angeblich eine große Koalition war, die der SPD 1969 den Weg in das Kanzleramt geebnet hatte. Die große Koalition von 1966 bis 1969 war aber nicht der eigentliche Grund dafür, daß die SPD 1969 die Bundestagswahlen und die FDP als Koalitionspartner gewinnen konnte. Die Voraussetzung für die Regierungsübernahme der SPD war vielmehr, daß die Partei sich inhaltlich modernisiert hatte. Schon Ende der fünfziger Jahre hatte sie begonnen, ihr angestaubtes Politikangebot aus den Ladenregalen zu räumen und durch attraktivere Inhalte zu ersetzen. Die entscheidenden Schritte auf dem Weg ins Kanzleramt waren das Godesberger Programm von 1959, mit dem die SPD zum Beispiel ihre planwirtschaftlichen Positionen räumte, und Wehners berühmt gewordene Stuttgarter Rede von 1960, mit der sich die SPD von ihrer antiwestlichen, neutralistischen Außenpolitik verabschiedete. Erst dadurch wurde die große Koalition möglich und auch der darauf folgende Wechsel, als die Union gegen Ende der sechziger Jahre den Anschluß an die gesellschaftlichen Grundströmungen verpaßt hatte. Hinzu kamen handfeste Fehler etwa in der Finanzpolitik, zum Beispiel in der Frage einer Aufwertung der Mark oder bei der Beamtenbesoldung. Willy Brandts Weg in das Bundeskanzleramt begann nicht 1966, sondern schon sechs oder sieben Jahre vorher, als in der SPD die Grundsteine für die Koalitionsfähigkeit zunächst mit der Union und später mit der FDP gelegt wurden.

Bei der Regierungsübernahme 1982 durch die Union war es, wie erläutert, ähnlich. Ihr ging eine inhaltliche Modernisierung der CDU voraus, zu der auch die endgültige Anerkennung der Grundlagen und Ergebnisse von Brandts und Genschers Ostpolitik gehörte. Anders wäre die Koalition mit der FDP nicht zu haben gewesen. 1982 taumelte die sozialliberale Regierung ihrem Ende entgegen. »Die Situation ist da«, hätte Adenauer damals wohl gesagt, und infolge der inhaltlichen Veränderungen hatte die Union auch die Möglichkeit, sie zu nutzen. Helmut Kohls Weg in das Bundeskanzleramt begann schon 1972, und zwar nach dem gescheiterten Mißtrauensvotum gegen Brandt. In dessen Folge erkannte die Union, daß der Weg zurück zur Macht zeitgemäße und mehrheitsfähige Inhalte zur Voraussetzung hatte.

Diese historischen Erfahrungen sprechen nicht per se gegen eine große Koalition auf Bundesebene, zumal in Union und SPD der Grundsatz anerkannt wird, daß alle demokratischen Parteien prinzipiell untereinander koalitionsfähig sein müssen, eine der Lehren, die aus dem Scheitern der Weimarer Republik gezogen wurde. Die Demokratie der Bundesrepublik ist allerdings gefestigter, als es die Weimarer Republik jemals war, im Bundestag gibt es keine radikale Partei, die gegebenenfalls die Rolle des Züngleins an der Waage spielen könnte; die PDS sitzt zwar im Parlament, hat jedoch, wenn auch nur knapp, nicht genügend Sitze, um die Bildung irgendeiner anderen Mehrheit beeinflussen zu können. Auch für das Zustandekommen einer Ampelkoalition würde sie nicht gebraucht. Die Rechtsradikalen sind – den Wählerinnen und Wählern sei Dank – ohnehin draußen geblieben.

Anders sieht es in manchen Bundesländern aus. In Baden-Württemberg gäbe es die theoretische Möglichkeit für die CDU, gemeinsam mit den Republikanern eine Regierungsmehrheit zu bilden. In Thüringen, Mecklenburg-Vorpommern und Berlin wären rechnerisch Koalitionen zwischen den großen Parteien und der PDS möglich – in Berlin bräuchte die SPD nur einen Partner. Große Koalitionen in

den Ländern gibt es also nur dort, wo radikale Parteien von links oder rechts rechnerisch gesehen in der Lage wären, als Juniorpartner einer der großen Parteien eine Mehrheit zu sichern, dies aber aus politischen Gründen nicht geht.
Die Ausnahme ist bekanntlich Sachsen-Anhalt. Parlamentarische Regierungen halten sich aber auf Dauer nur, wenn eine Regierungsmehrheit im Parlament vorhanden ist, wie wohl das politische System Italiens im negativen Sinn am eindrucksvollsten beweist. Minderheitsregierungen mit Duldungspartner haben nur geringe Überlebenschancen und gegenüber formellen Koalitionen einen großen Nachteil: In Koalitionen stehen alle beteiligten Fraktionen und Parteien unter Kompromißzwang, gemeinsam erarbeitete Kompromisse müssen gemeinsam verantwortet und getragen werden. Minderheitsregierungen hingegen hängen auf Gedeih und Verderb von der Zustimmung des Duldungspartners ab: Für diesen steht nämlich nichts auf dem Spiel. Es ist ein frommer Wunsch von Erhard Eppler, wenn er in seinem PDS-freundlichen »Spiegel«-Essay meint, daß das Magdeburger Modell den Druck auf die PDS erhöhe, nämlich sich entscheiden zu müssen zum Beispiel, ob sie einen Haushalt annimmt oder nicht, und dadurch zu zeigen, wer sie sei, ohne viel davon zu haben. Verweigert sie nämlich ihre Zustimmung, gerät die Regierung ins Schleudern, und die Sozialisten können mit dem Finger auf die Regierung zeigen, die die populären PDS-Vorschläge nicht akzeptiert habe.
Die »stille Koalition« der SPD mit der PDS in Magdeburg spricht gegen eine große Koalition auf Bundesebene. In der Union würde sich Widerstand dagegen rühren, mit der SPD zusammenzugehen, weil diese mit dem Grundsatz gebrochen hat, daß es keine Koalitionen mit radikalen Parteien von links und rechts geben darf.

Zu fragen ist auch, wie sich die Magdeburger Duldungskoalition mit dem Selbstverständnis des Bündnis 90/Die Grünen vereinbaren läßt, dessen Wurzeln im Osten Deutschlands in der Bürgerrechtsbewegung liegen, die von der SED unterdrückt und schikaniert worden ist. Wie man angesichts dessen mit der SED-Nachfolgepartei gemeinsame Sache machen kann, bleibt eine Frage, die die Bündnisgrünen erst noch beantworten müssen. Es ist erstaunlich, daß dieses Thema in den parteiinternen Diskussionen kaum eine Rolle spielt, obwohl die Glaubwürdigkeit der Grünen, besonders in Ostdeutschland, unmittelbar davon berührt ist.

Große Koalitionen sind in aller Regel Bündnisse gegen den Radikalismus. Sie sollen verhindern, daß radikale Parteien von rechts oder links Einfluß gewinnen oder sogar Regierungsämter übernehmen. Sie sind deshalb Koalitionen für den Notfall, nicht jedoch für den Normalfall. Das parlamentarische Regierungssystem – zumal unter Bedingungen des Verhältniswahlrechts wie in Deutschland – lebt davon, daß zwar einerseits die großen demokratischen Parteien in schwierigen Situationen zur Kooperation befähigt sind, andererseits aber auch davon, daß die Wählerinnen und Wähler die Möglichkeit haben, *innerhalb* des demokratischen Spektrums Richtungsentscheidungen zu treffen. Koalieren die beiden dominanten Parteien jedoch miteinander, möglicherweise sogar auf Dauer, entfällt für die Menschen diese Möglichkeit. Die Gefahr dabei ist, daß sich Unzufriedenheit mit der Regierung und Protestwahlverhalten nicht zugunsten einer dann nicht vorhandenen großen Oppositionspartei auswirken, sondern radikale Parteien zum Sammelbecken der Enttäuschten und Unzufriedenen werden können. Nur so ist Jörg Haiders Erfolg in Österreich zu erklären.

Auf Bundesebene haben die Wählerinnen und Wähler in Deutschland bisher nicht ein einziges Mal so gewählt, daß eine große Koalition in Bonn vom Wahlergebnis her notwendig geworden wäre. Die große Koalition von 1966 entstand nicht infolge eines Wählervotums, sondern infolge einer Krise der Koalition unter Erhard, in deren Folge die FDP aus der Regierung austrat. Die Wahlergebnisse im Bund fielen stets so aus, daß – mit Ausnahme von 1957 – keine Partei allein regieren konnte, jedoch grundsätzlich kleine Koalitionen möglich waren. Der »natürliche« Koalitionspartner sowohl für die CDU/CSU und später die SPD war dabei immer die FDP. Das Parteien- und Regierungssystem hatte demzufolge immer einen Drang zur Mitte. Erst mit der Etablierung der Grünen hat sich dieses Bild verändert, aber nicht so, daß die Grünen auf Bundesebene jemals die Möglichkeit hatten, sich an einer Regierung zu beteiligen. Es spricht angesichts der Existenzkrise der FDP in den Ländern viel dafür, daß die Karten im Lauf der Legislaturperiode bis 1998 oder an deren Ende neu gemischt werden, vor allem dann, wenn sich die Grünen weiter zu einer ökoliberalen Partei entwickeln, die sich mehr und mehr vom linksradikalen Rand distanziert. Die Option schwarz-grün ist auf die Dauer dort, wo ausreichend inhaltliche Übereinstimmungen bestehen, für die CDU eine echte Alternative. Eine Arbeitsteilung in der Form, daß die SPD die Koalitionsoption für alle Parteien besitzt, die Union aber nur für eine, nämlich die SPD, wird die Union zur Daueropposition verurteilen.

Als Voraussetzung zum Regieren bleiben natürlich absolute Mehrheiten. Aber sie waren früher schon selten und sind heute noch schwieriger zu erreichen. Auch die kontinuier-

lichen Stimmenverluste der CSU von über sechzig Prozent in den siebziger Jahren bis knapp über fünfzig Prozent 1994 zeigen diese Entwicklung deutlich. In den meisten Bundesländern ist die CDU von der absoluten Mehrheit so weit entfernt wie die CSU in Nürnberg, Hof oder Bayreuth. Es ist zwar nicht auszuschließen, daß CDU und CSU in dem einen oder anderen Land oder in der einen oder anderen Stadt eine absolute Mehrheit erreichen oder wieder erreichen können. Aber wie soll zum Beispiel die saarländische CDU von 38,6 Prozent, die nordrhein-westfälische CDU von 36,5 Prozent, die Hamburger CDU von 25,1 Prozent bei den letzten Landtagswahlen auf über 50 Prozent kommen? Ausschläge von plus oder minus 10 Prozent für einzelne Parteien oder sogar mehr sind bei Wahlen in Deutschland bisher die absolute Ausnahme gewesen.
Edmund Stoiber hat Mitte Dezember eine Erweiterung des koalitionspolitischen Spielraums der Union abgelehnt. Falls die FDP nicht überlebe, müsse man zwar über Alternativen reden. Eine große Koalition sei aber als »Notfalllösung« nicht gut. Es bleibe dann nur »die Alternative zwischen absoluter Mehrheit oder Opposition«. Nach Stoibers Rechnung bliebe CDU-Landesverbänden wie den genannten nur eine Möglichkeit: Sie würden sich aus Dummheit auf Jahre hinaus zur Opposition verdammen. Auf Jahre würde festgeschrieben, daß die Sozialdemokraten sich angesichts der Selbstblockade der CDU auf Dauer in den Regierungen einrichten könnten.
Von der CSU ist oft zu hören, man müsse für absolute Mehrheiten »kämpfen«. Kämpfen ist meistens richtig. Aber Mehrheiten sind immer abhängig von mehreren Faktoren: den Wählerstrukturen, dem Zeitpunkt, den inhaltlichen Konzepten und der Mobilisierung der eigenen Anhänger-

schaft. Auch in Bayern gibt es unterschiedliche Wahlergebnisse, und in einzelnen Regionen, in denen die Wählerstrukturen denen von Bayern ähnlich sind, erzielt die CDU ebenfalls Ergebnisse über fünfzig und sechzig Prozent. Was wäre eigentlich gewesen, wenn in Bayern nicht erst im September, sondern schon im April 1994 gewählt worden wäre, als die gebeutelte CSU nach Umfragen deutlich unter fünfzig Prozent lag? Welche Koalition wäre dann in München ohne FDP eigentlich gebildet worden?

Eine vernünftige Koalitionsstrategie der Union kann nur eine Strategie der Offenheit sein, allerdings nicht der Offenheit um jeden Preis. Radikale Parteien scheiden aus der Betrachtung grundsätzlich aus. Sonst sollte gelten, daß Koalitionen nach dem Prinzip der größtmöglichen Übereinstimmung gebildet werden, wenn es die Situation erfordert. Das bedeutet nicht, eine flächendeckende Kooperation mit den Grünen zu befürworten. Die Union sollte sich nur nicht durch Prinzipienreiterei oder Unvereinbarkeitsbeschlüsse ihre Regierungschancen verbauen und sich selbst im Weg stehen, wenn sie die Möglichkeit hat, sozialdemokratisch geführte Regierungen abzulösen.

Wenn kleine Koalitionen nicht möglich sind und die Regierungsfähigkeit anders nicht herzustellen ist, sind auch große Koalitionen nicht auszuschließen. Deshalb sind auch in Baden-Württemberg, Thüringen, Mecklenburg-Vorpommern und Berlin große Koalitionen entstanden.

Solange Union und FDP eine Mehrheit haben und keiner der Partner aus der bestehenden Koalition austritt, gibt es in Bonn keine Grundlage für eine große Koalition. Kleine Koalitionen haben den Vorteil, daß die politischen Richtungen für die Wählerinnen und Wähler unterscheidbar sind und sie die Parteien besser beurteilen können. Die

Bonner Wirklichkeit macht dieser wünschenswerten Klarheit der politischen Verhältnisse aber einen dicken Strich durch die Rechnung. Die Mehrheit der SPD im Bundesrat erzwingt seit Jahren eine Art De-facto-große-Koalition. Vom Solidarpakt bis zur Bestellung des Generalbundesanwalts ist fast alles mit Zustimmung der SPD entschieden worden: Rentenreform, Gesundheitsstrukturgesetz, Bahnreform, Postprivatisierung, Asylrechtsänderung, Pflegeversicherung, Spargesetze – die Liste ist unvollständig. Diese Situation hat es im Jahr 1994 zumindest erschwert, einen Richtungswahlkampf zu führen.

Davon unberührt bleibt die notwendige Gemeinsamkeit von Regierung und Opposition in grundlegenden Fragen, zum Beispiel in der Rentenpolitik oder darin, daß auf dem Rücken der Ausländer nicht Wahlkampf gemacht werden darf. Auch die Einigkeit über die Grundzüge der Außenpolitik – Westbindung, NATO, europäische Einheit – gehört in das Fach notwendiger Gemeinsamkeiten. Sie haben sich für unser Land positiv ausgewirkt und dürfen von keiner Seite aufs Spiel gesetzt werden. Eine große Koalition in diesem Sinne ist auch in Zukunft notwendig.

Sollte die FDP jedoch aus irgendeinem Grund, zum Beispiel wegen der Wahlergebnisse in Hessen und Nordrhein-Westfalen im Frühjahr 1995, während der Legislaturperiode das Regierungsbündnis mit CDU und CSU verlassen, müßte die Union das Thema »große Koalition« neu überlegen. Zunächst käme es jedoch darauf an, was die Liberalen in diesem Fall machen. Sie hätten vier Möglichkeiten:

1. Sie könnten in die Opposition gehen und der Union die Unterstützung einer Minderheitsregierung aus CDU und CSU anbieten.

2. Sie könnten in die Opposition gehen und den Sozialdemokraten und den Grünen die Unterstützung bei der Wahl eines SPD-Bundeskanzlers und einer rot-grünen Minderheitsregierung anbieten.
3. Sie könnten als Partner in einer Regierungskoalition mit SPD und Grünen die jetzige Regierung ablösen.
4. Sie könnten in die Opposition gehen, ohne der Union die Duldung anzubieten, aber auch ohne einen sozialdemokratischen Kanzler ins Amt zu wählen.

Im ersten Fall wäre es wahrscheinlich, daß es zu einer großen Koalition zwischen CDU/CSU und SPD kommt. Minderheitsregierungen im parlamentarischen Regierungssystem sind meistens instabil, davon abgesehen hätte eine Minderheitsregierung aus CDU und CSU keinen Einfluß auf den Zeitpunkt ihres möglichen Scheiterns. Anzunehmen ist jedoch auch, daß die Sozialdemokraten und die Grünen beim Eintritt des ersten Falles versuchen würden, mit der FDP über die Bildung einer Ampelkoalition zu verhandeln. Ginge dieser Versuch schief, liefe alles auf eine große Koalition zu.
Es ist unwahrscheinlich, daß der zweite und der dritte Fall eintreten. Die FDP bekäme erneut das Image der »Umfaller-Partei« und geriete in eine innerparteiliche Zerreißprobe, die sie an den Rand der Spaltung oder über diesen Rand hinaus brächte. Eine Ampelkoalition oder eine FDP-geduldete rot-grüne Regierung sind auch deswegen nicht wahrscheinlich, weil die FDP zum Beispiel in der Wirtschafts-, Finanz- und Sozialpolitik weiter von SPD und Grünen entfernt ist, als die CDU und die CSU es sind. Darüber hinaus würde die Union vorher versuchen, die Sozialdemokraten für eine große Koalition zu gewinnen.

Auch wenn der vierte Fall einträte, wäre eine große Koalition als Endergebnis das wahrscheinlichste. Wie im ersten Fall würde sich die Union nicht auf das Wagnis einer Minderheitsregierung einlassen.

Damit sind die Perspektiven klar: Bleibt die FDP in der CDU/CSU-geführten Regierungskoalition, wird eine große Koalition mit Sicherheit nicht kommen. Steigt die FDP jedoch aus, ist eine große Koalition das wahrscheinlichste Modell. Sie wäre insofern vertretbar, als Union und SPD ohnehin den größten Teil der Entscheidungen gemeinsam auf dem Kompromißweg treffen müssen infolge der Mehrheitsverhältnisse im Bundesrat und sich auch in der Außenpolitik, zum Beispiel im Streit um die Einsätze von Tornado-Bombern der Bundeswehr im früheren Jugoslawien, abzeichnet, daß sich die Sozialdemokraten an die Grundpositionen der Union annähern. Die fehlende Übereinstimmung in der Außenpolitik zwischen SPD und Union wäre bisher das Haupthindernis für eine große Koalition gewesen. Es scheint überwindbar zu sein.
Als eine andere Möglichkeit der Konfliktlösung kommen Neuwahlen in Frage. Neuwahlen sind jedoch nur unter erschwerten Bedingungen möglich. Der Bundestag hat nicht das Recht der Selbstauflösung. Selbst wenn alle Mitglieder des Bundestages dafür stimmen würden, wäre ein Beschluß, vorzeitige Neuwahlen zu veranstalten, verfassungswidrig.
Neuwahlen kann allein der Bundespräsident anordnen, und dies nur unter genau festgelegten Bedingungen: Sollte im Lauf der Legislaturperiode die Neuwahl eines Bundeskanzlers notwendig werden, zum Beispiel wegen des Rücktritts oder wegen des Todes des amtierenden Kanzlers,

oder sollte der Kandidat im dritten Wahlgang nicht die Mehrheit der Mitglieder des Bundestages bekommen, steht dem Bundespräsidenten das Recht zu, entweder den mit relativer Mehrheit Gewählten zu ernennen oder den Bundestag aufzulösen. Das heißt, Artikel 63, Absatz 4, Satz 3 des Grundgesetzes gilt nicht nur für die Wahl des Bundeskanzlers durch einen neugewählten Bundestag, sondern auch während einer Wahlperiode bei jeder Regierungsneubildung, falls ein Minderheitskanzler gewählt wird.
Neuwahlen sind auch dann möglich, wenn der Bundestag den Vertrauensantrag des Bundeskanzlers nach Artikel 68 des Grundgesetzes ablehnt. In diesem Fall kann der Bundeskanzler beantragen, den Bundestag aufzulösen, und der Bundespräsident kann dies dann innerhalb von 21 Tagen anordnen. Dies allerdings kann verhindert werden, indem eine Mehrheit des Bundestags einen neuen Bundeskanzler wählt.
Bisher hat es drei Vertrauensabstimmungen nach Artikel 68 gegeben: im Dezember 1982 auf die Vertrauensfrage von Helmut Kohl, im Februar 1982 über den Antrag Helmut Schmidts und im Sommer 1972 auf die Vertrauensfrage von Willy Brandt. Die Vertrauensabstimmungen im Dezember 1982 und im Sommer 1972 führten zur Auflösung des Bundestags und zu Neuwahlen. Alle drei Abstimmungen sind bis heute verfassungsrechtlich umstritten: Helmut Schmidt stellte den Vertrauensantrag, um die sozialliberale Koalition zusammenzuschweißen; Schmidt hätte im Fall des Scheiterns nicht im Traum daran gedacht, die Auflösung des Bundestags zu beantragen. Helmut Kohls und Willy Brandts Anträge lehnte die jeweilige Regierungsmehrheit mit der Absicht ab, Neuwahlen zu ermöglichen, obwohl grundsätzlich eine Regierungsmehrheit vorhanden war.

richt hat den Antrag vom Dezember 1982, der in Wirklichkeit ein vom Grundgesetz nicht vorgesehenes Selbstauflösungsrecht einleitete, mit Müh' und Not und unter Hintanstellung großer Bedenken gerade noch passieren lassen. Ich glaube nicht, daß irgendein Kanzler noch einmal ein solches Risiko wagen wird.

Bleibt als letzte Möglichkeit für den Fall, daß die jetzige Koalition auseinanderbricht, die Bildung eines schwarzgrünen Bündnisses. Dessen Chancen und Aussichten erörtere ich im folgenden Kapitel.

# Schwarz-grün - eine neue Farbenlehre

*Wirbel um eine Buchvorstellung - Joschka Fischers neue Erkenntnisse - vergnügliche Grenzüberschreitung - Antje Vollmers Wahl - das ungezogene Kind der SPD - sozialdemokratische Sturheit - schwarz-grüne Schnittmengen - Pazifisten, Bellizisten und die Menschenrechte - Ökologische Marktwirtschaft - schwarz-grün von unten*

2. *Juli 1994:*
Ich bin zusammen mit Helge Malchow, dem Cheflektor des Verlags Kiepenheuer & Witsch, bei Elke Heidenreich eingeladen. Wir wollen den Inhalt und den Zeitpunkt der Herausgabe dieses Buches besprechen. Plötzlich sagt Helge Malchow: »Joschka Fischer hat ein interessantes außenpolitisches Buch geschrieben. Wollen Sie das Buch nicht vorstellen?«

28. *August 1994:*
Bei der Vorstellung des Buches »Risiko Deutschland« in der Hessischen Landesvertretung in Bonn stehen die Leute bis hinaus ins Foyer. Joschka Fischer begründet in seinem Buch intelligent und historisch kompetent die Notwendigkeit der Westbindung Deutschlands, verbunden mit einem klaren Ja zur Bundeswehr und zur NATO. Angesichts der jüngsten Beschlüsse der Bundesversammlung der Grünen gegen Bundeswehr und NATO und vor dem Hintergrund der Friedensbewegung der achtziger Jahre, der Joschka Fischer an führender Stelle angehört hat, birgt das Buch

etwas Sensationelles. Jedenfalls ist es politisch so interessant, daß ich es gerne präsentiere. Ich ahne schon, daß es in den eigenen Reihen darüber Diskussionen geben wird. Ich sage in meiner kurzen Rede, bisher hätte ich den Leuten im Wahlkampf vor dem Duo Scharping/Fischer angst gemacht; das gelte in Zukunft nur noch für Scharping. Fischer habe das beste Buch über die Westbindung geschrieben, das in der letzten Zeit auf den Markt gekommen sei. Ich könne dennoch nicht empfehlen, ihn zu wählen, denn er wolle ja eine Koalition mit der SPD machen. Ein Sozialdemokrat hätte dieses Buch nicht schreiben können. Ich vergesse dabei nicht, den »linken Nationalismus« der Sozialdemokraten zu erwähnen, wie er sich auf ihren Europawahl-Plakaten gezeigt habe. Die »Süddeutsche Zeitung« schreibt am anderen Tag: »Fischers Miene wechselte bei so viel Lob vom Gegner zwischen gequältem Lächeln und ironischem Grinsen.« – »Nein, das ist keine schwarz-grüne Veranstaltung«, habe Fischer den Gästen gleich zugerufen, wird korrekt berichtet.

*5. September 1994:*
Im Geschäftsführenden Fraktionsvorstand hagelt es Kritik. Sechs Wochen vor der Bundestagswahl stelle man nicht Bücher des politischen Gegners vor, heißt es unter anderem. Der Plural bezieht sich darauf, daß ich morgen auch noch das neue Buch von Otto Schily über »Flora, Faun und Finanzen» präsentieren werde.
Erika Steinbach, die CDU-Bundestagsabgeordnete aus Frankfurt am Main, in deren Wahlkreis auch Joschka Fischer kandidiert, sagt mir am Rande des Plenums, sie bedanke sich dafür, daß durch meine Buchvorstellung der SPD-Kandidat und ihr eigentlicher Konkurrent Auftrieb

bekomme und ihr Direktmandat dadurch gefährdet sei. Mir war diese Argumentation nicht ganz geheuer, denn nach Adam Riese in der Politik kann ein Lob für Joschka Fischer nur ihm mehr Stimmen bringen, was den SPD-Kandidaten beim rot-grünen Wählerpotential in Frankfurt am Main automatisch Stimmen kostet, so daß sich der Abstand zwischen der CDU und der SPD vergrößert. So ist es dann auch gekommen. Der SPD-Kandidat hat 6,4 Prozent Erststimmen verloren, Joschka Fischer 9 Prozent dazugewonnen, und der Abstand zwischen Erika Steinbach und ihrem Konkurrenten von der SPD hat sich um 6,7 auf 12,1 Prozent vergrößert.

*21. September 1994:*
Ich treffe mich bei Adi Hörsken, dem Vorsitzenden der Arbeitnehmergruppe der CDU/CSU-Bundestagsfraktion, mit Rainer Eppelmann und Walter Link. Im Gespräch äußern die Freunde von den Sozialausschüssen Bedenken, ob ich wieder für das Amt des stellvertretenden Fraktionsvorsitzenden kandidieren solle; ich sei in der Fraktion nicht mehr durchsetzbar, weil ich Joschka Fischers Buch vorgestellt hätte.
Schon am 2. September hatte ich aus gleichem Grund einen Brief von Jochen Riebel erhalten, dem CDU-Landrat des Main-Taunus-Kreises, den ich aus meiner Zeit als Minister in Mainz kenne. Es ist ein ziemlich wütendes Schreiben, und Riebel behauptet, ich hätte den Interessen der Union massiv geschadet. Der Brief endet mit dem Satz: »Lassen Sie sich zurufen, anständige Deutsche verhalten sich so nicht.«
Wenn die Fahne fliegt, ist der Verstand in der Trompete. Ich habe ihm entgegnet, wie auch anderen, daß man Joschka

Fischer schlecht angreifen könne, wenn er in seinen Aussagen den Sieg christlich-demokratischer Ideen bestätige. Es sei vielleicht Wahlkampf auf einer anderen Ebene, aber es könne uns nicht schaden, dies in die Öffentlichkeit zu bringen. Man müsse auch im Wahlkampf die Fähigkeit zur Differenzierung wie die Souveränität bei der Argumentation behalten und dürfe sich nicht gegenseitig kleinkarierte Vorwürfe machen. Die Wähler seien intelligent genug, dies alles richtig zu bewerten. Im übrigen könne es auch nicht schaden, wenn es in der CDU Leute gebe, die in den Reihen der Grünen nicht pauschal abgelehnt würden. Die sächsische CDU zum Beispiel habe vor der Landtagswahl in Sachsen offen zu erkennen gegeben, daß sie die Option einer Koalition mit den Grünen offenhalte, sollte sie die absolute Mehrheit verlieren. Die CDU in Sachsen hat daraufhin das seit 1949 beste Ergebnis einer Landes-CDU erreicht, nämlich gut 58 Prozent der Stimmen.

*Zwei Monate später. 23. November 1994:*
Wolfgang Schäuble erklärt in seiner Rede zur Regierungserklärung, die letzten zwölf Jahre seien keine schlechten Jahre gewesen, im Gegensatz zu Scharpings Behauptungen. Wenn die nächsten genausogut würden, dann sei dies »recht für unser Vaterland«. Auf die wütenden Proteste der Sozialdemokraten und der Grünen melde ich mich zu einer Zwischenfrage und informiere Wolfgang Schäuble darüber, daß es ein Buch gebe, in dem folgendes stehe: »Die gesamte innen- wie außenpolitische Lage spricht prima facie für die optimistische Erwartungshaltung über die Zukunft des vereinten Deutschlands, und ohne jeden Zweifel sind die historischen Bedingungen für eine friedliche, demokratische und damit erfolgreiche Entwicklung Deutschlands in

Europa so günstig wie nie zuvor in der Geschichte dieses Landes. ... Vielleicht wird die Zeit der Bonner Republik, aus dem Abstand einiger Jahre betrachtet, dereinst als die glücklichste Westdeutschlands im 19. und 20. Jahrhundert bezeichnet werden.« Ich erkläre, daß diese Zitate aus dem Buch von Joschka Fischer stammen. Das Sitzungsprotokoll verzeichnet große Heiterkeit und Beifall bei der CDU/CSU. Wolfgang Schäuble erwidert, er habe auf diese Weise festgestellt, daß die Vorstellung dieses Buches durch mich doch einen guten Sinn gehabt habe – noch einmal Heiterkeit und Beifall bei CDU/CSU und FDP.
Erika Steinbach, die hinter mir sitzt, sagt: »Damit haben Sie fast alles wiedergutgemacht, was mich an Ihnen wegen der Vorstellung des Buches geärgert hat.« So einfach ist die Welt, und ich erinnere mich an einen Spruch von Oscar Wilde: »Versuchungen sollte man nachgeben. Wer weiß, ob sie wiederkommen.«

*26. Oktober 1994:*
Im Kanzlerbungalow findet eine außerordentliche Sitzung des Präsidiums der CDU statt. Unter anderem wird die Frage erörtert, ob wir der Forderung der Grünen nach einem Sitz im Bundestagspräsidium folgen können. Früher hatte die CDU das stets abgelehnt. Wolfgang Schäuble vertritt die Auffassung, daß man den Wunsch nicht zurückweisen könne, immerhin seien Bündnis 90/Die Grünen die drittstärkste Fraktion im Bundestag und könnten nicht schlechter behandelt werden als die FDP, die die viertstärkste Fraktion stelle. Es werden zwei Möglichkeiten erörtert: Die eine sieht vor, daß die Sozialdemokraten einen Sitz im Bundestagspräsidium an die Grünen abtreten, so, wie es die CDU/CSU-Bundestagsfraktion gegenüber den Libera-

len getan hat; die andere besagt, daß das Präsidium um einen Sitz erweitert wird, der dann den Grünen zufällt. Das hätte jedoch zur Folge, daß die Sozialdemokraten ihre zwei Vizepräsidenten behalten könnten und im Präsidium ein Patt zwischen Koalition und Opposition entstünde. Die letztere Lösung wird abgelehnt, einmal aus Kostengründen, aber auch, weil ein Patt im Bundestagspräsidium gegen die demokratische Regel verstieße, daß sich in allen parlamentarischen Gremien die Mehrheitsverhältnisse im Bundestag widerspiegeln müssen. Ein Patt stellte infolgedessen ein falsches Signal an die Öffentlichkeit dar.
Klaus Töpfer regt an, jeder Fraktion ein Grundmandat im Präsidium zu ermöglichen und für den Fall, daß die SPD nicht auf einen Vizepräsidenten verzichten wolle, gemeinsam mit der FDP und den Grünen eine Entscheidung zugunsten einer grünen Vizepräsidentschaft zu treffen.

*27. Oktober 1994:*
Wolfgang Schäuble schlägt der Führung der Grünen dieses Verfahren vor. Die Grünen stimmen zu, nachdem die SPD es offiziell abgelehnt hat, ihnen einen der beiden sozialdemokratischen Posten im Präsidium zu geben.

*10. November 1994:*
Im Reichstag wird die Grüne Antje Vollmer zur Vizepräsidentin gewählt mit den Stimmen der CDU/CSU, der FDP und der eigenen Fraktion gegen die Stimmen der SPD, die Anke Fuchs als Gegenkandidatin vorgeschlagen hatte. Damit ist der SPD eine ähnliche Fehleinschätzung unterlaufen wie bei der Wahl des Bundespräsidenten. Das erstmalige Zusammengehen der Union mit den Grünen in einer wichtigen Frage schlägt hohe Wellen, auch wenn es sich »nur«

um eine Personalentscheidung handelt. Überall wird gerätselt, was dahinterstecken könnte.
Das Rätselraten steigert sich, als Wolfgang Schäuble den Grünen auch noch einen Sitz in der Parlamentarischen Kontrollkommission, die die Geheimdienste überwacht, anbietet und erklärt, die Grünen seien für die Union eine demokratische Partei wie die SPD und würden als normale Oppositionspartei behandelt. Helmut Kohl nennt die Grünen in einem Interview »vernünftige Leute«.
Des Rätsels Lösung ist einfach, aber gleichzeitig auch wieder kompliziert. Zunächst ist nicht einzusehen, daß die Union als einzige Fraktion eine Koalition mit den Grünen ausschließt, während alle anderen grundsätzlich bereit sind, miteinander zu koalieren; sogar für Graf Lambsdorff liegt eine Ampelkoalition zwischen Grünen, Roten und Liberalen im Bereich des Möglichen.
Natürlich geht es auch um Machtpolitik. Rezzo Schlauch, Bundestagsabgeordneter der Grünen aus Baden-Württemberg, äußert mir gegenüber in einem Gespräch: »Das stinkt mir irgendwie an diesem Kokettieren mit Schwarz-Grün von der schwarzen Seite. Das ist irgendwie sehr nachvollziehbar. Die FDP zerbröselt, daß man zugucken kann. Ich erlebe in Baden-Württemberg, daß die große Koalition wirklich keine attraktive Alternative ist. Aus dieser Notsituation heraus guckt die CDU um sich und hat plötzlich die Grünen im Visier.«
Aber das ist nur eine Seite. Mit der Wahl einer grünen Bundestags-Vizepräsidentin in Berlin hat sich noch etwas anderes ereignet: Die Grünen haben sich von der SPD emanzipiert. Das hatten die Sozialdemokraten nicht erwartet. Man darf schließlich nicht vergessen, daß es über lange Jahre, vor allem im Zusammenhang mit der Nachrüstung, eine inhalt-

liche und taktische Aktionsgemeinschaft zwischen Sozialdemokraten und Grünen gegeben hat, und der Antiamerikanismus war in beiden Parteien gleich weit verbreitet. Pazifismus, Neutralismus und Frauenemanzipation waren Begriffe, mit denen beide Parteien etwas anfangen konnten, wenn auch bei näherem Hinschauen die Inhalte doch verschieden waren.

Es war infolgedessen eine schiere Selbstverständlichkeit und von der deutschen Öffentlichkeit erwartet worden, daß Bündnis 90/Die Grünen auf ihrer Bundesversammlung im Februar 1994 in Mannheim beschlossen, zusammen mit der SPD »die Regierung Kohl abzulösen, um eine soziale und ökologische Kurskorrektur in der Bundesrepublik einzuleiten«.

Sprecher aller Strömungen in der Partei erklärten, daß die Partei Koalitionsverhandlungen mit der SPD nicht an Glaubensfragen scheitern lassen würde. Das bezog sich vor allem auf den völligen Umbau des Steuersystems zugunsten einer ökologischen Steuerreform, radikale Arbeitszeitverkürzungen als Mittel gegen die Arbeitslosigkeit, den Ausstieg aus der Kernenergie innerhalb von zwei Jahren, die mittelfristige Abschaffung der Bundeswehr, den Austritt aus der NATO, die Ablösung der Sozialhilfe durch eine »soziale Grundsicherung«, einen gesetzlichen Mindestlohn sowie die Freigabe von Haschisch und Marihuana.

Ungeachtet dieser Beschlüsse war im Wahlkampf jedoch klargeworden, daß die Sozialdemokraten eine Koalition mit den Grünen anstrebten, auch wenn Scharping dies immer wieder dementierte. Eine andere Konstellation hätte die Bundesregierung und Helmut Kohl als Kanzler gar nicht ablösen können. Die Sozialdemokraten erkannten in den Grünen sozusagen ein Stück von sich selbst, ein parteipolitisches Absprengsel. Sie sahen in ihnen ein ungezogenes Kind, das zwar zur Familie gehörte, aber aus dem Haus gelaufen war. Daß die Grünen in einer wichtigen Personalfrage gegen sie entscheiden würden, hat die Sozialdemokraten überrascht. Die SPD reagiert deshalb auf Antje Vollmers Kandidatur komisch und falsch, ähnlich wie bei der Bundespräsidentenwahl. Anke Fuchs muß gegen Antje Vollmer antreten. Ohne die übergroße Mehrheit der Stimmen der Unionsfraktion hätte Antje Vollmer in der Kampfabstimmung gegen Anke Fuchs nicht eine so hohe Stimmenzahl bekommen. Von 664 gültigen Stimmen entfallen 358 auf sie und 279 auf Anke Fuchs; es gibt 27 Enthaltungen.

Es wäre bis kurze Zeit vor der Abstimmung noch undenkbar gewesen, daß die CSU für eine Grüne votiert. Franz Josef Strauß allerdings, der zu Staatsempfängen nie grüne Abgeordnete einlud, machte für Antje Vollmer immer eine Ausnahme. Es heißt, Antje Vollmer habe ihm zum Tod seiner Frau Marianne einen anrührenden und schönen Kondolenzbrief geschrieben.

Die Sozialdemokraten hatten es nicht für möglich gehalten, daß Antje Vollmer von fast der gesamten Union gewählt werden würde. Dies entspringt einem reinen Kastendenken, einer Inzuchtpsychologie, in die die Grünen als vermeintlicher Ableger der SPD eingebunden werden – typisch für eine Klassenpartei, die nicht in der Lage ist, einmal über ihren fiktiven Solidaritätsschatten zu springen. Dabei hätte die SPD dasselbe Ergebnis erreichen können, wenn sie den Grünen mit Grandezza den Verzicht auf einen Sitz im Bundestagspräsidium als Morgengabe auf den Tisch gelegt hätte.

Daß die SPD dazu nicht in der Lage war, ist ein bemerkenswerter Vorgang und sagt viel aus über die Mentalität und die Denkstruktur der deutschen Sozialdemokratie, genausoviel wie die sozialdemokratischen Wutausbrüche nach Antje Vollmers Wahl. Da wird deutlich, daß der Stil, mit dem die SPD den Grünen begegnet, offenbar immer noch geprägt ist von der Mentalität des früheren hessischen Ministerpräsidenten Holger Börner, der 1983 getobt hatte: »Die Grünen stehen für mich außerhalb jeder Kalkulation. Ich schließe nicht nur eine Koalition, sondern auch eine Zusammenarbeit mit ihnen aus. Mit den Grünen gehe ich nicht. Ich bin Naßrasierer und möchte morgens in den Spiegel sehen, ohne mich anspucken zu müssen. Ich verkaufe meine Seele nicht.« Und kurz vor der Hessenwahl 1983 sagte er in einem Interview mit der »Bunten : »Ich bedauere, daß es mir mein hohes Amt verbietet, den Kerlen selbst eins in die Fresse zu hauen. Früher auf dem Bau hat man solche Dinge mit der Dachlatte erledigt«.

Auch die Leute bei den Grünen, die eher sozialdemokratisch orientiert sind, hat der »Tanz, den die SPD aufgeführt hat«, negativ beeindruckt. Viele sagen, daß sie ein derartiges Verhalten der Sozialdemokraten nicht erwartet hätten. Nach der Wahl in Berlin ist ein grüner Abgeordneter vor dem Reichstag in ein Taxi eingestiegen, um in sein Hotel zu fahren; in dem Auto saßen schon vier Bundestagsabgeordnete der SPD. Er berichtet danach wörtlich: »Die hatten Geifer vor dem Mund. Sie meinten, wie wir zu so etwas kämen. Ohne die SPD wären die Bündnisleute in der letzten Legislaturperiode total verloren gewesen, und das sei nun der Dank dafür.«

Die »Süddeutsche Zeitung« kommentiert das Verhalten der Sozialdemokraten so: »Die SPD benimmt sich zur Zeit, als wären bei ihr Laien am Werk. Wenn sich Scharping weiter so stümperhaft benimmt, wird er allen seinen Gegnern in-

nerhalb und außerhalb der Partei von Gerhard Schröder bis Wolfgang Schäuble noch viel Freude bereiten.«
Die SPD hat nicht bemerkt, daß im Bündnis 90/Die Grünen noch etwas anderes vorhanden ist als demokratischer Sozialismus. Es ist für Sozialdemokraten zum Beispiel nicht zugänglich, daß in Baden-Württemberg die Grünen von Anfang an von den Anthroposophen stark beeinflußt waren, um nur dieses Beispiel zu nennen. Für viele Grüne ist daher Antje Vollmers Wahl im Bündnis mit der Union eine Art Befreiungsschlag gegen die SPD, ein Akt der Emanzipation.
Selbst in Kleinigkeiten ist die SPD aus ihrem Bunkerdenken nicht herausgekommen. In einem Journalistengespräch am 17. November berichtete der FDP-Fraktionsvorsitzende Hermann Otto Solms, daß sowohl die Liberalen als auch die Grünen gerne zwei Stühle statt nur einen in der ersten Reihe im Bundestag gehabt hätten. Die Bundestagsverwaltung hatte beiden Fraktionen mitgeteilt, daß mehr Stühle nicht in die erste Reihe des Parlamentsrunds hineinpaßten. Die Unionsfraktion hatte daraufhin einen Platz in der ersten Reihe an die Liberalen abgetreten. Die Grünen sind dagegen mit der entsprechenden Bitte bei der SPD auf Ablehnung gestoßen. Die Union konnte natürlich nicht auch noch einen zweiten Platz an die Grünen abtreten. So kommt es, daß Joschka Fischer, sozusagen als einsame Spitze eines Keils, zwischen Peter Struck, dem Parlamentarischen Geschäftsführer der SPD, und Wolfgang Schäuble seinen Sessel hat und in jeder Debatte seinen Unmut darüber äußert, daß er als einziger ohne Geschäftsführer einsam in der vorderen Reihe hocken muß.
Die Sozialdemokraten haben es sich zum großen Teil selbst zuzuschreiben, daß die Grünen ihnen gegenüber schon rein atmosphärisch auf Distanz gegangen sind.

*4. Dezember 1994:*
Auf dem Parteitag der Grünen in Potsdam wird in einer Kampfabstimmung neben Jürgen Trittin aus Niedersachsen die Fraktionsvorsitzende der Grün-Alternativen Liste in Hamburg, Krista Sager, zur gleichberechtigten Sprecherin der Grünen gewählt.
Inzwischen entdecken sogar die Grünen in Hamburg Gemeinsamkeiten mit der CDU. Sie haben nicht vergessen, daß die Sozialdemokraten unter der Führung von Voscherau lieber eine Koalition mit der konturlosen »STATT Partei« als mit den Grünen eingegangen sind. Die Grüne Krista Sager wird in der »International Herald Tribune« als eine Politikerin dargestellt, die sich allen Versuchen widersetze, sie in eine Schablone zu pressen. In dem Artikel hieß es, ihre Politik sei so flexibel wie ihr Musikgeschmack: Joe Cocker, Bruce Springsteen, Mozart. Aus ihrer Wertschätzung der SPD macht sie auch keinen Hehl. Ihrem SPD-Mitbewerber um das Bundestagsdirektmandat im Hamburger Bezirk Nord, dem Ex-Senator Wolfgang Kurilla, attestiert sie »das Charisma eines alten Latschens«.

*Drei Wochen zuvor. 17. November 1994:*
In der »Zeit« erscheint ein Interview mit der neuen Vizepräsidentin des Bundestags, Antje Vollmer. Auf die Frage von Robert Leicht nach der politischen Bewertung ihrer Wahl auch mit den Stimmen der Union antwortet sie: »Es bestand eine Art Tabugrenze zwischen der Union und den Grünen. Daß diese nun von den Konservativen überstiegen worden ist und daß vermutlich auch Helmut Kohl ein Kreuz hinter dem Namen Antje Vollmer gemacht hat, das ist doch eine symbolische und vergnügliche Grenzüberschreitung.« Auf die Zusatzfrage, wie die Grenze aussehe

und worin das Symbol liege, sagt sie weiter: »Die Grenze war beiderseits eine mit Ängsten besetzte Kultur- und Milieuschranke.« In der Tat wurde ein Tabu beseitigt und die Atmosphäre auch im Menschlichen zwischen der Union und den Grünen verändert.

Der Kulturschock, den die Sozialdemokraten bekommen haben, erinnert umgekehrt an den Schock, dem viele in der Union ausgesetzt waren, als 1966 auf der Bundesebene eine große Koalition mit der SPD zustande kam. Für viele Unionsabgeordnete war die Vorstellung, daß Sozialdemokraten Bundesminister sein könnten, ein Schreckensgebilde wie Sodom und Gomorrha.

*5. Dezember 1994:*

In einem »Spiegel«-Streitgespräch mit Rezzo Schlauch erkläre ich, daß eine Koalition der Union mit den Grünen auf Bundesebene derzeit noch unmöglich sei. Antje Vollmer hat sich in dem Gespräch mit der »Zeit« ähnlich geäußert: »Also, wenn Sie nach Koalitionen fragen, meinen Sie ja immer die Bundesebene. Das ist so weit weg, da sehe ich keine Bedrohung für die Grünen, da sehe ich gar nichts.« Das ist die Frage, ob man »gar nichts« sehen kann. Vielleicht sieht man nicht viel. Aber gar nichts? Auch Joschka Fischer geht hin und wieder auf Distanz. In einem »Spiegel«-Interview sagte er, koalitionsfähig sei die Union erst, wenn sie in der Ausländerpolitik die Position Heiner Geißlers vertrete und mit dem Atomausstieg Ernst mache. Die Gräben zwischen CDU und Grünen seien tief.

Wie tief, und gibt es Brücken? Ende 1994 sagt mir einer aus dem Landesvorstand der CDU Baden-Württembergs, bei den Koalitionsverhandlungen nach der letzten Landtagswahl seien die Gegensätze zwischen der CDU und den

Grünen nicht größer gewesen als die Gegensätze zwischen CDU und SPD.

*Drei Wochen zuvor. 13. November 1994:*
Im Kanzleramt und noch mehr im Konrad-Adenauer-Haus grummelt es ein wenig. Über das Wochenende hat sich eine Reihe namhafter CDU-Leute positiv über die Grünen geäußert. Das Thema »Bundestagsvizepräsidentin« ist offenbar nicht totzukriegen. Hermann Gröhe, der frühere Vorsitzende der Jungen Union, einer der besten Nachwuchsleute der CDU, folgert aus dem Berliner Vorgang, wer sich so verhalte, könne in den Grünen »kaum noch eine linksradikale Anarcho-Partei« sehen. Und: »Ein wertkonservativer Grüner steht mir allemal näher als ein SPD-Linksaußen.« Der saarländische CDU-Fraktionsvorsitzende Peter Müller warnt davor, daß die CDU schnell in eine strukturelle Minderheit gerate, wenn sie nur die FDP als Partner habe. Er wendet sich gegen eine Verteufelung der Grünen und schlägt der CDU vor, sich für Koalitionen mit den Grünen zu öffnen. Der Vorsitzende des Rechtsausschusses Horst Eylmann sieht in der Wahl Antje Vollmers einen »weiteren Schritt, unser Verhältnis zu den Grünen zu entkrampfen«. Schwarz-grüne Koalitionen in den Ländern hält er dann für möglich, wenn die schwarz-grünen Koalitionen in den nordrhein-westfälischen Städten Erfolg hätten. Der nordrhein-westfälische CDU-Generalsekretär Herbert Reul betrachtet die Grünen als einen Alternativpartner zur FDP, falls es diese nicht mehr gebe. Er rechnet mit weiteren schwarz-grünen Bündnissen in den Städten und Gemeinden in Nordrhein-Westfalen. Der saarländische Landesvorsitzende der CDU, der frühere Bundesumweltminister und jetzige Bundesbauminister Klaus Töpfer, sagt, es bestehe

mit den Grünen eine Möglichkeit zur gemeinsamen Problemlösung bis hin zur Landesebene.
In der CDU ist in der Tat etwas im Gang. Generalsekretär Peter Hintze zieht vorsichtig die Notbremse. Er sagt am selben Wochenende, CDU und Grüne sind in der Politik um »Lichtjahre« auseinander. Vierzehn Tage später, am 28. November, hat sich nach seiner Auffassung die Distanz bereits verringert: »Die Grünen sind von uns kilometerweit entfernt.« Immerhin sind damit innerhalb von zwei Wochen aus Lichtjahren Kilometer geworden.

Die schwarz-grüne Debatte bringt aber nicht nur Politiker und Journalisten in Bonn auf Trab. Ein niedersächsischer Bürger, der meine freundlichen Bemerkungen über Antje Vollmer und Joschka Fischer gelesen hatte, schickte mir Mitte November die Fotokopie einer Anzeige aus dem »Mindener Tagblatt«, verbunden mit der herzlichen Bitte, den grünen Paradiesvögeln nicht auf den Leim zu gehen: »Spaßvogel, 29, gut aussehend, sucht verständnisvolle Partnerin, die es mag, Wasser über den Kopf zu bekommen, Spinnen im Bett zu finden und an Türklinken zu fassen, die unter Starkstrom stehen. Muß mehr Humor haben als meine letzte Freundin! Zuschriften bitte mit Bild.«
Die Angst vor grünem Wasser, alternativen Spinnen und Starkstrom aus Solarzellen nimmt in der CDU offensichtlich rapide ab.

*15. November 1994:*
Einen Tag nach der Debatte in der CDU erklärt auch der Bürgerrechtler und ehemalige Bundestagsabgeordnete des Bündnis 90/Die Grünen, Konrad Weiß, daß auf die Dauer an einer vernünftigen Kooperation mit der CDU/CSU kein Weg vorbeiführe. Er unterstützt damit den Parlamen-

tarischen Geschäftsführer der Grünen in Bonn, Werner Schulz, der wie Weiß vom Bündnis 90 kommt und sich für ein punktuelles Zusammengehen mit der Union ausgesprochen hat. Andere Grüne widersprechen dieser Auffassung. Man darf dabei jedoch nicht vergessen, daß in drei Wochen die Bundesversammlung der Grünen mit Neuwahlen des Vorstands stattfindet. Ludger Volmer sieht in der Wahl von Antje Vollmer ins Bundestagspräsidium keine Strategiewende. Und der Anwärter auf den Posten des Bundessprechers der Bündnisgrünen, Jürgen Trittin, früher Umweltminister in Niedersachsen, verweist darauf, daß in allen wichtigen Fragen die Positionen von Union und Grünen »im Kern unvereinbar« seien. Auch Joschka Fischer schüttet Wasser in den Wein. Der kommende Parteitag läßt grüßen.

*4. Dezember 1994:*
Der bayerische Ministerpräsident Edmund Stoiber wettert gegen die Diskussion um schwarz-grüne Bündnisse. Dessen ungeachtet infiziert der schwarz-grüne Bazillus inzwischen auch CSU-Politiker. Am 6. Dezember erscheint eine Meldung der Deutschen Presse-Agentur mit der Überschrift: »CSU-Politiker Glos sieht politische Gemeinsamkeiten mit den Grünen«. Dem Bericht zufolge sieht er Übereinstimmungen in Fragen wertorientierter Politik, wie zum Beispiel der Umweltpolitik oder der Kooperation mit der Dritten Welt, aber auch in der Kommunalpolitik. Die Grünen seien mittlerweile eine ganz normale Partei geworden, mit der er sich eine organisatorische und taktische Zusammenarbeit gut vorstellen könne. Das Verhältnis der Union zum Bündnis 90/Die Grünen ähnele inzwischen dem zu anderen Parteien. Glos stellt auf der anderen Seite auch fest, daß die grünen Positionen zur NATO, Bundeswehr, Drogenpolitik für

die Union nicht akzeptabel seien. Aber es gebe Personen, mit denen man ein Stück weit gemeinsame Positionen finden könne, und es gebe andere, mit denen man lieber nichts zu tun habe. Das Interview schlägt in München ein wie eine mittlere Bombe. Die Telefondrähte glühen, und drei Stunden später wird klargestellt, daß es für die CSU weder eine politische Zusammenarbeit noch politische Gemeinsamkeiten gebe. In entscheidenden Fragen lägen Welten zwischen den Positionen der CSU und denen der Grünen: ein schwaches Dementi, ohne gleichzeitig die Positionen zu räumen, die Michael Glos vorher eingenommen hatte.
Im »Spiegel« vom 19. Dezember 1994 bezeichnet Erwin Huber, inzwischen neuer Staatsminister in der bayerischen Staatskanzlei, die Grünen als »linksradikale Partei«. Vor etlichen Jahren hätte er damit vielleicht noch recht gehabt. Aber heute? Ich frage mich, wie solche Äußerungen beispielsweise bei Schülern ankommen, deren Vertrauenslehrer bei den Grünen mitarbeitet, oder bei CDU-Bürgermeistern, die mit grünen Stimmen gewählt worden sind. Und wie viele Gemeinde- und Stadträte gibt es eigentlich, in denen Unionsleute und Grüne zwar nicht koalieren, aber in einzelnen Fragen kooperieren? Wird dort gemeinsame Sache mit Linksradikalen gemacht? Thomas Ebermann, Jutta Ditfurth, Eckhard Stratmann, Rainer Trampert und andere – diese Linksradikalen haben den Grünen längst den Rücken gekehrt. Was sich am linken Rand der Grünen noch abspielt, ist für diese Partei genauso repräsentativ wie Peter Gauweiler für die Union.

*5. Dezember 1994:*
Einige Bundestagsabgeordnete und Bundesvorstandsmitglieder der CDU/CSU treffen sich, um über das Pro und

Contra einer schwarz-grünen Zusammenarbeit zu diskutieren. In der »FAZ« erscheint ein Artikel von Daniel Deckers »Schwarz-grüne ›Schnittmengen‹? Visionen und Machtkalkül«. Der Verfasser zitiert den finanzpolitischen Sprecher der grünen Landtagsfraktion in Stuttgart, Reinhard Bütikofer, der der »FAZ« gegenüber als Themenfelder, bei denen es »Schnittmengen« mit Teilen der Union gebe, den Umbau des Sozialstaats, die Reform der öffentlichen Verwaltung, eine Verfassungs- und Wahlrechtsreform, finanzpolitische Solidität, den Föderalismus und den Zusammenhang zwischen Ökonomie und Ökologie genannt hat. Und dann folgt seine Devise: »Es gibt keine rechten Themen, es gibt nur konservative Antworten.«

Die Grünen haben einen weiten Weg hinter sich seit der Zeit, in der ihre Politik entscheidend geprägt war durch den Kampf gegen die NATO, eine hemmungslose Kritik an der parlamentarischen Demokratie, an der Gesellschaft und am Gewaltmonopol des Staats. Dennoch ist es schon damals falsch gewesen, Grüne und Rechtsradikale in einen Topf zu werfen. Sicher waren und sind auch die Grünen zum Teil heute noch Protestpartei. Aber die Rechtsradikalen artikulieren ihren Protest gegen den sozialen Wandel, gegen die Modernität, Komplexität und Pluralität unserer heutigen Gesellschaft, die von ihnen als dekadent, drogenverseucht, ungerecht, anarchisch und »überfremdet« dargestellt wird. Wesentliche Elemente der rechtsradikalen Politik sind daher Nationalismus, Rassismus, Neutralismus, Ausländer- und Fremdenfeindlichkeit, Intoleranz, Vergötzung des Obrigkeitsstaats, Verherrlichung der Gewalt, Befürwortung der Prügelstrafe, Antifeminismus und Kampf gegen die Gleichberechtigung von Frau und Mann.

Die Grünen dagegen protestieren gegen das ungehemmte Wachstum, gegen die Verseuchung der Umwelt, gegen die Diskriminierung von Frauen. Die Sorgen und Ängste, die von den Grünen vorgetragen werden, haben ein *fundamentum in re*. Es handelt sich um existentielle Probleme: Wie ökonomischer Fortschritt vereinbar gemacht werden kann mit der Erhaltung unserer Schöpfung, ist eine Frage der Zukunft. Die Ökologie, die vor allem die Grünen in die Diskussion gebracht haben, ist inzwischen von allen Parteien nicht nur aufgegriffen, sondern auch weiter vorangebracht worden und zu ihrem politischen Eigentum geworden. Die Unterschiede liegen immer mehr in der Methode, im Tempo und in der Zahl der Maßnahmen, nicht in ihrem Ziel.
Käme aber jemand auf die Idee, das zentrale Thema der Rechtsradikalen Ausländerfeindlichkeit, Nationalismus und Rassismus, in das politische Programm der CDU aufzunehmen, müßte er aus der Partei ausgeschlossen werden. Durch das Ökologiethema hingegen bekommt die CDU eine zusätzliche Zukunftsperspektive. Die Übernahme des nationalistischen und rassistischen Programms der Rechtsradikalen dagegen würde die CDU zerstören. Bündnis 90/Die Grünen sind heute keine linksradikale Partei mehr.
Die Gesellschaft bewegt sich, die Welt geht weiter, die Grünen haben sich geändert. Auch die CDU ändert sich. Wolfgang Schäuble sagt über sie zum »Spiegel«: »Ecclesia semper reformanda« – die Kirche muß ständig erneuert werden. Der Reformbedarf vor dem Hintergrund des gesellschaftlichen Wandels ist der eigentliche Motor der schwarz-grünen Diskussion.
Die Grünen sind mit der Bürgerbewegung der Ostdeutschen verschmolzen. Demokratie und Menschenrechte sind, wie Konrad Weiß sagt, zentrale Themen der Grünen

geworden. Die Mehrheit der Christlichen Demokraten hat immer die Universalität der Menschenrechte vertreten, in der früheren DDR, in Polen und in der Tschechoslowakei ebenso wie in Chile, Südafrika und Nicaragua.
Wie die Sozialdemokraten unterlagen allerdings auch die Grünen lange Jahre hindurch dem Irrtum, daß sie ihre internationale Politik nicht in erster Linie an der Freiheit und den Menschenrechten ausrichten müßten, sondern an der Erhaltung des Status quo. Der Pazifismus wurde zum Verführer der SPD und war Inhalt der Politik der Grünen. Viele Fundamentalisten, Teile der Grünen – man muß Joschka Fischer und Daniel Cohn-Bendit davon ausnehmen –, sind diesem Irrtum unterlegen. Diese Politik hatte den Nachteil, daß sie die Schwächung freiheitlicher Bewegungen und die Stabilisierung totalitärer und autoritärer Parteien in Kauf nahm, in der DDR genauso wie in Polen, in Kuba wie in Nicaragua. Niemand hat diese Politik schmerzhafter empfunden als die Bürgerrechtler in der DDR. Um so weniger ist es verständlich, daß Bündnis 90/Die Grünen sich heute in Magdeburg in einer Minderheitsregierung von der Nachfolgepartei ihrer früheren Unterdrücker aushalten lassen. Aber es gibt Bewegung bei Bündnis 90/Die Grünen. Ihre Beschlüsse gegen die NATO und gegen die Bundeswehr sind keineswegs unumstritten.
Bündnis 90/Die Grünen seien »kein linkes Projekt mehr«, erklärt der Parlamentarische Geschäftsführer vom Bündnis 90/Die Grünen, Werner Schulz.

*7. Dezember 1994:*
Am Nachmittag kommt Daniel Cohn-Bendit zu mir. Ich habe im Jahr zuvor im »Spiegel« sein gemeinsam mit Thomas Schmid geschriebenes Buch »Heimat Babylon« bespro-

chen. Ich schätze ihn als einen europäisch aufgeschlossenen Menschen, der vor allem in Frankfurt viel für die Verständigung von Deutschen und Ausländern bewirkt hat. Wir sprechen über den Balkan. Er sagt mir, daß er öffentlich dazu aufgefordert habe, unter bestimmten Bedingungen Bundeswehr-Tornados einzusetzen, um Bihac zu schützen. Aus Pazifisten sind Bellizisten geworden, in dem Sinn, daß sie der Auffassung sind, daß unrechte Gewalt nicht hingenommen werden darf.

Das Verhältnis zwischen Bündnis 90 und der CDU ist nicht vorbelastet und deshalb unbefangener. Die Ostdeutschen haben auch ein anderes Politikverständnis. Sie sind eher bereit zum Konsens; die Konzentration auf das Notwendige und Machbare und der weitgehende Verzicht auf bloße ideologische Gefechte erleichtern es im Sinn von Antje Vollmer Gedanken, die Grenze zu überschreiten.

Konrad Weiß schreibt zu Recht, die »ollen Kamellen« von Startbahn West oder Wackersdorf seien begraben. Bündnis 90/Die Grünen sind eine andere Partei. Zur Tradition dieser Partei gehört auch der gewaltlose Widerstand gegen den totalitären Terror der Kommunisten und die Brechung des Führungsanspruchs der SED.

Berührungspunkte zwischen CDU und Grünen ergeben sich bei der Grundlage der Politik, nämlich dem christlichen und humanistischen Menschenbild, das den Menschen und seine Würde nicht abhängig macht von seiner Zugehörigkeit zu einer Klasse oder zu einer Rasse, sondern die Unteilbarkeit der menschlichen Würde anerkennt, und zwar unabhängig davon, ob jemand Mann oder Frau ist, jung oder alt, krank oder gesund. Schwieriger wird es für die Union, wenn die Grünen sagen: unabhängig davon, ob Deutscher oder Ausländer, und für die Grünen, wenn die CDU sagt: unabhängig davon, ob geboren oder ungeboren.

Eine gemeinsame ethische Grundlage ist auch die Verantwortung für die Zukunft. Im letzten Jahr ist weltweit eine Fläche der Brandrodung zum Opfer gefallen, die größer ist als Dänemark, die Benelux-Staaten, die Schweiz und Österreich zusammengenommen. Jeden Tag gehen bis zu fünfzig Pflanzen- und Tierarten zugrunde, jede Sekunde werden tausend Tonnen Treibhausgase in die Luft geblasen. Zum ersten Mal in der Milliarden Jahre währenden Geschichte des Lebens kann eine Spezies die ganze Biosphäre vernichten. Wie Parasiten können wir den Wirt, von dem wir leben, die Erde, zerstören. Aber im Gegensatz zu anderen Parasiten können wir unsere Kinder nicht auf einen anderen Stern, einen anderen Wirt schicken, wenn der jetzige stirbt. Die Interessen der Zukunft müssen genauso gewichtet werden wie die Interessen der Gegenwart. Grüne und Christliche Demokraten teilen die gemeinsame Auffassung, daß dies auch in einer Demokratie schwierig ist. Kinder und noch Ungeborene haben keine Stimme, sie brauchen eine Lobby. Grüne und Christliche Demokraten könnten ihre Anwälte sein. Sozialdemokraten und Liberale sind mehr auf die Gegenwart bezogen und vertreten eher die Interessen der großen Organisationen, der Wirtschafts- und Gewerkschaftsverbände.

Ein heute Zehnjähriger soll auch in vierzig Jahren noch gesund und glücklich leben können. Dies hängt aber beispielsweise davon ab, ob das Ozonloch größer oder kleiner wird, das heißt von Entscheidungen, die heute und nicht erst in vierzig Jahren gefällt werden müssen.

Ich habe den Eindruck, daß viele Grüne ein anderes Lebensgefühl vermitteln. Vielleicht kann es wichtig sein, daß immer mehr Grüne und die Christlichen Demokraten in der Familie nicht nur eine gesellschaftliche Institution sehen, sondern auch den Ort, in der die Erwachsenen und die Kinder vor allem Wärme, Geborgenheit, Liebe, aber auch Beispiele von Autorität und Opferbereitschaft, Leistungsbereitschaft und des Aufeinander-Zugehens erfahren. Auf die Frage, welche Eigenschaften für die Zukunft wichtig sind, fallen einem diese Tugenden ein.

Es gibt auch gemeinsame wertkonservative Wurzeln. Die Grünen haben die Verantwortung gegenüber der Natur und der Umwelt als erste politisiert. Aber man darf nicht vergessen, daß der erste Öko-Bestseller, der in Deutschland überhaupt geschrieben worden ist, nämlich »Ein Planet wird geplündert«, von einem CDU-Bundestagsabgeordneten stammt, von Herbert Gruhl. Heute gehört das, was Herbert Gruhl damals geschrieben hat, zum Einmaleins jeder demokratischen Partei. Die CDU hat auf dem letzten Bundesparteitag eine Entscheidung getroffen, die umstritten war, aber einen entscheidenden Schritt nach vorne bedeutet: Die Soziale Marktwirtschaft, sozusagen das Heiligtum der Christlich Demokratischen Union, wurde durch den Begriff »ökologisch« ergänzt. Die Ökologie hat nun den gleichen Rang wie das Soziale.

Umweltpolitik, die diesen Namen verdient, gibt es auf der Bundesebene erst seit 1982. Als wir die Regierung von der sozialliberalen Koalition übernahmen, fanden wir im damaligen Innenministerium, das für die Umweltpolitik zuständig war, nur leere Schubladen vor. Das, was erreicht worden ist, kann uns aber nicht zufriedenstellen. Auch die Vergleiche mit Europa nutzen gar nichts, sie hemmen eher den Willen, weiter voranzuschreiten. Katalysatorauto, das bleifreie Benzin, die Großfeuerungsanlagenverordnung, das

Verbot der Verklappung von Dünnsäure in der Nordsee, die Förderung der Kraft-Wärme-Koppelung, die Modernisierung der Fernwärme-Versorgungssysteme, das Verbot von FCKW sind Fortschritte, aber gemessen an dem, was die Solidarität gegenüber den Tieren und der Umwelt von uns verlangt, immer noch viel zuwenig. Das ist kein Vorwurf gegen Klaus Töpfer. Er hat viel erreicht, und bei dem, was er noch erreichen wollte, hatte er zuwenig Unterstützung und zuviel Widerstand gefunden.

Auch die Dezentralisierung der Bildungs- und Kulturpolitik, weg von den monströsen Bildungsfabriken zu kleinen, überschaubaren schulischen Einrichtungen, ist ein gemeinsames Anliegen von Christlichen Demokraten und Grünen. Die Favorisierung der Dorfschule zum Beispiel ist ein Projekt, in dem sich Grüne und Christliche Demokraten treffen können. Gerhard Mayer-Vorfelder, der als baden-württembergischer Kultusminister die Dorfschule wieder zum Leben erweckte, hätte dafür auch die Unterstützung der Grünen im Südwesten bekommen. Aber er ist ein Gegner der Grünen geblieben, obwohl auch er sehen müßte: Kleine Einheiten zu fördern, also die Subsidiarität ernst zu nehmen, halten beide Parteien für wichtig. Sozialdemokraten und Liberale sind eher zentralistische Parteien. Biedenkopf sagte im November 1994 in einem Interview, daß die Grünen in der Durchsetzung der Subsidiarität radikaler und weiter fortgeschritten seien als die CDU.

Die Subsidiarität ist auch das Gestaltungsprinzip für Europa. Der amerikanische Soziologe Daniel Bell stellt fest: Der Nationalstaat ist für die Lösung der großen Probleme zu klein und für die Lösung der kleinen Probleme zu groß geworden. Es wird wenige wichtige Aufgaben geben, die supranational zu lösen sind, zum Beispiel den Umweltschutz,

die Kriminalitätsbekämpfung, die Wirtschaftspolitik, die Außen- und Sicherheitspolitik. Die meisten anderen Aufgaben werden dezentralisiert werden müssen auf die Regionen, die Länder und die Gemeinden. Die Bundesebene wird sich ausdünnen. Der Nationalstaat wird als Organisationsform an Bedeutung verlieren. Er hat zur Zeit noch eine wichtige Aufgabe, nämlich als Garant der Grund- und Menschenrechte. Ich kann meine Grundrechte noch nicht in Brüssel einklagen, sondern ich muß nach wie vor nach Karlsruhe gehen. Diese Garantie kann aber durch eine europäische Verfassung ersetzt werden.
Im Naturschutz gibt es viele Berührungspunkte. Die SPD will große Flächenstillegungen, die Grünen zum Beispiel in Baden-Württemberg aber hatten immer den Ansatz, die kleinbäuerliche Landwirtschaft zu fördern, weil sie naturnäher arbeitet als riesige anonyme Agrarfabriken, die ausschließlich auf das Effizienzprinzip ausgerichtet sind. Die Grünen befinden sich dabei im Widerspruch zur Brüsseler Agrarpolitik. Ich finde, zu Recht. Die Natur und die Landschaft können nicht geschützt werden, indem man sie aufteilt in bäuerliche Reservate, die untereinander noch nicht einmal vernetzt sind. Im Ziel, eine Extensivierung auf der ganzen Fläche durchzusetzen, gibt es Gemeinsamkeiten zwischen der CDU und den Grünen.

Auch die CDU sieht die Landwirtschaftspolitik nicht losgelöst von Natur- und Umweltschutz. Die bäuerlichen Betriebe müssen erhalten bleiben. Wenn ich mir vorstelle, in meinem Wahlkreis, der Südpfalz, gäbe es keine Weinberge mehr, die ganze Weinstraße entlang vom Elsaß bis nach Rheinhessen, dann würden diese Landschaften ihren Charakter vollkommen verändern, sie würden veröden und landschaftlich verkommen. Die Brache in den Weinbergen darf nicht weitergehen. Wenn man eine Kulturlandschaft bewahren will, dann muß man etwas dafür tun. Das gleiche gilt für die Almwirtschaft. Sie trägt sich heute ökonomisch nicht mehr. Trotzdem wäre es verheerend, wenn der Alpenrand versteppen würde, weil er nicht mehr land- oder forstwirtschaftlich bearbeitet wird. Der Begriff Subvention ist hier fehl am Platz, weil es nicht darum geht, überkommene Wirtschaftsweisen zu erhalten, sondern darum, natürliche Lebensgrundlagen, also die Zukunft, zu sichern. Die Gesellschaft muß für etwas bezahlen, was die nach uns kommenden Generationen zum Leben benötigen.

Man muß darüber hinaus die Interdependenz zwischen der Landwirtschaftspolitik und der Armut auf der Welt sehen. Das ganze soziale Elend der Welt kann nicht auf den Sozialämtern in Deutschland gelöst werden. Das braucht man nicht weiter zu begründen. Aber wenn man versucht, die Ursachen für dieses Elend zu beseitigen, muß man daran gehen, die Bürgerkriege zu beenden, den Energieverbrauch zu drosseln und international die Soziale und Ökologische Marktwirtschaft durchzusetzen. Die dafür notwendige Öffnung der Märkte, eine neue Außenwirtschafts- und Außenhandelspolitik wirkt sich auf die europäische Landwirtschaft aus. Man muß daher den Bauern eine neue Perspektive eröffnen und neue Märkte erschließen. Ein ökologisch sinnvolles Konzept besteht darin, Landwirten gegen Entgelt ökologische Aufgaben anzuvertrauen. Neue Märkte könnten für die Bauern in der Industrie entstehen, wenn diese beispielsweise nachwachsende Rohstoffe verwertet. Bei Verpackungen kann Stärke teilweise schon heute Kunststoff ersetzen.

Die Grünen haben ihren bisher stark ordnungspolitisch

orientierten Ansatz in der Umweltpolitik modifiziert und setzen viel stärker als früher auf dynamischere Methoden, nämlich marktwirtschaftliche Lenkungsinstrumente wie eine Öko-Steuer. Umweltpolitische Ziele nicht nur mit Geboten und Verboten, sondern auch durch Marktanreize durchzusetzen ist seit langem die Auffassung der Union. Auf der anderen Seite hat die CDU in den letzten Monaten einige Beschlüsse für eine bessere Umweltpolitik gefaßt. Im neuen Grundsatzprogramm verlangt die CDU neben marktwirtschaftlichen Anreizen zum Beispiel ökologisch ehrliche Preise. Auch in der Finanzpolitik geht die CDU weiter in Richtung Ökologie als bisher und schlägt vor, das Steuersystem neu zu strukturieren: Die produktiven Faktoren Kapital und Arbeit würden zu stark belastet durch direkte Steuern. Deshalb fordert die CDU, die direkten Steuern zu senken und dafür die Steuerbemessungsgrundlage zu erweitern und die Zahl der Vergünstigungen und Ausnahmeregelungen zu verringern. Zugleich müsse der Konsum, besonders Energieverbrauch und Umweltbelastung, steuerlich stärker belastet werden. Es ist auch unter ökonomischen Gesichtspunkten richtig, das Steuersystem umzubauen. Arbeit gibt es genug, auch Arbeitskräfte. Sie sind aber teuer. Energie und Rohstoffe sind knapp und trotzdem billig. Wolfgang Schäuble schreibt in seinem Buch »Und der Zukunft zugewandt«: »Ökonomisch und ökologisch sinnvoller wäre es, im Mix der Produktionsfaktoren menschliche Arbeit billiger zu machen und im Gegenzug den Verbrauch von Rohstoffen und Energie zu verteuern. Ich hoffe, daß die Union die Kraft hat, diese für unsere Zukunft und unsere Kinder entscheidende Steuerreform auch durchzusetzen.« Anfangen könnten wir mit einer $CO^2$/Energie-Steuer, wie sie auch der Sachverständigenrat zur Begutachtung der gesamtwirt-

schaftlichen Entwicklung in seinem letzten Gutachten als ein Instrument der marktwirtschaftlichen Orientierung ausdrücklich als sinnvoll anerkannt hat.
Am 28. November, auf dem Bundesparteitag der CDU in Bonn, weist der Bundesvorsitzende der Jungen Union, Klaus Escher, darauf hin, daß es in Nordrhein-Westfalen mehr zugelassene Pkws und Lkws gibt als in ganz Afrika und in Rheinland-Pfalz mehr als auf dem gesamten indischen Subkontinent. Der Verkehr wird zunehmend zum brisantesten Öko-Problem. Energie- und Rohstoffverbrauch wie Abfallproduktion sind in den letzten zehn Jahren insgesamt zurückgegangen, in manchen Bereichen um dreißig Prozent. Die Zunahme des Verkehrs zehrt die Einsparungen allerdings wieder auf.
Die Grünen sagen, das Auto sei kein Zukunftsprodukt. Ich meine, das Auto, das Schadstoffe emittiert, ist kein Zukunftsprodukt. Man kann das Auto nicht mehr abschaffen. Aber man muß erheblich mehr Mittel in die Forschung investieren, um endlich das umweltfreundliche, schadstoffarme oder sogar schadstoffreie Auto produzieren zu können.

*8. Dezember 1994:*
Tom Koenigs, fünfzig Jahre alt, Frankfurter Kämmerer und Grüner, wird zum Star der öffentlichen Spardiskussion. Frankfurt ist die höchstverschuldete Stadt Deutschlands. Er könnte mit seiner Programmatik den Sparappellen und Sparbeschlüssen der Koalitionsvereinbarungen in Bonn zusätzliche Impulse geben.
Der CDU-Fraktionsvorsitzende im niedersächsischen Landtag, Christian Wulff, sagt in einer Rede, daß die Wähler der Grünen Kinder der CDU-Wähler seien. Auch Rezzo Schlauch äußert, daß die Söhne und Töchter der

CDU-Leute die Grünen wählen. Ich behaupte: auch die Leute aus den Villenvierteln. Ein bißchen Schicki-Micki war bei den Grünen schon immer dabei, in München-Bogenhausen und in Königstein im Taunus. Es ist wahr: In vielen CDU-Familien finden die Grünen mehr Sympathien als Liberale und Sozialdemokraten. Einer wie Rezzo Schlauch sagt, daß in den Elternhäusern ungeheuer viel in Bewegung geraten sei. Im Streitgespräch im »Spiegel« bemerkt er: »Die Jungen sitzen am Tisch und fragen die Alten: Was machst du eigentlich in deiner BASF oder bei deinem Daimler-Benz? Wie schätzst du das ein? Ist es eine sinnvolle Geschichte? Bringt uns das weiter?«

Das typische Beispiel ist die Abfallbeseitigung. Wenn ich zu Hause Abfall in den falschen Müllsack stecke, gibt es ein Riesentheater. Ich habe früher im Garten immer gerne ein Feuer gemacht und Zweige verbrannt. Heute stoße ich auf den massiven Widerstand meiner Familie, die mir sagt: »Wehe, du machst das noch einmal.«

Die öffentliche Diskussion über ökologische Fragen hat das Bewußtsein der Menschen verändert. Die Schule hat bei der umweltfreundlichen Erziehung eine große Rolle gespielt. Auch die Medien haben ihren Anteil daran. Früher spielten sich Umweltkatastrophen im verborgenen ab, wurden nicht öffentlich, weil es kein weltweites Kommunikationsnetz gab. Aber die Bilder der Kinder von Seveso, Bhopal und Tschernobyl sind um die Welt gegangen, genauso wie die von den brennenden Ölquellen in Kuwait, den verseuchten Küsten und verklebten Tieren in Alaska nach der Exxon-Valdez-Katastrophe, Sandoz, Giftmülltransporte, Nematoden in Speisefischen und, und, und. Die Menschen sind sensibilisiert worden, und wer heute noch so tut, als sei Umweltschultz eine Angelegenheit, die erst nach dem wirtschaftlichen Wachstum kommt, irrt in einer weit entfernten Vergangenheit umher, auch wenn diese erst zwanzig, dreißig Jahre zurückliegt.

Schwierig sind im Verhältnis CDU/Grüne andere Themen: die Kernenergie und die Ausländerfrage zum Beispiel. Aber ich glaube, daß es mit der multikulturellen Gesellschaft genauso geht wie mit der Ökologie. Es gibt zur multikulturellen Gesellschaft im richtig verstandenen Sinne keine vernünftige Alternative. Die Erkenntnis, daß unsere Gesellschaft von morgen kein neues Sparta mit drei Klassen von Menschen, Spartiaten, Perioken und Heloten, sein darf, wird sich durchsetzen. Die Grünen sind da weiter als die Mehrheit der CDU, aber die CDU ist insgesamt wiederum weiter, als die Grünen denken.

Wegen eines Einwanderungsgesetzes braucht es keinen Streit zu geben. »Deutschland den Deutschen« oder »das Boot ist voll« ist genauso intelligent wie früher die Schlachtrufe der Grünen: »Raketen sind Magneten«, »Lieber rot als tot« oder »Tschernobyl ist überall«. Daß wir ein Zuwanderungsgesetz brauchen, ist inzwischen auch in der Union mehrheitlich unbestritten. Aber erst ab dem Jahr 2000 wird die Sache wirklich akut, wenn das kollektive Altern und Schrumpfen der Bevölkerung in Deutschland virulent wird.

Aber die Grünen müssen auch sagen: Wer darf herein, und wer darf nicht herein? Das ist eine der sensibelsten und heikelsten Fragen, die wir in Europa aus moralischen Gründen nicht so beantworten können wie die US-Amerikaner. Ich habe vorgeschlagen, im Bundestag eine Enquete-Kommission einzusetzen, die dieses Thema einmal objektiv erörtert, unabhängig von der parteipolitischen Auseinandersetzung, unter Heranziehung der Erfahrung klassischer Einwanderungsländer. Wie können die Kriterien unter deutschen und unter europäischen Bedingungen aussehen? Können wir nur junge Leute hereinlassen, qualifiziert ausgebildete Menschen, oder auch ältere, Familienangehörige? In Europa müssen auch moralische und soziale Gesichtspunkte eine Rolle spielen, sonst ist ein Zuwanderungsgesetz bei uns nicht konsensfähig.

Drogenpolitik und Atomenergie sind weitere kritische Punkte im Verhältnis zwischen Union und Grünen. Die Abschaltung der Atomkraftwerke innerhalb von zwei Jahren ist eine unsinnige Forderung. Die Grünen haben sie inzwischen auch relativiert. Es gibt allein auf dem Gebiet der früheren Sowjetunion über 25 tickende Tschernobylbomben. Wie wir diese Gefahr abwenden können, wenn Deutschland aus der Atomtechnologie aussteigt, kann kein Grüner richtig beantworten, noch nicht einmal die Frage, wo die 120 Milliarden Mark herkommen sollen, die als Schadensersatz bezahlt werden müssen an die Betreiber der Kraftwerke, die binnen zwei Jahren abgestellt werden sollen. Aber das ist zugegebenermaßen ein vordergründiges Argument. Die CDU wird auf die Dauer an Atomkraftwerken nicht festhalten können, weil die Entsorgung nicht geklärt ist und dadurch für die kommenden Generationen eine lebensgefährliche Bedrohung erwächst.

In der Drogenpolitik brauchen wir mehr Pragmatismus. Ich glaube, daß die bisherige Drogenpolitik der Repression gescheitert ist und daß die Kriminalisierung der weichen Drogen die Beschaffungskriminalität nach oben treibt und der Mafia nutzt. Schon im Jahr 1969 habe ich als damaliger Jugendminister von Rheinland-Pfalz in einer Regierungserklärung vorgeschlagen zu prüfen, ob nicht Halluzinogene wie Marihuana freigegeben werden könnten. Heute wissen wir, daß in den Städten dreißig bis vierzig Prozent der Einbrüche und Diebstähle von Süchtigen begangen werden. Ein Junkie benötigt pro Tag etwa 150 bis 200 Mark, um seine Ration kaufen zu können. Soviel kann er nur bezahlen, wenn er stiehlt, dealt, betrügt oder sich prostituiert.

Obwohl Schnittmengen zwischen Grünen und Christlichen Demokraten viel größer sind, als viele denken, sind die Gegensätze nicht gering. Jedoch ist heute schon nicht mehr zu begründen, warum die CDU eher mit der SPD als mit den Grünen koalieren sollte. Dies gilt auch umgekehrt für die Grünen. Der »Seeheimer Kreis« der SPD ist von den Grünen weiter entfernt als Rita Süssmuth, Wolfgang Schäuble, Volker Rühe, Helmut Kohl und fast alle jungen Unionspolitiker.

Vor Schwarz-Grün stehen im wesentlichen psychologische Hindernisse. Rot-grün ist schon längst kein Reformbündnis mehr; das hat man in Niedersachsen gesehen. Gerhard Schröder hat sich gegen die Grünen für die Mercedes-Benz-Teststrecke entschieden, die Ems ist ausgebaggert worden, und die Übernahme von Lemwerder war für die Grünen eine industriepolitische Kröte, die sie nur widerwillig geschluckt haben. Nachdem Gerhard Schröder wegen des Ausfalls der FDP in Hannover die absolute Mehrheit bekommen hatte und auf die Grünen nicht mehr angewiesen war, hat er sie, ohne mit der Wimper zu zucken, auf die Oppositionsbank geschickt. Und die Frauenministerin der beendeten rot-grünen Koalition, Waltraud Schoppe, erklärte, sie habe die Nase voll von der Frauenpolitik der SPD.

*4. Dezember 1994:*
Beim Einchecken im Berliner Hotel »Intercontinental« höre ich hinter mir eine Stimme: »Guten Abend, Herr Geißler.« Ich drehe mich um, und ein hochgewachsener Herr mittleren Alters stellt sich vor: »Specht, Oberbürgermeister von Mülheim an der Ruhr.« Wir sehen uns zwei Stunden später wieder als Gäste bei »Talk im Turm« mit Erich Böhme, dazu Antje Vollmer, Heidemarie Wieczoreck-Zeul, Wolfgang Gerhart und Roland Appel, ein grüner Landtagsabgeordneter aus Nordrhein-Westfalen. Hans-Georg Specht, von Beruf Polizist und in der CDU eher als »konservativer Hardliner« bekannt, wie er selbst sagt, hat sich in Mülheim an der Ruhr nach den Kommunalwahlen am 16. Oktober mit den Grünen verbündet. Das ist eine Sensation. Die »FAZ« spricht vom »Beben im Revier«. Zwar haben auch schon früher CDU und Grüne in der Kommunalpolitik zusammengearbeitet, doch die Koalition in Mülheim ist die erste schwarz-grüne Kooperation in einem Industrie- und Handelszentrum mit immerhin 178.000 Einwohnern. Nach vierzig Jahren Alleinherrschaft sind die Sozialdemokraten von Schwarz-Grün gestürzt worden. Leicht ist beiden der Pakt nicht gefallen. Nur: Bei den Grünen in Mülheim gibt es viele Wertkonservative. Der Stellvertreter des CDU-Oberbürgermeisters Specht heißt Wilhelm Knabe, war in den sechziger Jahren Mitglied der CDU und wurde dann ein Mitbegründer der »Grünen Liste Umweltschutz« Nordrhein-Westfalen. Der CDU-Kreisvorsitzende Andreas Schmidt ist zuversichtlich, daß das Bündnis hält. Er sagt: »Wir müssen hier nicht über NATO-Fragen, sondern über lokale Probleme entscheiden.«

Inzwischen gibt es schwarz-grüne Koalitionen in ungefähr 25 Städten und großen Gemeinden Nordrhein-Westfalens.

Diese Veränderung der kommunalpolitischen Landschaft hängt damit zusammen, daß die Liberalen von über 600 Kommunalmandaten ungefähr 400 verloren haben und in weiten Teilen des Landes als Koalitionspartner für die CDU ausfallen. Gleichzeitig haben die nordrhein-westfälischen Grünen zum ersten Mal ein zweistelliges Ergebnis erzielt, nämlich 10,2 Prozent. »Stimmenmillionäre« seien sie geworden, sagt die Sprecherin der grünen Landtagsfraktion, Bärbel Höhn. Zwar halten die Grünen auf der Landesebene immer noch an ihrer Koalitionsoption für die Roten fest, aber umgekehrt wollen die Sozialdemokraten mit den Grünen nichts zu tun haben, denn sie streben nach wie vor die absolute Mehrheit an.

In Gladbeck, einer 80.000-Einwohner-Stadt im nördlichen Ruhrgebiet, ist die CDU-Politikerin Maria Seifert mit den Stimmen der Grünen und einer Wählergemeinschaft zur Bürgermeisterin gewählt worden. Auch hier wurden die seit vierzig Jahren regierenden Sozialdemokraten auf die Oppositionsbänke geschickt. Schwarz-grüne Zusammenarbeit gibt es inzwischen auch im Landkreis Aachen, in Rheinland-Pfalz in der Domstadt Speyer und im Landkreis Ludwigshafen, vor den Toren der Heimatstadt Helmut Kohls.

Keine Frage, die Parteienlandschaft in Nordrhein-Westfalen sei in Bewegung geraten, sagt CDU-Generalsekretär Reul am 14. November zur »Rheinischen Post«. Schon im Sommer hatte Reul die Parole ausgegeben, daß ein Zusammengehen mit konservativen Grünen auf kommunaler Ebene denkbar sei. Der Landesvorsitzende der Grünen, Reiner Priggen, erklärt, daß die Grünen ihre »schwarzen Schafe« in den nordrhein-westfälischen Kommunen nicht verstecken wollten. Man dürfe rot-grün nicht »wie ein Heiligenbildchen vor sich her tragen«. Dennoch sieht er, genauso wie Reul, noch mehr Differenzen als Gemeinsamkeiten. Auf der anderen Seite ist Mülheim an der Ruhr ein Signal. Generalsekretär Reul meint: »Wir können wieder im Revier Fuß fassen.« Bei der SPD in Nordrhein-Westfalen ist inzwischen klar: Wer grün wählt, wählt nicht mehr automatisch rot-grün, so die bittere Erkenntnis des SPD-Landesgeschäftsführers Ernst-Martin Walsken.

*5. Dezember 1994:*
Ich lese einen Artikel von Peter Gauweiler, den er vor vier Tagen in der »FAZ« veröffentlicht hat und in dem er eine Attacke gegen Schwarz-Grün versucht. Er fürchtet einen späten Sieg der Kulturrevolution und meint: »Die schwarzen Stimmen für die Wahl der grünen Politikerin Antje Vollmer zur Vizepräsidentin des Parlaments und noch mehr die – nach allem was von Wackersdorf bis Startbahn West geschah, man denke nur an die vielen hundert zum Teil mit lebenslangen Folgen verletzten Polizeibeamten – eigentlich unerhörte Aufnahme der Grünen in jene Sicherheitskommission, welche über die Staatsschutzangelegenheiten wacht, haben die Alternativen ihren machtpolitischen Zielen nähergebracht.« Diese Grufti-Argumentation ist ungefähr so intelligent, wie es 1990 der Vorschlag gewesen wäre, daß Helmut Kohl nicht zu Gorbatschow in den Kaukasus fahren dürfe, weil die Union 1972 die Ostverträge abgelehnt habe. Gauweiler beschwört gegen die schwarz-grüne Perspektive das »weitverbreitete Unbehagen an der Moderne«, begründet im »Verlust des Glaubens und der Mythologie« (!). Das »Verschwinden der Tabus« sei die »gefährlichste Seite des Modernisierungsprozesses«. Er reklamiert

»eine gewaltige Renaissance der Grundwerte des christlichen Amerika« bei den letzten Kongreßwahlen in den Vereinigten Staaten.
Ich finde: Schiitische Ayatollahs im Iran reichen als Bedrohung von Freiheit, Toleranz und Gerechtigkeit. Wir brauchen nicht auch noch christliche Ayatollahs, die immerhin in diesem »christlichen« Amerika schon so mächtig sind, daß die Leiterin der obersten amerikanischen Gesundheitsbehörde aus ihrem Amt entlassen werden mußte, weil sie als Waffe gegen Aids auch die Selbstbefriedigung genannt hatte.

# Ticket ins Jahr 2000?

*Fitter, schneller, schlanker, aber wozu? – Modernisierung der Union – Kontroverse um Michel Friedman – das Wu-Wei-Phänomen – Streit anfangen – Familie und Arbeit – Abschied von der Männergesellschaft – Ökosteuern – Bundesstaat Europa – die multikulturelle Gesellschaft und ihre Grenzen – Epikurs Empfehlung*

23. *November 1994:*
Der Bundeskanzler gibt seine Regierungserklärung ab. Ich hatte ihn bei einer Präsidiumssitzung zuvor gebeten, bei dieser wichtigen Rede von der Schablonensprache der Koalitionsvereinbarung wegzukommen und die Menschen mit ihren Problemen direkt anzusprechen. Er hat diese Anregung aufgegriffen. Zu Beginn seiner Rede wendet er sich an die Menschen in ihrer konkreten Lebensumwelt. Er nennt im einzelnen die ehrenamtlich Tätigen im Sozialwesen, in Kirchen, Erziehungseinrichtungen und der Politik, dann die Soldaten, Polizeibeamten, Handwerksmeister, Forscher, Entdecker, die Industriearbeiter im Ruhrgebiet, im Chemiedreieck, die Entwicklungshelfer, die Mütter und Väter mit ihren Kindern, die Alten und die Jungen. Insoweit ist die Regierungserklärung von Anfang an von der richtigen Sprache geprägt. Die eigentliche Botschaft ist der schlanke Staat: Die Deutschen sollen fitter, schneller, schlanker, rationeller, konkurrenzfähiger und sparsamer werden. So kann man die Regierungserklärung auf einen Nenner bringen.

Nun werden die Leute gerne bereit sein, fitter, schlanker und schneller zu werden, auch zu sparen, vielleicht sogar weniger zu trinken und zu essen, wenn sie den Sinn dieser Askese begreifen, das heißt, wenn sie erkennen, warum und wofür sie diese Anstrengungen unternehmen sollen.
Wenn ich Oppositionsführer gewesen wäre, hätte ich mit meiner Kritik hier angesetzt. Scharpings Antwort auf die Regierungserklärung hat diesen Punkt nicht aufgegeriffen. Dabei braucht man ja nur abends fernzusehen oder am anderen Tag in den Zeitungen die Schlagzeilen zu lesen, um zu erkennen, welche Herausforderungen es zu meistern gilt und daß wir sie in der Tat nicht richtig beantworten können, wenn wir nicht fitter, schlanker und schneller werden.

Der Sieg vom 16. Oktober ist vor allem deswegen gefährlich, weil die Gefahr besteht, daß wegen der Schwäche der Koalition, begründet in der Labilität der Liberalen, heiße Eisen nicht mehr angefaßt und Reformen nicht mehr angegangen werden. Joschka Fischer, der in der Aussprache zur Regierungserklärung die eigentliche Oppositionsrede hält, sagt, das große Problem der Koalition bestehe darin, daß die Freien Demokraten von einem politischen Schlaganfall getroffen seien, von dem sie sich nicht mehr zu erholen drohten.
Daß dies nicht sein muß, habe ich im Kapitel über den Liberalismus dargelegt. Aber es wird unabhängig davon an der CDU liegen, ob sie die innere Kraft besitzt, so wie in den fünfziger und in den achtziger Jahren, die großen Herausforderungen zu beschreiben und die Antworten zu entwerfen. Günter Oettinger, der Fraktionsvorsitzende der CDU in Baden-Württemberg, hat einmal gefragt: Was müßte in das Programm einer CDU-Alleinregierung hineingeschrie-

ben werden, das nicht für die nächsten vier Jahre, sondern für die nächsten vierzig Jahre Aussagen enthalten soll? Dieser Ansatzpunkt ist richtig und interessant.
Die CDU hatte in den fünfziger Jahren drei große Ziele: die Soziale Marktwirtschaft, die europäische Einheit und die deutsche Einigung. Die deutsche Einigung ist erreicht, die europäische Einheit auf dem Weg, und die Soziale Marktwirtschaft hat sich als überzeugendste und erfolgreichste Wirtschafts- und Sozialordnung der Welt durchgesetzt. Jetzt muß sich die CDU darüber Gedanken machen, welche Ziele sie in den kommenden Jahren und Jahrzehnten anstreben will.
Die Entwicklung beschleunigt sich, die Wissenschaft macht rasante Fortschritte, immer neue Technologien werden entwickelt, die Zukunft rückt näher. Die Gefahr besteht darin, daß nur noch aktuell reagiert und für den morgigen Tag gearbeitet wird, die langfristigen Konzeptionen aber auf der Strecke bleiben.
Diese Innovationsfähigkeit der CDU, deren Grundstein Ende der siebziger und in den achtziger Jahren gelegt worden ist, bedarf heute eines neuen Anschubs.

Am Montag nach der Bundestagswahl hatte Baden-Württembergs Ministerpräsident Erwin Teufel in der Bundesvorstandssitzung gesagt, der Wahlkampf sei unter dem Motto geführt worden: »Keine Experimente«. Das könne aber nicht die Parole der Zukunft sein.
Ist die CDU eine moderne Partei, und kann sie eine interessantere Partei werden, die glaubwürdig die Zukunftsfragen stellt und beantwortet?
Es gibt Zeichen der Hoffnung, daß dies möglich sein wird. Michel Friedman, Mitglied des Präsidiums des Zentralrats

der Juden in Deutschland, 1956 als Kind polnischer Juden in Paris geboren, Anwalt, seit 1985 Stadtverordneter in Frankfurt, kandidiert für den Bundesvorstand der CDU, der Ende November in Bonn gewählt werden soll. Dies wird während der Bundesvorstandssitzung am 17. Oktober bekannt. Heinrich Lummer wird zu dieser Kandidatur später erklären: »So einen wie ihn braucht die Partei nicht im Vorstand.« Michel Friedman sagt: »So einen wie Lummer brauchen wir nicht in der Partei.« Er wird im November gewählt, obwohl er sagt, es gebe in der CDU Leute, denen er nicht einmal die Hand geben würde. Er kommentiert so die Tatsache, daß sich im baden-württembergischen Weikersheim Unionspolitiker und Rechtsradikale unter der Schirmherrschaft des ehemaligen Ministerpräsidenten Hans Filbinger zu deutschnationalen Theorieseminaren versammeln.

Auf dem Bundesparteitag sagt er dann: »Wir brauchen Vielfalt statt Einfalt, Geist statt Ungeist, Solidarität statt Egoismus, Europa statt Nationalismus.« Die Junge Union, vor allem Hermann Gröhe, hat seine Kandidatur befürwortet. Obwohl er Stadtverordneter in Frankfurt ist, unterstützt ihn der hessische Landesverband nicht. Auch aus Sachsen kommen einzelne negative Stimmen, wenn sein Name fällt. Aber die Junge Union hat sich durchgesetzt und mit ihr alle, die wollen, daß die CDU eine moderne, aufgeschlossene und in die Zukunft gerichtete Partei ist.

Es ist Bewegung in der CDU. Sie geht auch von der Fraktion aus. Die Wahl von Antje Vollmer zur Vizepräsidentin wird von vielen zu Recht als ein Signal gesehen. Rita Süssmuth ist wieder Bundestagspräsidentin geworden. Die stellvertretenden Vorsitzenden der Fraktion haben gewechselt; die früheren haben neue Aufgaben übernommen, zum

Beispiel Charly Hornhues den Vorsitz im Auswärtigen Ausschuß und Hans Peter Schmitz im Agrarausschuß. Johannes Gerster ist Landesvorsitzender und Spitzenkandidat in Rheinland-Pfalz. Ich bin mit Wolfgang Schäuble und Michael Glos der einzige aus dem alten Geschäftsführenden Vorstand. Neue Namen sind da: Hans-Peter Repnik, Rudolf Seiters, Rupert Scholz, Hannelore Rönsch, Paul Krüger, Reinhard Göhner, Gerhard Scheu, Gerhard Friedrich. Jürgen Rüttgers ist Zukunftsminister geworden. Für ihn ist Joachim Hörster Erster Parlamentarischer Geschäftsführer geworden. Neben Eduard Oswald, Brigitte Baumeister und Clemens Schwalbe ist Andreas Schmidt zur Riege der Parlamentarischen Geschäftsführer dazugestoßen.

Die Diskussion über die Zukunftsaufgaben muß in Gang kommen. Wenn das nicht passiert, werden uns weder die Wissenschaft noch die Verbände ernst nehmen, erst recht nicht unsere Kinder. Jungen Leuten fällt es schwer, die CDU zu wählen. Bei vielen jungen Frauen und Männern hat sich ein Bewußtseins- und Wertewandel vollzogen, der an vielen älteren vorbeigegangen ist. Zu viele in den eigenen Reihen fahren auf alten Gleisen.

Die neuen Ziele heißen: Bundesstaat Europa, Überwindung des Nationalstaats, Verantwortung Deutschlands für die Menschenrechte in der Welt, soziale und ökologische Weltfriedensordnung, politische und geistige Auseinandersetzung mit dem Fundamentalismus; und im Inneren: Solidarität unter den Deutschen, Abschied von der Männergesellschaft, technologische Innovation, Subsidiarität, Neue Soziale Frage, Ökologische und Soziale Marktwirtschaft, multikulturelle Gesellschaft im Rahmen der Verfassung. Auch heute hören wir im Widerspruch dazu wieder Parolen

des Klassenkampfes, des Zentralismus, der Staatsgläubigkeit, des Kollektivismus, des Neutralismus, des Nationalismus, ja sogar des Rassismus.
Die CDU muß sich wehren gegen reaktionäre und nationale Kleingeisterei. Moderne Antworten auf moderne Fragen können wir nur formulieren, wenn wir nicht opportunistisch und austauschbar werden, wenn wir ein sicheres Fundament haben. Die CDU hat ihre Politik immer aufgebaut auf dem christlichen Menschenbild, das auch unsere Verfassung in ihren Grundwerten prägt. Aus diesem Menschenbild entspringen, und das ist vorrangig und ausschlaggebend für eine humane Gesellschaft, die Tugenden, die auch politische sind, nämlich Nächstenliebe, Gerechtigkeit, Achtung der Menschenwürde und Zivilcourage. Ich nenne sie die modernen Kardinaltugenden. Sie sind bedeutender als Fleiß, Leistungsbereitschaft und Ordnungsliebe, die wichtig bleiben, aber in die zweite Linie gehören.
Eine der großen Herausforderungen ist die Auseinandersetzung mit dem islamischen Fundamentalismus. Aber gerade dazu brauchen wir eine philosophische Grundlage und eine überzeugende Darstellung unserer ethischen Position. Angehörige anderer Kulturen, denen der Westen immer weniger als Vorbild gilt, werfen uns vor, einer doppelten Moral zu huldigen, wie zum Beispiel in Bosnien. Sie kritisieren, wir würden den Zerfall der Familie tatenlos hinnehmen. Wir seien bereit, mit einer gigantischen Staatsverschuldung - wie in allen westlichen Ländern - die kommenden Generationen bedenkenlos zu belasten, um in der Gegenwart den Konsumegoismus kultivieren zu können. Sind alle diese Vorwürfe falsch? Und sicher haben die Menschen auf anderen Kontinenten auch recht, wenn sie sagen, daß zu den individuellen Menschenrechten auch

die sozialen gehören. Nicht Liebe zur Nation oder Liebe zum Volk oder zur Religion ist heute gefordert, sondern Liebe zum Nächsten. Und der Nächste wohnt nicht nur in Landau oder in Cottbus, sondern auch in Smolensk und in Chichicastenango.

Dieses Menschenbild hat Konsequenzen und harte Auswirkungen in der konkreten Politik. Es wird oft nicht einfach sein, ihm zu entsprechen. Menschen, deren Interessen nicht organisierbar sind und denen eine Lobby fehlt, wie Alte, Kinder, Kranke, Behinderte oder Ausländer, brauchen Anwälte, und ihre Lobby kann und muß die CDU werden. Daran gemessen, ist es zum Beispiel eine Schande, daß darüber gestritten wird, ob ein Feiertag abgeschafft werden soll, um die Pflegeversicherung zu finanzieren. Der Sozialstaat kann doch nur so umgebaut werden, daß wir auf weniger wichtige Besitzstände, wie zum Beispiel einen Feiertag, verzichten, damit Wichtigeres und sozialpolitisch Dringendes bezahlt werden kann.

Zum christlichen Menschenbild gehört auch die Erkenntnis, daß im Interesse des Grundwerts der Freiheit die Leistungsfähigkeit und Eigeninitiative des Menschen nicht durch ein enteignungsgleiches Steuersystem stranguliert werden darf.

Schließlich hat die Sparpolitik eine ethische Grundlage. Sparen ist notwendig, weil sich der Staat nicht weiter verschulden darf und wir die Interessen der Zukunft nicht geringer gewichten dürfen als die Interessen der Gegenwart. Deshalb ist etwa verantwortliches Handeln für die Umwelt eine Politik für die Zukunft.

Mitte Juni 1993 nahm ich an einem Symposion der Bertelsmann-Stiftung in Wittenberg teil. Hans Küng hielt auf der Kanzel der Stadtkirche von Wittenberg, auf der schon

Luther gepredigt hatte, eine Vorlesung über das Thema »Eine Welt, eine Menschheit, ein Ethos« und begründete seine These, daß die großen Religionen heute schon in fünf Maximen elementarer Menschlichkeit übereinstimmten und es ohne ein solches Weltethos weder eine bessere Weltordnung noch einen Weltfrieden geben könne. In der anschließenden Podiumsdiskussion wurde er von Andrzej Szczypiorski, dem großen polnischen Schriftsteller, und mir lebhaft unterstützt, während Erhard Eppler erklärte, seine politische Lebenserfahrung erlaube ihm nur eine Antwort auf die Herausforderung der Zukunft: den Zynismus. Das ist in der Tat die Alternative. Erhard Eppler hat in einem Brief bestritten, dies so gesagt zu haben. Aber nicht nur ich habe ihn damals in der Stadtkirche von Wittenberg so verstanden. Ich halte den anderen Weg für richtig, nämlich den Glauben an die geistige und moralische Kraft des Menschen, auch schwierige Herausforderungen bestehen zu können.

Die CDU muß dem eigenen Volk die Wahrheit sagen über die Größe der Herausforderungen. Der Fehler des Jahres 1990, als für die deutsche Einheit keine Solidarität eingefordert wurde, darf sich nicht wiederholen.

Angesichts des Berges von Aufgaben, von den Überlebensfragen der Menschheit bis zur Wohlstandssicherung in Ost- und Westdeutschland, hat man manchmal den Eindruck, als ob die Probleme zu groß, die Regierungen und Parlamente zu erschöpft und die Parteien dem allem nicht mehr gewachsen wären.

In einem Interview mit den »Zeit«-Journalisten Gunter Hofmann und Werner A. Perger habe ich gesagt, es existiere in der deutschen und europäischen Politik ein Syndrom, das man das Wu-Wei-Phänomen nennen könnte. In Indien und China gibt es die sogenannten Taoisten, verwandt mit den griechischen Zetetikern, die erkannt haben, daß die für sie höchste Tugend, nämlich die Gelassenheit, nur zu erreichen ist, wenn man Wu-Wei praktiziert: das Nichthandeln.

Wie ist die Lage? Die Weltbevölkerung wird sich in den nächsten Jahren auf zwölf bis vierzehn Milliarden vermehren. Jede Sekunde gibt es drei Menschen mehr. Die Nahrungsmittelproduktion wächst nicht im gleichen Tempo mit. 85 Prozent der Bevölkerung werden im Jahr 2025 auf der Südseite des Globus leben: junge Leute, hungrige Menschen; 5,5 Milliarden Menschen verbrennen heute zur Energiegewinnung Kohle, Erdgas, Erdöl, wodurch jährlich 22 Milliarden Tonnen $CO^2$ entstehen, die durch den Treibhauseffekt bewirken, daß sich die Erde aufheizt. Die Umweltkonferenz in Rio de Janeiro ist über Absichtserklärungen nicht hinausgekommen.

Ganz Osteuropa befindet sich in dem kritischen Zustand zwischen der alten Ordnung, die untergegangen ist, und einer neuen Ordnung, die es noch nicht gefunden hat.

In Indien müßten jährlich 127.000 neue Schulen, 373.000 Lehrer, 4 Millionen Arbeitsplätze und 10 Millionen Tonnen Nahrungsmittel zusätzlich zur Verfügung gestellt werden, um den heutigen, schon ärmlichen Lebensstandard aufrechtzuerhalten – eine wahrscheinlich unlösbare Aufgabe.

Dieses und anderes wissen, spüren und ahnen die Menschen. Sie sehen jeden Abend im Fernsehen schreckliche Bilder von unvorstellbarer Armut und Grausamkeit. Gegen den Irak und wegen Öl wurde ein blutiger und technisch perfektionistischer Krieg geführt. Gleichzeitig schlagen sich die serbischen Generale vor Lachen auf die

Schenkel, weil dieselben Supermächte dem Abschlachten in Bosnien-Herzegowina tatenlos zusehen. Die Klimakatastrophe rückt näher, und das eigene Land droht bald im Verkehrsinfarkt zu ersticken. Die Vorboten einer neuen, weltweiten Völkerwanderung klopfen an die Türen unserer Sozialämter, die innere Einheit Deutschlands ist immer noch nicht vollendet, Rußland droht auseinanderzubrechen, und der islamische Fundamentalismus erbombt sich seine Gottesstaaten.
Diese geschichtlichen Prozesse müssen in ihren Zusammenhängen erklärt und es müssen überzeugende Antworten gegeben werden. Das Nichthandeln oder Zu-spät-Handeln darf nicht zur Maxime der Politik werden, sonst breitet sich Unsicherheit aus und auch die Neigung, in simple Lösungen und Reaktionen zu flüchten: Individualisierung, nationale Abschottung, Fremdenhaß und die Weigerung, an argumentativen, diskursiven, das heißt demokratischen, Lösungen mitzuwirken.
Wenn aus dem gefährlichen Wahlergebnis des 16. Oktober nicht eine Lebensgefahr werden und die Union das Ticket für das Jahr 2000 behalten soll, dann muß die CDU im eigenen Land, mit dem politischen Gegner, mit dem Koalitionspartner und, wenn es sein muß, in den eigenen Reihen, Streit anfangen über Antworten auf die wirklich großen Herausforderungen. Erneuerung der CDU heißt: streiten, um reformfähig zu bleiben.
Was ich meine, will ich an einigen Beispielen erläutern: Erneuerung der CDU heißt, Streit anzufangen um Europa, darüber, wie das Europa von morgen aussehen soll, Streit nicht nur mit der SPD, sondern auch mit der breiten neonationalistischen Front, die uns europapolitisch wieder zurückwerfen will, die den Nationalstaat verherrlicht, der doch soviel Leid über Europa gebracht hat.

Erneuerung der CDU heißt, Streit anzufangen über die Familie. Politik für die Familie darf nicht zur Variante der Steuerpolitik degradiert werden oder, ich übernehme den Begriff von Wolfgang Schäuble gerne, zur »Etat-Restposten-Politik«. Familienpolitik ist umfassende Gesellschaftspolitik, die ein Gesamtkonzept erfordert, das die Alterssicherung genauso einbezieht wie die Chancengleichheit für alle Kinder, ein Konzept also, das dem Kind des Polizeibeamten nicht weniger Chancen ermöglicht als dem Kind seines vorgesetzten Ministerialdirektors.

Erneuerung der CDU heißt, Streit anzufangen über die demographische Entwicklung, die im konkreten Zusammenhang mit der Familienpolitik steht und die sich direkt auf den Arbeitsmarkt und damit auch auf die Renten auswirkt. Den heute Dreißig- und Vierzigjährigen, die hohe Beiträge bezahlen, müßte die Politik eigentlich garantieren, daß sie für die hohen Beiträge dann, wenn sie alt geworden sind, auch eine Rente bekommen. Um dies zu garantieren, wird es voraussichtlich nicht ausreichen, die Lebensarbeitszeit heraufzusetzen, die Studiendauer zu verkürzen, die Frauenerwerbsquote zu erhöhen und die Produktivität weiter zu steigern. Wir brauchen auch die Zuwanderung junger Menschen von außen.

Was Deutschland in den nächsten Jahren bevorsteht, nennt man kollektive Alterssklerose eines Volkes. Unsere Gesellschaft altert und schrumpft zugleich und verändert dadurch ihr inneres Gefüge. Allerdings ist es kein Naturgesetz, daß das Renteneintrittsalter heute bei 59 Jahren liegt und so Ressourcen menschlichen Wissens und menschlicher Erfahrung verschleudert werden.

Auf der anderen Seite hat sich die Zahl der Geburten deutscher Kinder gegenüber Mitte der sechziger Jahre fast halbiert. Das bedeutet einen Verlust von fünfzig Prozent an Vitalität oder an Begabungen in unserer Bevölkerung. Jede Gesellschaft braucht aber genügend junge Leute, die belastbar und gut ausgebildet sind und über die neuesten fachlichen Kenntnisse verfügen. Die Blinde-Kuh-Politik der Union gegenüber dieser Entwicklung wird die Alterssklerose der Deutschen verschlimmern. Die Vergreisung wird sowohl die kulturelle als auch die ökonomische Wettbewerbsfähigkeit gefährden.

Viele in der Union kultivieren Antiimmigrationsdenken und Fremdenabwehr. Andere Länder, vor allem die Amerikaner, sehen in Einwanderern eine Chance, ihre intellektuellen und ökonomischen Ressourcen zu regenerieren. Heute schon haben die Vereinigten Staaten eine jüngere Bevölkerung als ihre fünf stärksten Wirtschaftsrivalen. In Japan gibt es heute schon, prozentual gesehen, doppelt so viele Rentner wie in den USA. Die Amerikaner lassen Zehntausende von jungen Asiaten, die hungrig nach Wissen und leistungsbereit sind, in ihr Land. Sie erwarten von ihnen einen intellektuellen Push nach vorne. Die sogenannten *Asian Americans*, die insgesamt vielleicht drei Prozent der amerikanischen Bevölkerung ausmachen, stellen heute schon zwanzig Prozent der Anfängerjahrgänge der US-Universitäten einschließlich der Harvard University. Diese Verjüngungs- und Anpassungsfähigkeit hat die amerikanische Gesellschaft schon heute dem alten Europa voraus.

Die Industrieländer sehen sich heute einem wachsenden Migrationsdruck ausgesetzt. Die moderne Völkerwanderung von Ost nach West und von Süd nach Nord ist vor allem begründet in der Armut, in der ökologischen Verschlechterung der Lebensbedingungen, in der Bevölkerungsexplosion, der Verletzung der Menschenrechte, der Unterdrückung der Frau und in den politischen Umbrüchen in Osteuropa. Eine Milliarde Menschen müssen laut Weltbank pro Tag vom Gegenwert eines Dollars leben, und 2,5 Milliarden haben keinen Zugang zu ärztlichen Diensten, wie im Entwicklungshilfebericht der Bundesregierung zu lesen ist. Man kann heute die Straße von Gibraltar mit einem Windsurfbrett in zwanzig Minuten überqueren und überschreitet damit die Armutsgrenze zwischen Europa und einem großen Rest der Welt.

Ein Konzept als Antwort auf Migration und Einwanderung müßte mindestens vier Punkte enthalten:
Erstens muß die Asylfrage von der allgemeinen Flüchtlingsfrage getrennt werden. Der Asylkompromiß vom Mai 1993 ist in Ordnung, weil er das Asylrecht auf wirklich politisch und religiös Verfolgte konzentriert und weil er eine europäische Regelung zuläßt.
Zweitens müssen die Ursachen der Flüchtlingsströme zumindest vermindert, wenn nicht ganz beseitigt werden: Beendigung der Bürgerkriege, unter anderem durch militärischen Einsatz auch der NATO im Rahmen der UNO, und Bekämpfung der Armut und der Öko-Katastrophen auf der Welt.
Wir müssen uns realistische Ziele geben. Es ist ein Irrtum mancher Grüner, zu glauben, bei etwas absinkendem Wohlstand in den europäischen Ländern könnten wir nicht nur das Überleben sichern, sondern auch die Menschen in den anderen Ländern an unseren Lebensstandard heranführen. Das ist reine Utopie, wie das Beispiel Indiens beweist, das ich oben angeführt habe. Wenn alle Industrieländer zusammenarbeiten, können wir erreichen, daß die Menschen

nicht mehr hungern müssen, daß sie ärztlich versorgt werden, ein Dach über dem Kopf und sauberes Trinkwasser haben. Wenn diese Grundbedürfnisse der Menschen erfüllt sind, dann bleiben sie in ihrer Heimat, in ihrem angestammten Kulturkreis und werden nicht gezwungen, sich auf Wanderschaft zu begeben. Um die Ursachen heutigen Elends zu beseitigen, muß aber auch die Außenhandels- und Außenwirtschaftspolitik grundsätzlich geändert werden, müssen sich die Märkte öffnen und muß die Europäische Union ihre Autarkiepolitik beenden. Drittens muß, ich wiederhole es, die Zuwanderung geregelt werden. Das aber wird nur dann funktionieren, wenn die Industrieländer beginnen, die in Punkt zwei genannten Maßnahmen zu verwirklichen. Sonst wächst der Migrationsdruck immer weiter, und allein durch Abschottung, Polizei und Bundesgrenzschutz werden wir ihm auf Dauer nicht standhalten. Wir brauchen in dieser Legislaturperiode noch kein Zuwanderungsgesetz, aber über dessen Kritierien muß man rechtzeitig sprechen.

Viertens müssen Menschen unterschiedlicher Herkunft gleichberechtigt und menschenwürdig zusammenleben können in Deutschland und in Europa. Wir brauchen eine Gleichberechtigungsgesellschaft oder, wie ich sie einmal genannt habe, eine multikulturelle Gesellschaft.

Diesen Begriff muß man genau definieren, wenn er nicht mißverständlich und schillernd werden soll. Die multikulturelle Gesellschaft ist das Gegenteil vom homogenen Nationalstaat, vom völkischen Nationalismus. Wesentliche Kennzeichen sind pluralistische und multikulturelle Formen des Zusammenlebens unter dem Dach der Verfassung. Die Idee der multikulturellen Gesellschaft ist der Gegenentwurf zum Konzept »Deutschland den Deutschen«. Das bedeutet erstens, daß die Deutschen in dieser Gesellschaft der Zukunft mit Menschen anderer Herkunft gleichberechtigt und tolerant zusammenleben, ohne sie assimilieren oder germanisieren zu wollen, und daß diese ihre kulturelle Identität nicht zu verlieren brauchen, sondern behalten können. Das bedeutet zweitens, daß diese Ausländer – die meisten von ihnen sind schon längst Inländer ohne deutschen Paß und werden auf Dauer hier bleiben – die Verfassungsgrundsätze unseres Landes anerkennen müssen und sich in unserer Sprache verständigen können, weil sonst Kommunikation und Integration in einer hochgradig arbeitsteiligen Wirtschaft und Gesellschaft nicht möglich sind. Und das heißt drittens, daß diejenigen, die diese Bedingungen erfüllen, schnell und leicht deutsche Staatsbürger werden können. Auch die doppelte Staatsbürgerschaft muß grundsätzlich, wie in anderen zivilisierten Ländern, ermöglicht werden. Das sind die Bedingungen für die »Ausländer« in einer multikulturellen Gesellschaft. Das heißt auch, daß zum Beispiel ein fundamentalistischer Moslem, der die Gleichberechtigung der Frau oder die Religions- und Glaubensfreiheit nicht akzeptiert, in Deutschlands nichts verloren hat.

Das klingt hart und wird auch von vielen Islamisten als »Eurozentrismus« betrachtet. Diese Klarstellung ist aber notwendig, um Mißverständnisse zu vermeiden. Die kulturelle Identität des Ausländers findet ihre Grenzen in den Grundregeln unserer Verfassung. Die falschen Multikulturellen wollen zum Beispiel den Religionsimperialismus von Sikhs, Hindus oder Moslems innerhalb dieses Landes akzeptieren. Das hieße aber, das allgemeine öffentliche Schulwesen in Frage zu stellen und anstelle der öffentlich-rechtlich anerkannten Schulen beispielsweise die Koranschule zu etablieren. Die falschen Multikulturellen verlangen auch, daß die Gleichberechtigung der Frau in abgeschlossenen ethnischen Zirkeln innerhalb der Bundesrepublik außer Kraft gesetzt wird, daß sozusagen ein Moslem aus Bottrop auf dem Weg des Familiennachzugs dort einen Harem aufmachen könnte. Die Beschneidung von Mädchen müßte dann unter der Überschrift Religion akzeptiert werden. In Wirklichkeit bleibt sie aber auch innerhalb einer multikulturellen Gesellschaft ein Verstoß gegen Artikel 2 des Grundgesetzes und eine schwere Körperverletzung.

Muslime können hier Privatschulen gründen, so, wie es katholische und evangelische Privatschulen gibt. Die Curricula dieser Privatschulen dürfen sich aber nicht am Koran orientieren, sondern an den verfassungspolitisch und parlamentarisch legitimierten Vorgaben der Kultusministerien, wie das in jeder Waldorfschule und jeder konfessionellen Privatschule der Fall ist. Das heißt, der Lehrplan muß ein Mindestpensum an Naturwissenschaften, an Geschichte, an Sprache enthalten, aber nicht das Auswendiglernen von Suren des Korans.

Erneuerung der CDU heißt, in der Finanzpolitik Streit anzufangen über eine grundsätzliche Änderung der Steuerpolitik mit dem Ziel, schadstoffemittierende Energieträger stärker zu belasten und die Kosten des Arbeitsplatzes zu senken. Erneuerung der CDU heißt, den europäischen Dialog mit der islamischen Welt zu beginnen, heißt, die Vereinigten Staaten von Europa bewußt anzustreben, statt revisionistisch und nationalistisch zu versuchen, im dritten Anlauf beherrschender Nationalstaat in der Mitte des Kontinents zu werden. Erneuerung der CDU heißt, die Menschenrechte zum Element der westlichen, der europäischen

Außenpolitik zu machen, die Ächtung der Folter mit Sanktionen gegenüber den Folterstaaten zu versehen. Erneuerung der CDU heißt nicht zuletzt, weiter an der inneren Einheit Deutschlands zu arbeiten und der Verantwortung gegenüber den Nachfolgestaaten der Sowjetunion gerecht zu werden.

Die Christlich Demokratische Union muß sich mit den neoliberalen Kräften auseinandersetzen, die den Sozialstaat abbauen wollen. Die gegen den Sozialstaat erhobenen Vorwürfe halten einer sorgfältigen Betrachtung nicht Stand. In der westlichen Welt gibt es zwei unterschiedliche Modelle der Arbeits- und Sozialordnung. Das eine ist das christlich-demokratische der Sozialen und Ökologischen Marktwirtschaft, und das andere ist das angelsächsisch-amerikanische. Während die Soziale Marktwirtschaft immer die Einheit von Wirtschafts-, Sozial- und Finanzpolitik sieht, reduziert das andere Modell die soziale Sicherung auf die Verhinderung von Armut – mit ungenügenden Ergebnissen. Vertreter des Bundesverbands der Deutschen Industrie (BDI) und der Bundesvereinigung der Deutschen Arbeitgeberverbände (BDA) behaupten immer wieder, daß durch den härteren Marktwettbewerb die Arbeitsproduktivität in den USA höher sei als in Deutschland. Dies stimmt nicht. Im Zeitraum von 1982 bis 1992 stieg die Arbeitsproduktivität in Deutschland um 1,9 Prozent pro Jahr, in den Vereinigten Staaten dagegen nur um 1 Prozent.

In Deutschland sorgt die Sozialversicherung im Bereich der Gesundheitsvorsorge für ungefähr neun Zehntel der Bevölkerung. In Amerika überwiegt die private Krankenversicherung. Die Ausgaben für Gesundheit, gemessen am Bruttosozialprodukt, sind in Amerika aber höher als in Deutschland. Es steht um die Volksgesundheit in den USA in mancherlei Hinsicht schlechter als bei uns. Die Säuglingssterblichkeit ist höher, die Lebenserwartung der Menschen kürzer.

Es gibt in diesem Zusammenhang auch das Vorurteil, daß die private Krankenversicherung in Deutschland preiswerter sei als die gesetzliche. Ein Blick auf die Zahlen zeigt etwas anderes. Setzt man die Arztkosten in der gesetzlichen und in der privaten Krankenversicherung im Jahr 1985 auf 100, dann wurden 1993 in der gesetzlichen Krankenversicherung 140, in der privaten Krankenversicherung jedoch 160 Mark ausgegeben. Die Kosten für die Zahnbehandlung und für den Zahnersatz sind in der privaten Krankenversicherung fast um das Doppelte gestiegen, während sie in der gesetzlichen Krankenkasse in dem Zeitraum von 1985 bis 1993 nahezu konstant geblieben sind.

Die CDU muß sich auf Auseinandersetzungen über diese Themen gefaßt machen, weil nach dem Sieg am 16. Oktober die Gefahr besteht, daß die Liberalen ihren Kopf zu retten versuchen, indem sie ihr Profil mit einem ökonomischen Neoliberalismus schärfen.

Der soziale Friede ist ein Produktionsfaktor.

Die sozialen Fragen können allerdings nur gelöst werden, wenn die Konkurrenzfähigkeit der deutschen Wirtschaft erhalten bleibt, wenn es gelingt, in Technologie und Forschung Spitzenstellungen zu verteidigen, wie zum Beispiel in der Umwelttechnik, oder zurückzugewinnen, besonders in der Informationstechnologie.

Ob die CDU das Ticket in das Jahr 2000 bekommt, hängt auch davon ab, ob sie die Kraft und den Mut besitzt, den Sozialstaat zu reformieren und zu retten.

Dabei muß sie drei Megatrends berücksichtigen: die Plura-

lisierung der Lebensstile, die Flexibilisierung in der Arbeitswelt und die Globalisierung der Märkte.
Die CDU muß ein Konzept entwickeln, um die Arbeitslosigkeit abzubauen und wieder Vollbeschäftigung herzustellen. Das A und O jeder Vollbeschäftigungspolitik ist, neue Arbeitsplätze zu schaffen und bestehende wettbewerbsfähige Arbeitsplätze zu sichern. Aber wenn trotz guter Konjunktur die Zahl der Arbeitslosen ständig steigt, müssen neue Wege beschritten werden. Das heißt, die Arbeit muß besser organisiert und verteilt werden. Professor Wolfgang Franz von der Universität Konstanz sagt: »Man kann etwas gegen die hohe Arbeitslosigkeit tun, man muß dies aber auch wollen. ... Die Bekämpfung von Arbeitslosigkeit kostet zwar sehr viel Geld, sie wird aber um so teurer, je länger man damit wartet.«
Zur Sicherung der Arbeitsplätze gehört in erster Linie ein schrittweiser Umbau unseres Steuer- und Abgabensystems mit dem Ziel, die Kosten des Arbeitsplatzes zu verringern, also die ökologische Steuerreform. Die Qualifikation wird in Zukunft eine immer größere Bedeutung gewinnen und damit auch das lebenslange Lernen. Die Teilzeitarbeit ist ein Weg für mehr Beschäftigung. Gleichzeitig ermöglicht sie, Beruf und Familie miteinander zu vereinbaren. Die Betriebe müssen Arbeits- und Betriebszeiten stärker entkoppeln. Dadurch können Kapitalkosten gesenkt und zusätzliche Wettbewerbsvorteile geschaffen werden. Flexible Formen der Arbeit sind notwendig.
Eine weiterführende intelligente Lösungen ist zum Beispiel die Umwandlung von Arbeitslosengeld in Lohnkostenzuschüsse. Professor Richard Leyard, Direktor und Professor der London School of Economics, sagte bei einem Symposium der Deutschen Bank: »Langzeitarbeitslosigkeit be-

wirkt keine Senkung der Inflationsrate. Sie stellt vielmehr eine Vergeudung menschlichen Lebens dar. Wenn über Jahre hinweg ohne Unterlaß Arbeitslosengeld gezahlt wird, unterstützt man nur noch das Nichtstun. Viel besser wäre es, wenn man Einkommenshilfe leistet, indem man Arbeitsmöglichkeiten bietet. Nach einer zwölf Monate andauernden Arbeitslosigkeit sollte das Geld, das dann in Form von Arbeitslosengeld gezahlt worden wäre, jedem Arbeitgeber als Steuerbegünstigung angeboten werden, der einen Arbeitslosen im eigenen Betrieb einstellt.«

Die Christlich Demokratische Union darf sich mit der Arbeitslosigkeit nicht abfinden. Massenarbeitslosigkeit ist auf Dauer nicht konsensfähig. In einer Gesellschaft, in der zehn bis fünfzehn Prozent der Menschen arbeiten wollen, aber nicht können, und dann von den 85 bis 90 Prozent Arbeitsplatzbesitzern ausgehalten werden, wird eines Tages der Faden des gesellschaftlichen Konsenses reißen. Es ist genügend zu tun. Es gibt, vorläufig noch, genügend Arbeitskräfte. Und es ist auch Geld vorhanden. Es geht also darum, alle drei Komponenten auf einen Nenner zu bringen. Einen Weg habe ich gerade genannt: Aus Arbeitslosengeld wird Lohnkostenzuschuß, aus Arbeitslosen werden Arbeitnehmer, die Jobs verrichten, die sonst liegenbleiben würden.

Ist der Sozialstaat am Ende? Nein. Angesichts der Pluralisierung der Lebensstile, der großen Dynamik unserer Arbeitswelt, der offenen Grenzen ist er ein gutes Fundament, um den Wandel im Interesse der Menschen sozial zu gestalten.

Wenn sich die CDU erneuern will, muß sie den Kampf aufnehmen um die weltweite Durchsetzung der Menschenrechte. Gleichberechtigte Partnerschaft zwischen Mann und Frau ist weder in Deutschland, erst recht aber nicht in

der ganzen Welt realisiert. Eines der größten ethischen Defizite ist die nach wie vor vorhandene, zum Teil brutale Diskriminierung der Frauen. Ihre systematische Mißachtung, Demütigung, Deklassierung schreit zum Himmel. Es gibt weltweit eine frauenspezifische Verfolgung, sie ist politischer Natur, weil sie auf staatlich sanktionierter rechtlicher Diskriminierung der Frau beruht. Sexuelle Folter, Vergewaltigung, Verstümmelung, Verstoßung werden von deutschen Gerichten nach wie vor meist nicht als Asylgrund gewertet. Das ist ein Rechtsirrtum und eine Schande. Daß so etwas in Deutschland möglich ist, zeigt, daß die Frauenbewegung offenbar zum Erliegen gekommen ist.
Die Partnerschaft zwischen Mann und Frau ist eine Frage an die Männer, die an der Macht sind. Abschied von der Männergesellschaft wird verlangt. Er kann aber nur durch die Männer selbst vollzogen werden, weil sie die Mächtigen sind. Deswegen muß sich das Bewußtsein der Männer ändern.
Von den Gewalttaten, die in den letzten Jahren in Deutschland gegen Ausländer begangen worden sind, sind nur vier Prozent von Frauen verübt worden. 96 Prozent aller fremdenfeindlichen Gewalttäter sind männlichen Geschlechts. Eine Gesellschaft, in der mehr Frauen in verantwortlichen Ämtern sind, ist besser, friedlicher, moderner und bürgernäher. Diese Erkenntnis wendet sich aber auch gegen Mythen und Religionen, denn die Unterdrückung der Frau wird oft religiös begründet. Der Universalitätsanspruch der Menschenrechte richtet sich deshalb auch an die Adresse der Weltreligionen, an die katholische und evangelische Kirche und vor allem an den Islam. Dies hat nichts mit Kulturimperialismus zu tun, sondern mit dem Schutz der Menschenwürde. Frauen, die gesteinigt oder verstümmelt wer-

den sollen, werden sich den »Menschenrechtsimperialismus« gerne gefallen lassen, der sie vor solchen Unmenschlichkeiten bewahrt.

Die CDU wird das Ticket in das Jahr 2000 dann bekommen, wenn wir diejenigen widerlegen, die bezweifeln, daß die westlichen Industrieländer fähig sind, die vor uns stehenden Herausforderungen zu bewältigen. Wir machen uns immer leicht lustig über den Sozialismus, dessen Merkmal die Unfähigkeit war, auf erkannte Probleme zu reagieren und sich rechtzeitig anzupassen. Die Frage ist, ob der Westen dazu in der Lage sein wird. Wir brauchen den Mut, der Wahrheit ins Auge zu sehen. Wenn man den Kopf in den Sand steckt, bleibt doch der Hintern zu sehen, sagt ein afrikanisches Sprichwort. Schon Diderot hat geäußert, daß es besser wäre, an der Verhütung des Elends zu arbeiten, als die Zufluchtsplätze für die Elenden zu vermehren.
Manche sagen, daß drastische Stimmenverluste drohen, wenn man unangenehme Wahrheiten verkündet, und damit sei der Verlust der Führungsfähigkeit programmiert. Nur, das ist nichts Neues. Neue Wahrheiten sind schon immer gefährlich gewesen. Die Aussage, daß nicht Zeus, sondern die Wolken den Regen bringen, hat Sokrates das Leben gekostet. Aber Wahrheiten nicht auszusprechen wäre heute eine noch schlimmere Katastrophe, weil nicht das Leben eines einzelnen, sondern das von Millionen auf dem Spiel steht. Manche meinen, daß Mehrheiten für Paradigmenwechsel sehr schwierig herzustellen seien. Dies trifft aber nur dann zu, wenn die politisch Verantwortlichen keinen Mut zur Wahrheit haben. Wir leben nicht im alten Griechenland. Es ist heute eher umgekehrt: Wenn wir die Wahrheit verleugnen, setzen wir die Existenz der gesamten

westlichen Welt aufs Spiel. Die Menschen sind informiert und haben eine höhere politische Bildung, als die Politiker- und Journalistenklasse in Bonn manchmal glaubt. Es gibt nicht wenige, die sagen, daß man sich vom herkömmlichen Entwicklungsmodell verabschieden muß. Und sie haben recht. Ein Ende der Verschwendung ist geboten und ein neuer Luxus, der sich in kultureller Kreativität, lebenslangem Lernen, im sozialen Einsatz manifestiert, ist so schön und notwendig wie die ständige technologische Innovation. Die alte Weisheit Epikurs kann Leitlinie sein für die Politik von morgen: Nicht die Vermehrung der Habe, sondern die Verringerung der Wünsche ist angezeigt.
Müßte heute nicht auch die CDU so etwas als Motto für die Zukunft sagen können?

# Anhang

*Rede auf dem Hamburger Parteitag 1994*

»Herr Präsident! Meine sehr verehrten Damen und Herren! Es war mein erster Bundesparteitag als Generalsekretär, als wir 1978 das Ludwigshafener Grundsatzprogramm verabschiedet haben. Deswegen möchte ich jetzt etwas zu diesem neuen Programm sagen.
Es gibt eine wichtige Unterscheidung zwischen der SPD und uns: Die Sozialdemokraten haben ein Lied, und sie haben auch eine Fahne. Wir haben kein Lied - außer dem Deutschlandlied - und keine Fahne, aber wir haben ein Programm. Die CDU ist von einem Kanzlerwahlverein unter Konrad Adenauer unter dem Vorsitz von Helmut Kohl in der Zeit, als Kurt Biedenkpf und ich Generalsekretär waren, zu einer Programmpartei geworden, und dies ist wichtig, weil anders eine Volkspartei nicht zusammenbleiben kann.

(Beifall)

Dieses Grundsatzprogramm, auch das neue, ist die wichtige Voraussetzung dafür, daß wir eine Union bleiben, in der die geschichtlichen Strömungen unseres Volkes, die christlich-soziale, die konservative und die liberale, zu etwas Neuem zusammengefaßt worden sind. Lassen wir uns auch heute unter veränderten politischen Bedingungen nicht auseinanderdividieren in Konservative - möglicherweise sogar Nationalkonservative –, Christlich-Soziale und Liberale, sondern bleiben wir Christliche Demokraten; das ist etwas ganz anderes als diese Einzelformationen.

(Beifall)

Nun heißt es in dem neuen Entwurf zu den Volksparteien, sie greifen geschichtliche Anliegen und politische Fragen auf und tragen zur politischen Willensbildung bei; so der Antrag des Bundesvorstandes. Das wird nicht ohne Diskussion gehen, auch nicht in den eigenen Reihen.
Nun verstehe ich etwas von Streit; ich war zwölf Jahre Generalsekretär. Ich bin von Natur aus ein friedlicher Mensch,

(Heiterkeit und Beifall)

aber wenn man sich in der Defensive befindet – der Kollege Haase sitzt da vor mir; er ist auch ein Beispiel für kämpferisches Eintreten gewesen –, dann muß man Streit anfangen, Streit mit dem politischen Gegner und vor allem Streit wegen wichtiger politischer Fragen. Lieber Herr Göhner, dann fangen wir einmal Streit an, zum Beispiel um Europa. Wie das Europa von morgen aussehen soll, das ist eine ganz entscheidende Frage,

(Beifall)

und dann müssen wir den Streit nicht nur mit der SPD anfangen. Es gibt ja breite neonationalistische Fronten in unserem Land, die uns wieder zurückwerfen wollen.
Wir sollten auch Streit anfangen wegen der Familie. Was die Bundesfamilienministerin vorgeschlagen hat, kam viel-

leicht zur Unzeit; mir wäre es lieber gewesen, die Bundesregierung hätte den Streit vor drei oder vier Monaten angefangen, dann hätte es sich wirklich rentiert.

(Zustimmung)

Wir müssen über die Frage reden: Wie sieht der Familienlastenausgleich der Zukunft aus?
Wenn ich auf gestern zurückblicke: Das war eine prima Rede des Bundeskanzlers, und es ist völlig richtig: Nur wer sich selber imponiert, imponiert auch anderen.

(Heiterkeit und Beifall)

Es gibt viel mehr Leute, die kapitulieren, als solche, die scheitern. Das alles ist richtig, und mit der SPD müssen wir uns auseinandersetzen, aber nicht nur mit der SPD selber und mit Herrn Scharping, sondern auch mit denen, die ihm das Postament aufbauen. Wenn ich sehe, wie Herr Scharping von Arbeitgebervertretern, von Vertretern der Arbeitgeberverbände, auf Cocktailpartys von Industrie- und Handelskammern hofiert wird, dann fällt mir nur ein: Die Berühmtheit manches Zeitgenossen ist unmittelbar mit der Dummheit seiner Bewunderer verbunden.

(Heiterkeit und lebhafter Beifall)

– Ja, das ist so!

(Zustimmung)

Aber wir müssen ehrlich zu uns selber sein. Wir sind in kei-

ner einfachen Situation. Glauben Sie mir das eine: So schwierig war es fast noch nie, und darüber sollten wir nicht hinwegreden. Auf die Frage »Sind die Politiker imstande, den Herausforderungen zu begegnen?« antworten im Westen gerade noch 25 Prozent der Leute mit Ja und in Ostdeutschland noch 16 Prozent. Die Shell-Studie, eine seriöse Studie über die Jugend, sagt – und das hat mich am meisten erschüttert –, 82 Prozent der Jugendlichen glauben, sie würden von den Politikern betrogen.
Liebe Parteifreunde, wir haben nicht zu viele Diskussionen bei uns; wir haben in Wirklichkeit in Deutschland, auch wir in der CDU, eine Vertrauenskrise. Die Leute haben Schwierigkeiten, uns zu glauben. Deswegen ist die entscheidende Frage – auch dafür, wie wir die Wahlen gewinnen wollen: Wie können wir Vertrauen und Kompetenz zurückgewinnen? Darauf kommt es an: Wie können wir Vertrauen und Kompetenz zurückgewinnen?

(Beifall)

Es wäre wirklich, wie der Sozialwissenschaftler Deutsch einmal gesagt hat, die Arroganz der Macht, wenn wir dies nicht wahrnehmen würden. Das erreicht man nicht durch Selbstbeschwörung, sondern durch Argumentation und Glaubwürdigkeit.
In unserem Entwurf eines Grundsatzprogramms heißt es in der Ziffer 107:

›Die politische Willensbildung‹
– in der CDU –
›muß von Fairneß, Toleranz und Kompromißfähigkeit, aber auch von Grundsatztreue getragen sein.‹

Es geht bei unseren Diskussionen nicht um eine andere Politik, sondern es geht um die Grundsätze. Und diese Grundsätze, die im Menschenbild, das wir haben, begründet sind, haben Konsequenzen. Das bedeutet eben möglichst wenige Entscheidungen von oben herunter, nichts versprechen, was man nicht halten kann, und nach den Wahlen das machen, was man vorher gesagt hat.

Die Menschen – das hat Helmut Kohl gestern zu Recht gesagt – sehen im Fernsehen Bilder, die ständig wechseln, und Bilder – dies füge ich hinzu – von unvorstellbarer Armut und Grausamkeit, aber sie sehen vor allem die Widersprüche in unserer Politik. Gegen den Irak wurde ein technisch perfektionierter, blutiger und teurer Krieg geführt. Gleichzeitig schlagen sich die serbischen Generale vor Lachen auf die Schenkel, weil dieselben industriellen Supermächte bis heute dem Abschlachten in Bosnien-Herzegowina tatenlos zusehen.

(Beifall)

Die Klimakatastrophe rückt näher, aber das eigene Land droht im Verkehrsinfarkt zu ersticken. Wir haben eine Asyldebatte geführt, aber eine Milliarde Menschen – das sagt die Weltbank – müssen pro Tag von dem Gegenwert eines Dollars leben, und 2,5 Milliarden Menschen – das steht im Entwicklungshilfebericht der Bundesregierung – haben keinen Zugang zu ärztlichen Diensten. Und wir sind die Zeitzeugen einer Völkerwanderung. Man kann heute die Straße von Gibraltar mit einem Surfbrett, mit Segel ausgestattet, in zwanzig Minuten überqueren, und man überschreitet damit gleichzeitig die Armutsgrenze zwischen Europa und dem Rest der Welt.

Wir können das Elend nicht auf unseren Sozialämtern

lösen, aber wir müssen Konsequenzen ziehen durch eine Änderung unserer Außenwirtschaftspolitik, durch die Öffnung unserer Grenzen. Die Bundesregierung hat es Gott sei Dank in den GATT-Verhandlungen erreicht, daß sie besser ausfielen, als es die Franzosen wollten.

Die innere Einheit ist noch nicht vollendet. Ein Widerspruch. Rußland droht auseinanderzubrechen, und der islamische Fundamentalismus droht überall im islamischen Bereich seine Gottesstaaten zu errichten. Das sind alles Dinge, die sich vor unserer Haustür abspielen und die unsere Politik in Deutschland unmittelbar betreffen. Das wissen die Menschen. Sie sehen es jeden Tag, und unsere Aufgabe wäre es, ihnen die Zusammenhänge zu erklären, die geschichtlichen Entwicklungen, die sich hier vollzogen haben, daß wir die Zeitzeugen des größten Umbruchs sind, den die Weltgeschichte in den letzten Jahrhunderten erlebt hat.

Und weil die Leute den Eindruck haben, daß ihnen die Politik in den Zusammenhängen nicht richtig erklärt wird, breitet sich Unsicherheit aus und die Neigung, in simple Lösungen zu flüchten. Individualisierung, nationale Abschottung, Fremdenhaß, die Weigerung, an argumentativen, diskursiven demokratischen Lösungen teilzuhaben, und die Neigung, sich in radikale Parteien zu flüchten, sind die Konsequenzen.

Deswegen: Wenn wir Glaubwürdigkeit als Christliche Demokraten realisieren wollen, dann müssen wir den Menschen Orientierung geben. Und wer wäre eigentlich mehr geeignet als wir Christlichen Demokraten, diese Orientierung zu vermitteln! Alle großen politischen Entscheidungen seit 1949 sind nicht von der SPD, sondern von uns, von den Christlichen Demokraten initiiert, in Gang gesetzt und

auch verabschiedet worden – die deutsche Einheit, die Soziale Marktwirtschaft und die europäische Einigung. Und jetzt erwarten die Leute eigentlich zu Recht von uns: Was sagt denn Ihr, wie soll die Welt von morgen aussehen? Was habt Ihr für Perspektiven und Inhalte für Deutschland und Europa?
Bundestagswahlen kann man dadurch gewinnen, daß man sie zu Richtungsentscheidungen macht. Dadurch gibt man Orientierung und Sicherheit. Und die Möglichkeit, diese Richtungen deutlich zu machen, das ist zum Beispiel unser Menschenbild, das Menschenbild in seinen Grundwerten Freiheit, Gerechtigkeit und Solidarität. Nur – darüber haben wir schon geredet – das hat Konsequenzen, konkrete Konsequenzen, die wir genau erkennen. Da liegt die Unterscheidungslinie zu den Sozialdemokraten und zu den Liberalen. Der Bundeskanzler hat von Isolation geredet, in der sich die Sozialdemokraten befinden. Das ist ein außenpolitisches Phänomen, aber im Grunde genommen ist es ein ethisches Versagen, nämlich das Bündnis der SPD mit dem Gesinnungspazifismus vor zehn Jahren in einer falschen Bewertung der Grundwerte. Egon Bahr sagte, der Friede ist der oberste Grundwert. Das war der grundlegende Fehler. Der Friede ist kein Grundwert, sondern der Friede ist das Ergebnis der Realisierung unserer Grundwerte – der Freiheit, der Gerechtigkeit und der Solidarität.

(Beifall)

An diesem historischen Fehler leiden die Sozialdemokraten bis heute. Davon haben sie sich nicht befreit. Deswegen klagen sie vor dem Bundesverfassungsgericht, weil ein deutscher Zerstörer in der Adria umherfährt, um das UNO-

Embargo zu überwachen. Die Bundeswehr war nach unserer Meinung - Volker Rühe, da waren wir immer einer Meinung! - nie eine Nationalarmee, sondern Bestandteil einer Wertegemeinschaft der freien Völker der Welt zur Verteidigung der Freiheit und der Demokratie. Und daran hat sich bis heute nichts geändert. Nur der Aktionsradius ist größer geworden. Unsere Verantwortung ist globaler, und dieser globalen Verantwortung für Demokratie und Freiheit entziehen sich die Sozialdemokraten.

(Beifall)

Wir müssen einmal die Frage stellen: Was wäre aus Berlin, aus der Freiheit der Berlinerinnen und Berliner geworden, wenn sich die Amerikaner, die Franzosen und die Engländer genauso unmoralisch verhalten hätten wie heute die Sozialdemokraten in bezug auf die UNO?

(Beifall)

Unser Menschenbild ist das Kriterium, und der Mensch, wie er geht und steht, ist der eigentliche Mensch. Marx hat einmal gesagt, der Mensch, wie er geht und steht, ist nicht der eigentliche Mensch, sondern er muß der richtigen Klasse angehören. Und die Nazis haben gesagt, er muß der richtigen Rasse angehören. Aber wir sagen doch wohl: So, wie er ist, ist seine Menschenwürde unteilbar. Aber das hat Konsequenzen. Unabhängig davon nämlich ist die Menschenwürde unteilbar, ob die Menschen geboren sind oder ungeboren,

(Beifall)

ob Mann oder Frau, ob gesund oder krank, ob voll leistungsfähig oder behindert, aber auch – und jetzt wird die Sache schon härter in den Konsequenzen – unabhängig davon, ob er Deutscher oder Ausländer, Weißer oder Schwarzer, Christ oder Buddhist ist.

(Beifall)

Darin unterscheiden wir uns von den anderen. Und wenn wir dies den Menschen klarmachen, dann gewinnen wir Vertrauen zurück und Glaubwürdigkeit. Geboren oder ungeboren hat nicht nur strafrechtliche Relevanz, sondern bedeutet, daß wir zum Beispiel den Rechtsanspruch der Familien auf einen Kindergartenplatz wirklich durchsetzen.

(Beifall)

Das haben wir gesagt, und es gehört zur Glaubwürdigkeit, daß wir dabei bleiben. Unabhängig davon, ob jung oder alt: Die zwei Millionen Pflegebedürftigen gehören zu den Hilflosesten in unserer Gesellschaft. Sie haben keine Lobby. Die Glaubwürdigkeit unseres Menschenbildes wird davon abhängen, ob wir es zulassen, daß mächtige Organisationen, die über die notwendigen Droh- und Störpotentiale verfügen, sich gegen uns, die demokratisch gewählten Vertreter des ganzen Volkes, die wir auch für die Hilflosen zuständig sind, durchsetzen. Das wird die entscheidende Frage sein.

(Lebhafter Beifall)

Wenn wir von Sparen reden, dann müssen wir die Sache auch richtig begründen. Wir sparen, weil wir uns nicht weiter verschulden wollen, weil wir nicht das Holz unserer Kinder verfeuern dürfen. Das ist der Grund, warum wir sparen.

(Beifall)

Ein bißchen mehr Information täte in der jetzigen Situation nicht schlecht. Jung und alt: Das bedeutet auch, daß wir als Politiker eine Verantwortung haben. Wer ein öffentliches Amt hat, muß gegen sich höhere Maßstäbe gelten lassen, als es für den Normalmenschen gilt. Das ist meine Auffassung.

(Beifall)

Er muß Vorbild für junge Leute sein können. Es gibt eine Loyalität von unten nach oben, ohne die kann kein Mensch ein Amt ausüben. Aber es gibt auch eine Loyalität von oben nach unten, und das bedeutet, daß diejenigen, die ein Amt haben, sich besonders anstrengen müssen, damit sie dieser Forderung genügen.
Wenn wir das Arbeitslosengeld kürzen, weil wir sparen wollen, dürfen wir uns gleichzeitig keine finanziellen Eskapaden bei Mitgliedern gleich welcher Regierungen in Deutschland leisten.

(Beifall)

Wir dürfen uns auch nicht in eine falsche Schlachtordnung »Kopf gegen Herz« abdrängen lassen. Für mich wird die ganze Spardiskussion zu mechanisch geführt. Wir sind als Christliche Demokraten auch dazu da, zu sagen: Hinter al-

lem, was wir machen, sehen wir das Schicksal des einzelnen Menschen, zum Beispiel auch des Arbeitslosen, eines Menschen, der 25 oder 30 Jahre gearbeitet hat und der arbeitslos wird und irgendwann in der Sozialhilfe landet. Das muß man den Menschen erst einmal verständlich machen. Wir sollten zum Ausdruck bringen, daß wir das wissen und daß wir nicht herzlos über diese Schicksale weggehen. Diesen Eindruck dürfen wir nicht erwecken, alle miteinander nicht, wenn wir diese Dinge bereden.
Wir müssen wieder Zugang zu den Problemen finden. Das ist zum Beispiel das Ergebnis einer Analyse der letzten Landtagswahl in Baden-Württemberg – Erwin, Du kennst es ja. Wir müssen wieder Zugang zu den Problemen der durch die Arbeitslosigkeit verunsicherten Industriearbeiterschaft und zu der durch hohe Mieten geschockten städtischen Wohnbevölkerung finden. Wir müssen eine Volkspartei bleiben. Wir sind eine Partei auch für die kleinen Leute. Das muß klargemacht werden. Wir sind auch eine Partei für den braven, einfachen Steuerzahler.

(Beifall)

Zum Rechtsradikalismus: Das hat etwas mit der Grundwertediskussion zu tun. Man muß mit den Leuten reden – man muß fast schon sagen, man muß mit den Kindern reden –, die ihre Brandfackeln auf Häuser werfen, in denen Menschen wohnen, die eine andere Hautfarbe oder eine andere Herkunft haben. Vielen von diesen jungen Leuten hat das Gewissen leider nicht geschlagen, bevor sie die Fackeln geschleudert haben, und hinterher auch nicht.
Wie kann es aber auch anders sein, wenn diese jungen Leute im Westen wie im Osten in ihrem ganzen jungen Leben

weder vom Elternhaus noch in der Schule irgend etwas von Gott und den zehn Geboten gehört haben.

(Beifall)

Wir brauchen im Interesse unserer Grundwerte wieder eine Rückbesinnung auf die Notwendigkeit, in Schule und Erziehung die menschlichen Grundwerte, die christlichen Grundwerte und Tugenden wieder zur Grundlage unseres Bildungssystems zu machen.

(Lebhafter Beifall)

Ich wollte noch etwas zu Europa sagen, aber das mache ich heute nachmittag.
Ich habe vor einem halben Jahr an einem Symposium der Bertelsmannstiftung in Wittenberg teilgenommen. Hans Küng, der das Weltethos bei der Konferenz der Weltreligionen in Chicago im letzten Jahr mit seinen fünf Maximen der elementaren Menschlichkeit proklamiert hat, hat dieses in der Stadtkirche von Wittenberg in einer Predigt dargestellt. Anschließend gab es eine Diskussion, an der Andrzej Szczypiorski, der polnische Schriftsteller, Hans Küng, Friedrich Schorlemmer, Erhard Eppler und ich teilgenommen haben. Andrzej Szczypiorski und ich haben Hans Küng in seiner Projektion des Weltethos unterstützt.
Erhard Eppler hat – für mich nicht verwunderlich – gesagt: Die Erfahrung seines politischen Lebens sei eher der Zynismus. Ich glaube, wir müssen dem etwas entgegensetzen, was Ausdruck unseres Grundsatzprogramms ist: daß wir als Christliche Demokraten an die geistige und moralische

Kraft des Menschen unverbrüchlich glauben, um mit den Herausforderungen unserer Geschichte fertig zu werden. - Danke schön.

(Langanhaltender lebhafter Beifall)

JOSCHKA FISCHER
RISIKO DEUTSCHLAND

Krise und Zukunft der deutschen Politik

Gebunden

Mit seinem Buch *Risiko Deutschland* legt Joschka Fischer eine Bestandsaufnahme deutscher Politik nach dem Ende der deutschen und europäischen Teilung vor und fragt nach den Ursachen der tiefen Krise, in die die deutsche Innen- und Außenpolitik geraten ist. Dies gilt für den europäischen Integrationsprozeß wie für das Verhältnis zu den osteuropäischen Staaten, für Deutschlands militärische Rolle wie für die wirtschaftliche und ökologische Sackgasse, in der sich das Land befindet. Und nicht zuletzt gilt es für die Krise der westlichen Demokratie.
Mit Nachdruck und frei von politischen und ideologischen Scheuklappen entwirft Joschka Fischer auf der Grundlage dieser Analyse eine Alternative für die deutsche Politik am Ende dieses Jahrhunderts, die in den Debatten des »historischen« Wahljahrs 1994 eine Rolle spielen wird.

Rainer Eppelmann
Fremd im eigenen Haus

Mein Leben im anderen Deutschland

Mit zahlreichen Abbildungen
und bisher unveröffentlichten Dokumenten.
Leinen

Dieses Buch handelt vom Leben in einem fernen Land mitten in Europa. Rainer Eppelmanns autobiographischer Bericht zeigt eindringlich, wie es vor kurzer Zeit noch einem Menschen in Deutschland erging, der versuchte, ehrlich zu sein. Fast schon exotisch erscheint uns heute ein Staat, in dem eine Greisenriege von selbsternannten Führern ihren Bürgern vorschrieb, was sie zu denken und zu tun hatten. Und doch war Widerstand möglich und die Anpassung an die Diktatur der SED nicht unvermeidlich.

Antje Vollmer
Heisser Frieden

Über Gewalt, Macht und das Geheimnis der Zivilisation

Leinen

Eine grundlegende Untersuchung über das Verhältnis von Zivilisation und Gewalt und der Entwurf eines politischen Handlungsmodells angesichts der Wiederkehr der Gewalt in Europa.

Themen u. a.:
Der Terrorismus und die Fähigkeit zum Dialog. Die Entspannungspolitik der SPD. Die neue Rolle der Intellektuellen. Mahatma Gandhi, Martin Luther King, Nelson Mandela und die Strategie der Gewaltfreiheit. Die Medien. Gibt es eine Gesellschaft ohne Religion? Polizei und Militär. Der Bürgerkrieg. Ein neues Bürgertum und die soziale Aufgabe der Citoyens.